講談社選書メチエ

747

# 夢と虹の存在論

身体・時間・現実を生きる

松田　毅

MÉTIER

夢と虹の存在論◉**目次**

# はじめに

プラトンやハイデガーの古典、マーサ・ヌスバウムやマルクス・ガブリエルのような現代哲学の日本語訳、初心者向けの入門書、専門家の研究書など、多くの哲学書があるなかで、本書は、筆者の研究を下敷きにしながら、初心者ではないが専門家でもない、それでも一歩踏み込んで自分の手で哲学を作りたい、そう考える読者に幾つかのモデルを提供できないか、というコンセプトで書かれています。

哲学の営みは、実は本質的に手作りで「ハイブリッド」な性格をもつと筆者は考えます。試みに、「レディ・メイド」の哲学ないしは「オーダー・メイド」の哲学を想像してみましょう。料理や衣服であれば、手作りでなくても、コンビニやユニクロで十分よいものが手に入るし、下手に自分で作るより美味しく、綺麗であるに違いありません。もっとお金があるなら、料理も衣服もオーダー・メイドにし、自分の好みにあわせ、もっと美味しく、もっと綺麗にしてもらえるでしょう。では哲学もＡＩにまかせ、料理や衣服のように代わりに作ってもらって済ませることができるでしょうか。

数十年、哲学の勉強を続ける筆者には、やはりそうは思えません。ＡＩは読者に、筆者よりも気の利いた文章をアウトプットしてくれるかもしれません。ならば、哲学したい読者は、それをオウム返ししたり、引用して「いいね！」と書いたりするだけで満足できるでしょうか。もちろん、それも真っ当なリアクションですが、哲学には嗜好や流行に尽きないなにかがあるように感じます。それはなんでしょう。またなぜそう言えるのでしょうか。この二つの問いに関して筆者に指摘できるのは、「よく生きたい」と願い、自己や世界の存在とその意味を問い、世に言う「哲学」に関心を抱き、その本を読み始めるとき、すぐに直面せざるをえない、自分が生きる複雑な「なまの現実」と書かれたテクスト――「エクリチュール」と呼んでもよいでしょう――のあいだに潜む、様々なギャップのことです。それが、少し気合いを入れて自分なりに考えようとすれば、思索が手作りでハイブリッドな性格を帯びざるをえない理由だと思います。

それは、専門科目として哲学を学ぶ学生が出会う、一度は飛び越えなくてはならないハードルでもありますが、それだけではありません。このギャップは、プラトンやハイデガーの代表作や解説書を見知り、慣れ親しむことで消えるように感じられるかもしれませんが、少し先に進むと、再びどこかで口を開けて待ち構えています。油断すれば、出口が見つからないリスクもあります。だからこそ、彼らの著作と現実、私たちの現実と私たちの思索の営みがどう切り結ぶかを繰り返し問わなくてはならないのです。そのとき、哲学の歴史は、偉人の「完結した物語」ではなくなるでしょう。その意味で、私たちの現実と私たちの問いを、本書の「メインキャスト」である一七世紀の哲学者、デカルト、スピノザ、ライプニッツらの現実と哲学とに交差させることが、本書の課題のひとつになります。

それは、言い換えれば、哲学史と哲学の溝を埋める試みです。そのような努力は、ほかにも見いだされますが、本書の目的は、彼らが論じ、現代の哲学者も直面する、別のギャップに光を当てることにもあります。それは科学と哲学の「狭間」ですが、読者がこの隘路を「夢と虹の存在論」として探索し、そこから現象学や分析哲学の知見と方法も借りながら、身体と時間の問題をくぐり、現実の存在論に導かれることを筆者は願っています。実際、このやり方は、数学のように公理的でも、自然科学のように実験的でも、社会科学のように統計的でもありません——その限りでハンド・メイドなのです。

ただし、本書が本来の意味でハイブリッドだとすれば、それは、哲学と哲学史、哲学と科学の組み合わせに加え、アカデミズムでは両極とも言える二つの研究方法、つまり、古代から近世に至るπεριχώρησις——「ペリクオーレシス」と発音するギリシャ語がなにを意味するかは本文を見てください——のような特異な用語の概念史的研究と、大震災の被害に関する「アクション・リサーチ」の応用哲学的研究を同じ土壌でたねとして掛けあわせる点にあります。これは、一部には二一世紀の哲学が遭遇した偶然の賜物なのですが、他方では、「現実」に切り込もうとする、哲学の直面する状況と模索を表現してもいます。いずれにしても、みなさんが本書に少しでも気になるところ、使えそうなところを見つけ、それを自由に切り取り、自分なりに手作りのハイブリッドな哲学を紡ぐために利用していただけるなら、これ以上の喜びはありません。

本書の含みを感じとっていただくために、導入としてメインキャストのひとりであるライプニッツの例を見てみましょう。ロックを擁護するフィラレートとライプニッツを代弁するテオフィルが対論を繰り広げる『人間知性新論』第二巻「観念」の章に「夢を見ない」人の話があります。フィラレートが語る人物は二五、六歳のころに熱病にかかるまでは「夢を見なかったが」、病気が治癒してから夢を見るようになりました。また、テオフィルが挙げる高齢の学者は「全然、夢を見なかった」そうです。話題は、眠っているとき現れる自然現象としての夢であり、ひとがなにかの期待を込めて思い描く人生の夢ではないのですが、どちらの場合も、夢のない生活が当人にどのように経験されるかを考えてみる入り口になるでしょう。

「夢のない生活」と言えば、味気ない、希望のない生活に聞こえますが、一概に否定すべきことばかりではないかもしれません。悪夢に魘《うな》され、叫び声を上げ、飛び起きることもないからです。古い映画のハムレット（ローレンス・オリヴィエのせりふだったかと記憶していますが）も、死が「夢のない眠り」のようなものだとすれば、本人はそうなると、もうなにも感じないだろうから、死は善くも悪くもないと述べました。もっと言えば、悪夢が消えるなら、夢のない生活はむしろ望ましいのです。あくまで譬喩的にですが、夢を見ない人生にも同じことがあてはまるに違いありません。

ライプニッツもロックも夢遊病を話題にしましたが、夢を見ない脳も、眠れない脳と同じように「病的」ではないかと疑われます。睡眠にも夢にも、生物としての人間にとってなくてはならない機能があるからです。寝床に横になり、目を閉じるのは、疲れた四肢や臓腑を休めるためだけではありません。脳は、昼間シャワーのように浴びた情報から重要なものとそうでないものを選別して記憶の再構成に役立て、自覚がなくても、浅い眠りのなかで見る夢が問題解決を助けることがあります。デカルトも、睡眠中に「幾何学者がなにか新しい論証を見いだすことがある」のを認めていました。だとすれば、睡眠も夢も知性の働きであり、不眠も夢を見ないことも不健全かもしれない。そう考えると、夢のない生活は、やはり望ましくないことになるでしょう。同じことは人生で夢を見ない場合にも言えるのではないでしょうか。

恐ろしい夢も楽しい夢も、目覚めれば、さきほどまで体験していた世界は、文字どおり、幻のように消えてしまいます。デカルトが現実と夢の「両義性」——両者が厳密には区別できない可能性——を論じたことはよく知られていますが、この両義性と並んで、夢に対して私たちが抱く好悪の感情が、本書の現実の存在論を動かしています。私たちが生きる現実にもこの両義性と両価性があるのではないでしょうか。夢――「表象」とも言い換えられます――の両義性と両価性が考察の出発点です。経験は夢から醒め、ほっと安心すること、逆に、名残惜しく残念に感じられることも教えます。夢には様々な感覚や感情が伴いますが、それはしばしば執拗な欲望や深い不安に彩られています。人生の夢を意識するなら、喜怒哀楽と言ってもよいでしょう。したがって、夢から覚めることは現実に目覚めることですが、それは、幻滅や絶望でもあれば、解放や確信でもあり、「現実を生きる」ことの一部なのです。本書は夢の両義性と両価性の根源を、私たちが身体的そして時間的に生きる存在であることに求めます。夢の存在と似たことは虹の存在にも言えそうですが、この点は第Ⅱ章を見ていただければ幸いです。

本書は以下のように進みます。

第Ⅰ章――デカルトの夢論証から始めます。『千一夜物語』の「目覚めて眠る男」を主題にした、ライプニッツの夢論証とヴィジョンに関するスピノザとライプニッツの解釈を通して本書の基本線を描きます。

第Ⅱ章――虹は現象ではあるが、幻ではない。デカルトの虹の科学と、物体の独立存在を否定するバークリに対するライプニッツの批判から、虹をよく基礎づけられた現象として位置づけ、手作りの存在論のモデルを提示します。

第Ⅲ章――世界の身体的表象とその身体的表象の心的表象を通して、世界を二重に表現する私の身体。身体が因果の交錯の場である点を、スピノザの因果概念に対するライプニッツの批判から示し、関係主義の観点から存在の複雑性、可能性と必然性を論じます。

第Ⅳ章――ライプニッツが不可識別者同一の原理を適用し、ニュートンの絶対時間の観念性を指摘しただけでなく、現実的時間の個体性を語る点に着目し、時制と弁神論時間を位置づけます。これに被災と復興の時間論を掛けあわせ、ハイブリッドな時間論を試みます。

第Ⅴ章――子どもの嘘などの現象の類型を通して現実の迷宮を構造化し、現実をよく生きるための物語る力をエネルゲイアとして主題化します。本書を通底する、可能性と現実性の差異、現実世界の唯一性問題に関して、ライプニッツ、フッサール、ガブリエルを手がかりに結論を導きます。

＊典拠は、巻末「文献一覧」に従って、著者名、発行年、頁数の形で表記しました。邦訳に拠ったものについても、訳文は筆者の判断で手を加えた場合があることをお断りしておきます（プラトンとアリストテレスの著作の指示は、特に日本語訳を挙げないかぎり、それぞれ一般的なステパノス版とベッカー版の数字で表記しています）。

日本語に訳しにくい欧語、複数の訳語がある哲学用語については、原語を地の文に入れた場合や、そのまま用いてカタカナ書きにした場合があります。人名についても同様です。また、少しだけ論理記号を使用しましたが、その箇所は読み飛ばすこともできるように配慮してあります。なお、引用文中の〔 〕は筆者による補足です。

第Ⅰ章

# 夢
## デカルトとライプニッツから始める

本書のベースラインとして、ルネ・デカルト（一五九六―一六五〇年）の『省察』（一六四一年）に見られる夢論証の粗筋を描き、その論証の現代的解釈を紹介したあと、認識論的問題から夢をモティーフにした可能世界の存在論的問題が浮上する様を見ます。続いて若いゴットフリート・ヴィルヘルム・ライプニッツ（一六四六―一七一六年）が、デカルトの夢論証を踏まえて、当時、未出版の原『千一夜物語』に登場する「カリフの夢」（「目覚めて眠る男」）に言及した独自の議論を紹介します。ライプニッツは、デカルトが導入した欺瞞を一貫して自然主義的に解釈するとともに、デカルトにはない、現実世界とは別の可能世界という存在論の道具立てを持ち込むことになります。

## 1 デカルトの夢論証——認識論から存在論へ

いま私が目覚めて目にしている世界は実はすべて夢ではないかと疑い、そう疑うことはできるが、実際には私は世界をおおむね正しく認識していることを哲学的に正当化する作業を「夢論証」と呼びます。デカルトは、この懐疑を克服するために、懐疑を徹底する道を選びました。そしてそれが確実な知識の探求に動機づけられていることが自伝風に物語られます。当時世界最高の学校を卒業した若者は、学問修行と世間の旅から「動きやすい土や砂を掻き退け、岩か粘土」を発見する必要に気づきました。危険な土地を旅し、自分の育った文化や社会集団が唯一至上でないのを知ると同時に、それでもそれが自分の生きるべき伝統であることを認めます。しかし、彼の懐疑は通常経験可能な自己相対化以上のものを要求していました。どういうことでしょうか。夢論証は習慣や通念の破棄以上のものを意味するということです。

彼は「絶対に疑うことのできない真理」を知りたかったのです。そのために「ほんのわずかの疑いでもかけうるものはすべて、絶対に偽なるものとして投げ捨て、そうしたうえで、まったく疑いえぬなにものかが、自分の信念のうちに残らぬかどうかを、見ることにすべきである」（デカルト 一九七八、一八七頁）と決意しました。その過激さはその後の懐疑論のモデルとなる迫力をもち、皮肉なことに、物体や私の身体、外部世界、虹のような色や音に関わる「第二性質」、そして他人の心、これらの存在や認識に関する新しい懐疑を生み出すことになってしまいますが、夢論証は疑う私を「疑いえないもの」として位置づけ、科学の土台となる論理と数学の真理を確保しようとするものだったことを銘記しておきましょう。

デカルト

孤独のうちにすべてを覆《くつがえ》す決意をし、少しでも疑わしいものは偽と見なす、徹底した懐疑の遂行。これはすべてを個々に疑うことではなく、信念の基礎となる原理を疑うことであり、同意の差し控えではなく、否定です。古代懐疑主義は例を逐一検討しましたが、デカルトは「意見を一つ一つ調べてまわるには及ばない」と言い放ちます。まず感覚の原理。これまで真であると見なしてきた感覚や感覚に媒介されるものを疑います。一度でも惑わされたものは当てにしない、という決断です。この決断には「経験主義的認識論」との絶縁宣言以上のものがあります。遠くからは丸く見える塔が近くで見ると直方体の角張ったものだった、というような外的感覚だけでなく、幻肢や水腫病のような内的感覚の「誤謬」も含むからです。後者二つは重要な役割を果たすことになります。

「ただの一度でも私たちを欺いたことのあるものには、けっして全幅の信頼を寄せないのが、分別ある態度なのである」（同書、二三九頁）という断言。この一度でも自分を欺いたことのあるものを信頼しない、確実性への強い意志表明は現代の確率論的知識論から見れば厳格過ぎるのですが、いまはそれが決然とした物心二元論と表裏一体である点だけを強調しておきましょう。考える私と幾何学的延長は、どちらも不可疑的に与えられるが、それ以外のものは、すべて疑いうるのであり、そのあいだはない、という存在論的決定が下されているのです。

自己の身体感覚も疑われます。いま自分が炉ばたに座っていること、冬着をまとっていること、この紙を手にしていること、あるいは手や身体が自分のものであること――「これを否定するのは、まるで私が狂人たちの仲間入りをしようとするようなものである。彼らは、黒い胆汁からあがってくる悪性の蒸気によって脳をひどく乱されているため、無一物なのに、自分は帝王であるとか、〔…〕しつこく言い張っている。けれども彼らは気が違っているのであって、もし私が彼らの例をまねたりするなら、私自身も彼らに劣らず気違い扱いを受けるであろう」（同頁。訳語は引用元のまま）と最初は述べます。

統合失調症や離人症、痛みを感じなくなる脊椎損傷や脳の部位の欠損による半側無視などの神経症状で身体感覚の変容や喪失が生じることが知られていますが、身体の実感を否定する懐疑は、無条件に語れば、確かに「常識を犯す狂気への接近」と呼べるほどのものです。しかし、デカルトは、自分もそのような狂人になりうる、あるいはそうである可能性を認め、自己感覚・内的感覚の懐疑が可能であることを根拠づけます。そして狂気と夢の類似性から自己の身体感覚を疑う可能性を正当化します。「狂気の沙汰」とも言える懐疑を説得的にするため、自分が誤りやすい人間である点を確認し、いまはその状態ではないが、夢のなかでは狂人の妄想に近いものを現に経験していることを認めるのです。だから、自分はふだんどおり炉ばたに座り、冬着をまとっている、と夢の中では信じていても、実は着物を脱いで床のなかで横たわっているということはおおいにありうると言うのです。狂気と夢の近さが懐疑の可能性を支えるのです。

この懐疑に身を任せることへの逡巡も示されますが、「夢のなかでそうした経験をした記憶はないのか」と反問し、それはうち消されます。紙を見る眼、触ったり伸ばしたりしている手の感覚が夢のなかで起こったことがあると言うのです。この夢論証前半のクライマックスが「夢と覚醒時とを或る特徴で明確に区別することはできない」という結論です。読者のなかには荘子の「胡蝶が荘子か、荘子が胡蝶か」や「人生は夢」という言葉を思い出したかたもあるかもしれませんね。本書の開始線は、懐疑のこのスタイルと論理です。それは思索を喚起し、推進する力を与えてきました。デカルトは自分がこの「区別のしるしがまったくないことをはっきり知り、すっかり驚いてしまい、もう少しで自分は夢を見ているのだ、と信じかねないほどなのである」（同書、二四〇頁）と言ってみせますが、スピノザはそこに仕組まれたものを感じ取りもします（スピノザもライプニッツのこの懐疑をそのまま認めることはありませんでした（スピノザ　一九六八、六五頁））。いずれにせよ、省察の始めに「私たちはいま夢を見ていることにしよう」（デカルト　一九七八、二四〇頁）という仮定が正当化され、「私は疑う、ゆえに私は有る」の論証に移行するのです。

## 2　夢論証の現代的解釈――関連性と可能世界

バリー・ストラウド（一九三五―二〇一九年）の解釈を手がかりに夢論証の提起する問題と解決に触れ、可能世界論との関連を見ていきましょう。ストラウドが注目するのは、デカルトの懐疑的仮説の論証パターンであり、「反可能性原理」による知識の否定です。反可能性原理（CP）は以下のようなものです。

QはPと両立しない論理的に可能な命題であり、Pも論理的に可能な命題だとします。このとき「P（が真）であり、かつQがPの反可能性である」と私が知っているなら、「Q（が真）でないのを私は知っている」ことが導かれます。ストラウドは夢論証にこの反可能性原理が含まれると考えるのです。これを適用すると、「誰も私たちの周りの世界についてはなにも知らない」（Stroud 1984, p. 1）という帰結が導かれると解釈するわけです。

確かに、デカルトは炉部屋で手にもつ紙を眺めていると考えるが、このとき自分が紙を手でつかんでいると言えるかと問い、自分は夢でしばしば幻影に欺かれたので、目覚めと眠りの状態を明晰に区別する確かな証拠をもたない以上、外界に関する知識をもつと信じる十分な理由をもたない点を認めた。つまり自分の身体の感覚の正しささえも疑った――そうストラウドは整理して、続けます。

もし彼が、自分が炉の側に座っているのを知っているはずなら、彼は自分が炉の側に座っているのを夢で見ているのではないことを知らなくてはならない。彼の周りの世界についてなにかを知るための必要条件は充足されない。(ibid., p. 12)

ストラウドは目覚めと眠りを区別する証拠がないことを根拠に懐疑的論証を仕立てます。命題の否定を表す「¬」のような記号を用いて明確にするなら、

(a)「自分がその時点で夢を見ていないこと」(¬P) をどの時点でも誰も知らない。

(b)デカルトは、自分が夢を見ていない場合 (¬P) だけ、「自分が部屋着を着て炉の側に座っていること」(Q) を知る。

(b)が正しいと仮定し、後述の「デカルトの原理」に訴えると、その帰結はこうなります。

(c)デカルトがQを知るのは、彼が¬Pを知っている場合に限る。

(a)と(c)がCPになることは明らかなので、(c)に関する否定の推論式を介して「デカルトはQを知らない」という帰結が生じるのです。否定の推論式は「AならばBかつ¬B、ゆえに¬A」、肯定の推論式が「AならばBかつA、ゆえにB」で推論の根本規則です。

「デカルトの原理」は、認識者Sが命題Pを知るためには、Pを知るためにそれが必要であることをSが知っているなんらかの条件が充足されているのをSが知らなくてはならない、というものです。

炉部屋の紙切れであれ、自分の身体であれ、対象や事実に関する知識の必要条件としてこれを認めるかどうかが争点になります。夢論証は次のように整理されます。

(1)私は¬Pを知らない。
(2)もし(1)が真なら、私はQを知らない。(a)と(b)との反可能性から)
(3)ゆえに私はQを知らない。(肯定の推論式による)

これを否定の推論式で書けば、以下のようになります。

(1)私は、Qを知っているなら、¬Pを知っている。
(2)しかし、私は¬Pを知らない。
(3)ゆえに、私はQを知らない。

デカルトはこう推論した、というのがストラウドの主張です。この整理は夢論証の構造を分析する手立てを与えてくれます。論理学用語で認知動詞「知る」に関する、推論式の「(非)閉包(closure)」の問題が浮上してきた結果、夢論証の認識論を従来なかった観点から論じることができるからです。それは、推論式の剝き出しの命題変項PやQの論理関係を表す式に夢論証のように、動詞「知る」を付けたときの推論をそのまま妥当としてよいのか、という問題です。議論に必要な限りで触れておきましょう。

認識的閉包の問題はデカルトの原理を認めるか否かに関連します。「知る」を操作子Kで表すと、夢論証は以下のように表現されます。少し専門的な言い方ですが、Kの縛る領域に関して、いまQと¬Pに関する知識は互いに独立ではなく、「知る」はQと¬Pについて、条件文（Q⊃¬P）に関わるので、K(Q)⊃K(¬P)ではなく、K(Q⊃¬P)と表現します。したがって、

K(Q⊃¬P)　かつ　¬K(¬P)　∴¬K(Q)

となります。右の式と否定の推論式を見比べると、違いは「知る」を表すKの有無だけであることが分かります。Kがなければ無条件に論理的に妥当だが、Kがあるときもそうかという問題が生じ、認知動詞「知る」の振る舞いの考察が促されます。それが知識とはなにかの解明に役立つのです。K付きの推論式が妥当であることが認識的閉包、これを認めないか、制限するのが認識的非閉包です。ストラウドの解釈は、閉包を認め、デカルトは「自分が部屋着を着て炉の側に座っていること」（Q）を知らないという結論になりますが、非閉包の立場では、同じ結論に必ずなるわけではありません。

デカルトの原理は、認識者Sが命題Pを知るためには、Pを知るために必要であることをSが知っている条件が充足されるのを知らなくてはならないことを要求しますが、これは知識に関する「内在主義」として理解できます。この立場は、或る命題に関する知識K(P)の必要条件として、知識に関する知識K(K(P))を求めるきつい要求をします。別の言い方をすれば、それは「一階の知識に関するメタ知識」を含んでいるのです。その結果、（試験の）選択問題のまぐれ当たり以外にも、ふつう知識と思っているものが知識でなくなる可能性が生じます。そこでデカルトの原理や認識的閉包を少な

くとも部分的に認めず、その論証が必然的に真でない点を示すことで、過激な懐疑を退ける策が出てきます。ここでは「関連する可能性」の観点から閉包を制限するフレッド・ドレツキ（一九三二―二〇一三年）(Dretske 1970; 1981) と可能世界意味論の観点から懐疑主義を無力化するロバート・ノージック（一九三八―二〇〇二年）の『考えることを考える』（一九八一年）第三章Ⅱ「懐疑論」を取り上げましょう。

『知識と情報の流れ』で知られるドレツキは、自然主義的知識論の代表者の一人ですが、閉包の制限によって懐疑的結論を回避します。問題は、K付きの次の式の扱いでした。

$$K(Q \supset \neg P) \quad かつ \quad \neg K(\neg P) \quad \therefore \neg K(Q)$$

ドレツキは、「知る」のように、従属文を従えて様々な意味を付加する「構文的演算子」がどう振る舞うかを吟味し、「知る」以外にもこの式が妥当しない現象を挙げます。そしてKのような認知的演算子が推論式を妥当させる場合と妥当させない「半貫通的非閉包」の場合を特徴づけた後、懐疑主義の論証が認知的演算子に関して、それがあらゆる場合に「貫通する」、つまり無条件に妥当するとしている点に着目し、懐疑主義者が「知る」の半貫通的振る舞いを認めるなら、懐疑の牙はそがれる、と論じます。また認知的演算子を半貫通的にする、文に伴う「想定」に注目し、想定の語用論的機能から反可能性原理とデカルトの原理を認めたとしても、懐疑主義が普遍的には帰結しない、という点も導きます。関連する可能性と関連しない可能性を区別し、懐疑主義の提示する夢論証は関連しない可能性であるから、真剣に取り合わなくてもよいとするのです。

ドレツキの主張は、知識と論理は完全に重なるものではない、と言い換えることもできます。たとえば、以下の直観に反する例があります。「存在汎化」と呼ばれる規則の場合、「彼女は負けた」は「誰か或る人が負けた」を必然的に帰結しますが、或る特定の「彼女が負ける」ことが奇妙な場合でも、誰かの負けは論理的に奇妙ではありません。「太郎と花子が互いに結婚した」も「花子が結婚した」を必然的に帰結しますが、「太郎と花子が結婚する」ことがありそうにない場合も、論理的には「花子が結婚した」はおかしくありません。A＆BからAを帰結させることに躊躇は生じませんが、個別にはこのようにA＆BからAを帰結させると違和感が生じることがあります。この現象は、形式論理と或る想定を背景にもつ自然な推理のずれを示すものですが、夢論証の帰結は、関連しない可能性に関わる想定外の奇妙なものと言わざるをえないのです。

ドレツキは、K(P&Q)⊃K(Q)が貫通的かどうかも検討しています。太郎と花子の結婚の例では、それは明白でした。推論式が含意の場合、「知る」の貫通しない例も指摘されます。P⊃Qの場合、主体SがPを知っていても、SがP⊃Qの事実を認めることができないため、主体SがQを知らないということがありえます。認識論の課題は有限な知性しかない人間の「知る」の解明にあると考え、公理の集合が与えられれば、定理をすべて含意として直観する「鋭い洞察力をもつ無限の推理と認知能力をもつ主体」は除外します。主体SがP⊃Qについて知る限りのQとして考えられるものは、可能なすべての必然的帰結ではなく、或る命題Pからの既知の直接的で明白な帰結に限られるのです。

この制限によって認知的演算子は半貫通的となります。つまり反可能性に関連する帰結は、既知の直接的で明白な帰結ではないこと、自分が炉の側に座っているのを知っているなら、自分が炉の側に座っているのを夢で見ているのではないことを知らなくてはならないという主張は、想定外の関連性のない要求なのです。ドレツキは、認知的演算子が半貫通的であるという主張が、懐疑主義を避けるためのその場しのぎのものでない点も示しています。彼の兄がニューヨークに来たが、バスで老婦人に席を譲らなかった。私たちは、その婦人が自分に「席を譲らなかった人物はドレツキの兄だと知っている」と言ってよいか。ふつうは「知らない」と答えるだろう。或る人物が席を譲らなかったことを婦人が知っていることを主張するために、席を譲らなかったその人物がドレツキの兄だと婦人が知っていることが真である必要はないからである。SK(X is Y) は SK(it is X which is Y) を含意しない。つまりSK(it is X which is Y) の認知的演算子Kは貫通しない——これがドレツキの説明です。

夢論証に置き換えれば、$\neg K(\neg P)$であっても、$K(Q \supset \neg P)$は要求されないので、$\neg K(Q)$は帰結しない、ということです。自分が夢見ているか否かを知らないと見なす場合（$\neg K(\neg P)$）も、私たちは「自分が部屋着を着て炉の側に座っていることを知っている」（$K(Q)$）。「自分が部屋着を着て炉の側に座っているなら、自分は夢を見ていないことを知っている」（$K(Q \supset \neg P)$）という含意は、「知る」について貫通しないと考えるのです。

別の例は「壁が赤い」と「壁が白い」の反可能性について、後者と両立可能だが、前者と両立しない「壁が赤く見えるように照明される」です。「壁が赤い」と「壁が赤く見えるように照明される」が識別できない場合は確かにありえますが、問題は、壁が赤く見えるように照明されることが、壁が赤いことに対する、可能な代替的な仮説として真剣に除外を考慮しなくてはならない関連性をもつと考えるかどうかです。ドレツキも、二つが識別不可能な点を懐疑主義者と同様に認めますが、壁が赤く見えるように照明されることはいま関連がないとして懐疑的結論を退けています。特定の知識の条件として、それが含意する可能なものから、そのすべての可能性を考慮するのではなく、関連するものだけに認知的演算子の貫通を認め、それ以外は認めないことで懐疑主義を退けるという提案です。ドレツキは同様に半貫通的な「なぜかを説明する」、「或る理由を正当化する」、「仮定法的条件法」も検討しています。自分の部屋のピンクの壁と古い緑のソファが、隣家の工事の振動で壊れ、この機会にソファの色に合うようにという理由で壁を緑色に塗り直すのですが、壁を緑色に塗り直した理由は、ソファの色に合うように、で説明できても、「なぜソファを買い替えないのか」に答えはない、というのがその例です。この意味で「なぜかを説明する」も半貫通的です。それに対して、壁を緑色に塗った理由(a)は、ソファを買い替えなかった理由(b)も説明できなくてはならない、という反論があるかもしれませんが、「(b)なしに(a)なし」と考える必然性はありません。説明は有限でどこかで終わるのです。

以上がドレツキの論証です。彼はプラグマティックな次元を認める知識の哲学を唱えます。なにかを知ることは、絶海の孤島のように孤立した事実を知ることではなく、事実を関連する事実のネットワークのなかで、可能な選択肢の中から適切な仕方で説明することだと言います。知ることは事実と関連する選択肢の範囲の関数なのです。この場合、関連する選択肢は、現実に或る事態が、かりに別様だったとしたとき、存在する状況のなかで現実化したかもしれない互いに競合する選択肢を意味します。その選択肢に夢論証の仮定は入りません。確かに、或る行為の理由を求められることが生じる、日常生活や競合する仮説からの選択を伴う科学的探究の場合、私たちはそうしているのです。

ドレツキは、命題集合ＣＳ（対照集合）とＲＳ（関連集合）を分け、懐疑主義者がすべてのケースでRS＝CSとすることが知識の正当化に過大な重荷を与えると結論します。懐疑主義的論証の誤謬は、関連する選択肢に応じて、Ｓが知る必要のないことも関連する排除すべき対照帰結（反可能性）

として拡大する点にあり、そのためにＳの無知が帰結するのです。知識の定義も次のように言い直されます。「x is A」を知ることは、関連する選択肢Ｂ、Ｃ、Ｄの枠組みでそれを知ることである。そこには関連する選択肢においてＡと両立しないもの、対照帰結の除外に関する知識が含まれる。この立場は、繰り返し生じる自然的出来事が信号として機能し、主体に信念を因果的に生み出すという着想から、そこに成立する情報ソースと受け手とのあいだを流れる情報経路、たとえば計測器具や感覚システムに対する懐疑の問題を懐疑主義として特徴づけ、情報チャンネルに関する懐疑は、有意でない対照帰結に関する知識を主体に要求するものとして退けるのです。

次にノージックの議論に移り、ライプニッツの夢論証と可能世界の存在論への橋渡しをしましょう。彼の議論は、懐疑主義者の説得ではなく、知識と事実の関係に関する仮説を提示して、懐疑主義の論理的な可能性が残っても、常識に適う知識があることを示すのが目標です。

ここでは可能世界意味論が、関連する可能性を命題の真理条件から論じ、最近接の可能世界と懐疑主義の語る遥かに遠い可能世界の区別をする手段として導入されます。反可能性が関連的かどうかの判定問題は、因果説に由来する跡づけと相互の類似性に従う可能世界への現実世界からの到達可能性の大小による判定に代わります。知識も、信念と命題Ｐの真理の関連で仮定法的条件文が示す、真理と連動して変化する真なる信念として特徴づけられ、仮定法的条件文によって、命題ＰとＱの真理値と信念の連動から信念が知識か否かをテストすることになります。懐疑主義的仮説の状況は、論理的不整合はないので、論証は成立するが跡づけを欠き、近接する可能世界に関して非閉包であるから知識ではないと結論されます。逆に知識は跡づけをもち、真理と連動して変化するものとして確保されます。

出発点は知識の因果説の修正です。知識は信念が信じられている事実になんらかの仕方で結合しているものと考え、この繋がりなしにも信念と呼べるものはあるかもしれないが、知識はないだろうと指摘した上で、知識＝真の信念とは単純に言えないとして、知識には事実として与えられる真理との関係が必要であると言います。つまり、

(1) Ｐは真である。
(2) ＳはＰであると信じる。

以外に事実として与えられる真理との関係が必要である、と主張するのです。この「事実と信念間の因果的リンク説」は証拠と信念の因果的結合として、ドレツキの場合と同様、事実ＰがＳにＰと信じるよう原因づけるのを認めます。ノージックの例は以下のようなものです――酒場で彼が酔っ払い、カラオケのスクリーンの陰にピンクの猫がいるという幻覚をもつ。このときスクリーンの陰に本当にピンクの猫がいるとしても、そこにピンクの猫がいることを自分が「知っていた」とは言えない。それは、本物の猫の存在がピンクの猫の幻覚の原因ではないからである。

信念の原因としての事実に達する限り、因果的リンク説は説得力をもち、幻覚の例を除外できますが、数学や倫理の知識にもその種の事実がある、と簡単には言えないため、説明に困難が生じます。そうした因果説の狭さを超えるために導入されるのが、仮定法的条件法による真理と信念の連動関係の吟味です。それは、まず否定の例として語られます。

(3)Pがもし真でないなら、SはPであると信じないだろう。(仮定法的な「もし……ならば」を「→」で、文の否定を「¬」で書くと、(3)¬P→¬(SはPであると信じる))

つまり、¬(1)→¬(2)です。仮定法的条件法が「事実と信念間の因果的リンク説」と関係するのは、しばしば事実Pが信念「P」を引き起こし、事実が信念の必要条件となる一方、原因がなければ、この仮定法的条件文も示唆するように、結果として信念が生じないからです。しかし、仮定法的条件の充足と因果的条件は同値ではありません。原因がなければ結果としての信念は生じないという因果的条件は、二つ以上の原因による決定の場合にも充足されます——或る結果の二つの十分な原因が現実に作用するか、最初のものが作用しない場合、他の原因が働きます——が、仮定法的条件がこの例のために成立する必要はないからです。第Ⅲ章で見るように、マッチがなければ火がつかないとしても、発火の原因は複雑でありえます。

関連性と仮定法的条件文はどう関わるでしょうか。一般に、仮定法的条件文(P→Q)は、PがQを必然的に帰結させることではありません。Pであるが、¬Qは論理的に不可能であることではないのです。仮定法的条件文は、Pが真であるなら、その状況でQも真であるだろうと言うにとどまります。これをノージックは可能世界意味論から説明します。仮定法的条件文が真となるのは、Pが成立するあらゆる可能世界——現実世界に最近接の(ほとんどの点で類似していると見なせる)可能世界——でQも真であることである。Qが近接のあらゆる可能世界で真かどうかは吟味できるが、現実世界から遠い、類似性がほとんどない可能世界でもQが真かどうかは、仮定法的条件文の真偽と無関連の公算が大きい。

これで関連する選択肢の曖昧さを克服できると考えるのです。要点を夢論証に移してみましょう。炉部屋の状況では仮定法的条件(3)は充足されます。「自分が目覚めていること」（P）を否定するなら、デカルトは自分が目覚めていると信じません。しかし、いまの場合、この否定的信念が、実は目覚めている事実に関わる真理に意味ある仕方で連動しない点が問題なのです。狡猾な悪霊の力に帰せられるデカルトの夢の信念は、経験可能な事実に反応することはありえませんが、悪霊がすべての信念を生み出すと仮定すると、目は覚めているが、実は夢見ているという信念が生まれます。もしデカルトが事実――目覚めていて悪霊がいる証拠はない――に敏感なら、彼は自分の信念を事実に連動させて変化させるでしょうが、(3)はその信念をあらゆる状況で命題Pの真偽と連動させるわけではありません。(3)は主体の信念の状態が¬Pに反応する様態を語りますが、命題P「自分は目覚めている」の真理値に有意に反応しないのです。そこでノージックは仮定法的条件文(4)を導入します。

(4) P→(SはPであると信じる)

たとえば「手を離せば石は落ちるだろう」が法則言明だとすると、(1)、(2)、(4)は妥当です。この場合、(4)の前件「P」と後件「SはPであると信じる」が真であることは、仮定法的条件文(4)が真である、単なる十分条件ではありません。(4)は(1)と(2)以上のことを述べています。なぜなら、(4)が成立するためには、(2)のように、現実に信じているだけでなく、「P」が真となる近接の可能世界でも、それを信じることが示唆されるからです。Sは現実世界から類似性で測られる一定の距離の近傍にある可能世界でも「P」を信じます。ところが、(3)は、現実世界の近傍全域の「¬P」の可能世界のことは語らず、多くの可能世界のうちの最初のもの――「悪霊世界」と呼びましょう――についてしか語っていません。

ここで「P」(「自分は目覚めている」)が(4)を充足しない点が決め手となります。デカルトが、実は自分が目覚めているのを知らないと仮想する場合、それは悪霊によって「すべてが夢である悪霊世界」を想定することで可能となりますが、その「可能世界」でどの仮定法が真であるかを考えてみます。その場合、(4)に関して、デカルトが「P」を信じるだろうという言明はデカルトにとっては真でないのです。炉部屋のデカルトが自分は悪霊に欺かれているかもしれないと仮定するなら、「自分は目覚めている」という信念は与えられません。悪霊想定は懐疑の渦から逃れることをいつまでもどこまでも許さないのです。同じ仮定を維持すると、(3)「¬P」としても、命題「デカルトは「自分は目覚めている」と信じる」も事実に連動して同じく変化しません。

ノージックの結論はこうです。ある人がPを知るのは、彼がそれを真に信じるだけでなく、真に信じるだろうし、また誤って信じることはないだろうとき――つまり、現実に真なる信念をもつだけでなく、仮定法的にも真なる信念をもつだろう、(3)と(4)の条件が充たされるときである。「P」を知る人がいることとは、(3)と(4)の条件を充たす人物が存在することなのです。ノージックはこうした信念と事実の仮定法的結合、(1)かつ(2)で、(3)と(4)が成立するとき、信念が「P」という真理を「跡づける」と呼びます。知ることは、その真理を跡づけた信念をもつことなのです。知識は世界への特定の結合された方法であり、世界への実在的事実的結合をもつこと、つまり世界への跡づけをもつのです（夢論証が悪霊の想定に依拠する点に問題の根があることは確かですが、ライプニッツも「カリフの夢」では欺きの原因を跡づけ可能なものとして現実世界に取り戻そうとします）。

以上のように、知識の因果的条件は、事実による信念の産出が特定できるときでも、その条件だけでは、事実とともに連動して変化する正しい信念は提供されないので、現実世界と様々な程度で類似性をもつ可能世界をモデルとする仮定法的条件が導入されました。悪霊世界――そこではどのような自然法則が成立するか決定できません――は跡づけ困難です。その種の懐疑主義的仮説に矛盾がない場合でも、そこで語られる可能世界は知識の対象でない以上、仮説は現実世界に関する私たちの知識を否定できないのです。

懐疑主義者は、もしＳがＰを知り、かつ「ＰがＱを必然的に帰結する」も知るなら、ＳはＱを知る、と仮定していました。これは認知的閉包を認めることです。つまり、或る既知のものから、それが伴立するものに移行することを容認するのです。しかし、ノージックはこの閉包が直観に訴える点を認めたうえで、この原理が知識について閉包しない、つまり知識は既知の論理的含意のもとで閉包しないと述べます。

「或る町に生まれる」（Ｐ）は「地球上に生まれる」（Ｑ）を必然的に帰結しますが、その対偶を取ってみましょう。一般に「ＰならＱ」であれば「¬Ｑなら¬Ｐ」は正しい推論であり、その逆もしかりです。つまり、二つは同値ですが、「その町に生まれなかった」（¬Ｐ）状況と「地球に生まれなかった」（¬Ｑ）状況とは大きく異なります。最近接の¬Ｐ世界（出生地以外のどこか）と最近接の¬Ｑ世界（地球以外のどこか）が信念上、同一であると仮定する理由はありません。ここに認知的閉包の問題があるのですが、形式論理でＰがＱを伴立し、その対偶が妥当であるとしても、これらの世界の或るものについての信念が別の可能世界の信念に含まれると仮定できる理由はないのです。

「ＰがＱを伴立すること」と「Ｐ」、たとえば神戸生まれであるのを私が知っている場合、「¬Ｐ」なら、私は別の町、たとえば東京に生まれたことになりますが、他方、「Q」の場合、私は地球以外のどこか、ケンタウルス座のアルファ星の都市生まれかもしれないことになります。状況は、私の誕生前の親の転勤可能性と私が異星人であるSFほどに異なります。しかし、神戸か東京かとは違って、自分が「アルファ星生まれ」だと信じるのに必要な跡づけはありません。これが「PがQを伴立する」場合、「P」を知っていても「Q」も絶対無条件に知っているとは確言できない理由です。

ノージックは、夢論証も実は事実に依拠する面を突き、懐疑主義の不整合も指摘します。懐疑主義は、原因として悪霊の力を語り、仮定法的に導入される事実と連動させる一方、知識はその種の連動を含まないと想定します。閉包が成立するのは事実との連動がない場合だけですが、懐疑主義は連動がある場合もない場合も閉包を認めます。知識が連動を含むと考える場合、懐疑主義は正しいが、知識が論理的含意のもとで閉じると仮定し、私たちがほとんどなにも知らないと結論する場合は間違っています。[1] この結論は執拗な懐疑主義を根絶しませんが、問題が因果や可能世界の存在論にまで及ぶことを示しているのです。

## 3 ライプニッツの夢論証――「カリフの夢」

若いライプニッツが当時未出版だった『千一夜物語』に登場する「カリフの夢」に言及して行った夢論証を解釈します。筆者はライプニッツが、デカルトの夢論証が導入した跡づけを欠いた仮定、欺瞞を一貫して自然主義的に批判したと考えています。またライプニッツは、現実世界とは別の可能世界という存在論の道具立ても持ち込みます。

『千一夜物語』は、一七〇四年にフランス人の外交官で中東旅行家でもあったアントワーヌ・ガラン（一六四六―一七一五年）がパリで初めて出版しました（詳細は、西尾 二〇〇七、二〇一一を参照）。ライプニッツが「カリフの夢」に言及したフーシェへの手紙が書かれたのはライプニッツがパリにいた一六七六年ごろと考えられています。ガランは、ライプニッツとの往復書簡でも知られるアルノーの友人でした。彼らは、現在「ガラン版」として知られる『千一夜物語』（第六二三～六五三夜）の「目覚めて眠る男」をよく知っていたと考えられます。当時すでによく知られた物語だったと言えるでしょう。『千一夜物語』の語り手シャハラザードによる三〇日におよぶ夜とぎ話をデカルトの炉部屋の短いエピソードのように数行ほどで要約することはできません。それは野暮でつまらないことですが、デカルトを念頭においたライプニッツの夢論証を理解するために必要な限りで紹介しておきます。

物語の場所は、バグダード、アッバース朝五代目のハールーン・アル・ラシードがカリフ（カリーファ）の時代とされます。アブール・ハサンという独身の放蕩男が主人公です。父の遺産を受け継ぎ、街で出会う見知らぬ外国人や旅人を招いては饗宴を催すうちに財産を食いつぶしてしまったハサンは、お忍びで街に出るのをならいとしたハールーン・アル・ラシードに出会います。ハサンは彼がカリフであるのを知りません。いつものように、アル・ラシードを自宅でもてなすところから、この「枠物語」の話は始まります。アル・ラシードは、ハサンに興味をもち、色々と話をするうちにある悪戯《いたずら》を思いつきます。ハサンに「なにか夢はないか」と訊ね、「一度カリフになってみたい」という言葉を引き出します。ハサンは、しかし「もちろん、そんなことを口にすれば、周囲の人々から気が違ったと思われるだろう……」、冗談を言わないでくれというのでした。

カリフの夢（イラスト：じぇふ）

カリフであるアル・ラシードはハサンに泥酔するほど酒を飲ませ、麻酔薬を嗅がせて、供の者に彼を宮殿まで運ばせます。昏睡するハサンをカリフのベッドに眠らせ、宮殿中の者を集めて、ハサンが翌朝、目覚めたら、ハサンに対して、自分に振る舞うのと同じように丁重、慇懃に振る舞い、「ハサンをカリフとして扱え」と命じるのです。アル・ラシードの周囲の者たちは、忠実にこの命に従いました。最初は、狐につままれたような状態で「これは夢ではないか、自分は気が触れたのではないか」と疑ったハサンも、何日かすると、自分は本当にカリフなのだと信じてしまいます。アル・ラシードは、その様子を宮殿で端から垣間見て意地悪く楽しむというのが「カリフの夢」前半の物語です。

悪戯なアル・ラシードは、しかし、この後、自分はカリフだと信じ込んだハサンにもう一度不意打ちを食らわせます。ハサンが夜、眠り込んでいるあいだに再び麻酔薬を嗅がせ、ハサンをバグダードの自宅に運ばせるのです。いまでは自分はカリフだとすっかり信じ込んだハサンは、みすぼらしい家や老女が、我が家であり、自分の母親だと信じることができず、近所の人々と悶着を起こし、果ては「気が違った」という理由で病院送りになってしまいます。本当のカリフであるアル・ラシードは、供の者とその様子を密かに確認し、ハサンの母親たちに事情を伝えます。そして再びハサンを昏睡させ、宮殿に運ばせるのです。こうして、アル・ラシードは、周囲の者どもをすべて集め、三度目に目覚めたハサンに一連の出来事の種明かしをします。宮殿の人々みなに騙《だま》されて、本当に気も狂わんばかりになったハサンに対して、アル・ラシードは、彼が行った、欺瞞に満ちた、罪作りな悪戯の見返りに、ハサンにたくさんの金貨と女召使いのひとりを妻として与えました。

物語の主部はこれで終わりです。この後、ハサンと妻になった侍女「砂糖黍」がアル・ラシードとその夫人らを欺くリベンジの展開になります。夢と現実の混乱はポピュラーなモティーフなので、別の物語を思い出された読者も多いでしょう。

物語にはハサンが、再び彼を宮殿に連れ戻そうとして街にいたアル・ラシード――ハサンはその人物が本当のカリフであることをその時点でも知りません――に向かって次のように言う興味深い場面が第六四三夜にあります。

「それでは、あの私たちの夕以来わが身に起った不思議な事どもと、それに続いたいろいろの不幸を、話して進ぜましょう。こうしたすべては、あなたが自分の後ろの戸を閉めることを怠ったためなので、その戸から「悪魔憑き」が侵入したのですよ。」そして彼は、自分が現実《うつつ》に見たと信じたけれども、どうも疑いなく、悪魔《シャイターン》の作りなした幻《まぼろし》にちがいないと思われる一切と、瘋癲病院で受けた一切の不幸と虐待と、このすべての事件のため界隈にひき起した醜聞と、近隣の

人々全部に、もう抜きがたく得てしまった悪評を、話しました。(『千一夜物語Ⅲ』二六九頁。訳語は引用元のまま)

このハサンの告白では、アル・ラシードの供の者がハサンを宮殿に連れて行くときに家の裏戸を閉め忘れたことと「その閉め忘れが悪魔を呼び寄せる」という俗信が結びつけられています。ハサンの事件は悪魔への原因帰属を始め、デカルトの夢論証と重なる要素を含んでいるので、ライプニッツが夢をめぐる問題を論じるさいに「カリフの夢」を話題にしたのはしごく当然でした。ライプニッツはこの物語を手紙で要約しています。カリフは、ハサンに最初の目覚めの後、「ムハンマドのパラダイス」を楽しませたが、二度目の目覚めの後、ハサンは、かつての、そしていまの本来の自分の自宅での日常生活すべてを「幻想と見なし、それを自分の宮殿での経験と葛藤なしには結合することができなくなった」と述べて、次のようにコメントします。

現実がそのような幻想になったのであるから、幻想がこの世界に実現することが妨げられるだろうか。私たちが自分のなかにある現象の結合しか見ないこと、そして私たちが、この観点でしか自分の表象のリアリティを確信しないことは、そのとおりである。確かに、次から次に続く表象の途切れのない一致には或る確実性があるが、それは実際上の確実性にほかならない。(Leibniz 1965, Bd. 1, S. 373. Vgl. Leibniz 1926-, Reihe 6, Bd. 3, S. 512; Reihe 6, Bd. 4, S. 1502)

ライプニッツは二つの欺瞞に注目します。第二の目覚めの場合の現実の幻想化と最初の目覚めの場合の「カリフになる」夢あるいは「自分はカリフである」という幻想のこの世界での実現です。これらについては説明不要でしょう。ここでライプニッツとデカルトの夢論証の認識論と存在論の違いが生じます。ムハンマドのパラダイスであれ、プラトンの完璧な世界であれ、それらはこの世のものでない限り、或る意味で幻想ですが、いずれも可能世界として位置づけられるのです。ハサンがバグダードの放蕩者である現実世界と、幻想に過ぎないハサンがカリフである可能世界に権利上の違いがないことになるのです。ライプニッツは、デカルトの夢論証をそのように論理的かつ存在論的に徹底したと見なせるでしょう。

ライプニッツも、デカルトの夢論証の最初の段階の、夢と現実の論理的無差別を認めています。その限りで、$K(Q \supset \neg P)$　かつ　$\neg K(\neg P)$　$\therefore \neg K(Q)$ の第二前提を認めるのです。この論点は、ライプニッツの場合も、一般に夢や幻想を含む、想像的表象と物体の実在的表象の認識論上の区別が絶対的ではない点から引き出されます。しかし、ライプニッツは、この無差別が克服できないとは考えません。私たちは、それほど劇的でない場合も、なにかの原因で錯覚、錯視、自己欺瞞に日常生活で陥ることがあるとしても、感覚的には受け入れにくい地動説が観測データをより整合的に説明できる、知覚表象以上の「認知的により高度な」(Leibniz 1965, Bd. 4, S. 496) 知性に訴えることができる、と考えるのです。

ライプニッツ

ここからライプニッツとデカルトの夢論証の違いが浮

き彫りになります。アル・ラシードのハサンに対する実在的力や権力と炉部屋のデカルトに対する悪霊の力とは比較可能です。デカルトの悪霊もハサンの語る悪魔も、この世界に対する跡づけがないので、いつまでも謎解きできず、懐疑は解消されません。しかし、アル・ラシードは客観的にこの世界に存在して様々な力を行使するので、ハサンの懐疑も彼が陥れられた欺瞞も、アル・ラシードと周囲の人々は、実在の出来事に跡づけ、それを表現する命題の真理値を変動させることができるのです。「ハサンはカリフである」をPとし、Sをハサンとして、仮定条件法の(3)、(4)に代入してみると、状況の推移とともに、その変動を確かめることができます。

(3) ¬P→¬(SはPであると信じる)

(4) P→(SはPであると信じる)

(4)は、或る可能世界——アル・ラシードの悪戯世界——では真でしたが、謎解きされた世界では偽になりました。(3)は、現実世界では真ですが、或る可能世界では偽です。しかし、そのような可能世界Pは、現実世界から遠い欺瞞と演技によって、宮殿内の或る時間帯だけ信じられたのです。

(4)に変動が生じるのは、「カリフの夢」の物語では、ハサンの夢を操るカリフの存在が、ハサンを外から見て介入する外部の視点として、ハサンにとっては超越的に確保されているからです。カリフの存在はデカルトの悪霊のように絶対的ではありませんが、ハサンから距離を取り、ハサンの可能世界の個々の命題の真偽を決定できる力と視点をもっています。他方、デカルトの夢論証では、欺かれているかもしれない自分自身がそれを外から判断できる立場に立つことはない、と終始一貫して前提されます。また、アル・ラシードらに欺かれている状況、演じられた悪戯世界のハサンの立場では、¬K(¬P)は妥当ですが、アル・ラシードと宮殿の人々、そして物語の聞き手にはK(¬P)が妥当です。別の言い方をすれば、アル・ラシードと宮殿の人々、そして物語の聞き手が、一貫してハサンの観察者であるのに対して、ハサンは、彼らの演技の整合性と迫真性もあって、自分の状況を相対化できなくなるほど周囲に翻弄されています。これは関係者全員が眠っているとか夢を見ているといった状況ではありません。ライプニッツは、夜中に出歩く夢遊病患者の目撃者が後から患者がなにをしていたかを教えることで、患者が自分の状況を知る、という例も論じています（Leibniz 1926-, Reihe 6, Bd. 6, S. 236）。私たちも、夢遊病であれ、手術による昏睡状態であれ、欺かれたハサンに似た位置にありえますが、他の誰かに対して或る手段や力を行使することで、アル・ラシードの位置に立つこともできるかもしれません。

さらにライプニッツは、眠りや夢、幻覚や妄想の心理学的記述と病理的説明の客観的可能性を示し、それぞれの特異性が心理学や病理学によって確認できると見なします。[2] この観点はデカルトにもありましたが、形而上学的仮説が優先されていました。ライプニッツの夢論証の特徴は、存在論的には可能世界の着想によって夢の世界と現実の世界の論理的可能性から見た無差別を認める一方、認識論的には知覚表象を基盤に徹底して因果関係を追究し、三人称の観点から現実世界では跡づけを求めることができるというものです。これは「神の眼」に行き着く問題（Ebd., Reihe 6, Bd. 4, S. 1503; Leibniz 1965, Bd. 2, S. 438）ですが、「外在主義」とも「自然主義」とも呼べます。

ただし、ライプニッツの認識論全体を外在主義と特徴づけることはできません。それは、知覚表象を通して与えられる、現実世界に関する素朴な知識に限られる議論だからです。実際、ライプニッツが無条件にデカルトの原理を退けることはありえません。認識者Sが命題Pを知るためには、Pを知るためにそれが必要であることをSが知っている条件が充足されているのをSが知らなくてはならないという原理は、数学や論理学の証明、自然科学の検証や反証、法的手続きの論証が要求するものです。それらの根拠が問われれば、十分な正当化をしなくてはならないからです。

ライプニッツの夢論証のもう一つの論点を見ておきます。それは、夢の外に有る私の身体の問題です。これは、デカルトの夢論証が物体の存在を疑い、懐疑のなかで物体を単なる延長と見なしたことが含む、存在論的問題と対応します。ライプニッツはこの問題にパリ時代に触れています。それは、私が自分の身体を自分の力で支配できることが、夢の執拗な魔力に抵抗し、夢から自分を切り離して、自分自身を現実に引き戻す効果をもつことに関わります（Leibniz 1926-, Reihe 6, Bd. 3, S. 512）。夢のなかに現れる様々な像や夢のなかのものとは異なり、私の身体は、完全に夢のなかの像になってしまうことはなく、夢にとってなにか外的であり続けるからです。悪夢にうなされ、襲いかかるものを手で払おうとして腕を振り上げたら目が覚めた、というような経験です。自分の身体は、目覚めているときと同様に、この世界との因果的な結びつきを喪失していないし、眠っていても意志の手段として機能できます。自分の身体を動かす力をライプニッツは「コナトゥス」と呼びますが、目覚めていても眠っていても、意識的であれ無意識的であれ、自分の身体は自分の行動に不可欠の役割を果たすのです。

ライプニッツは、認知科学の言う「サブリミナルな知覚」についても「微小表象」の名称で語っています。遠くの海岸の潮のざわめきは、離れた地点では、はっきりは聞こえませんが、或る地点から突然、聞こえるのではなく、実は意識にのぼらない状態でかすかに表象されているのです。脳や感覚器官は音や光の波を受信しています。私の身体には世界で生じる現象の因果的結合が収斂しているのです。少なくともその点では、夢の像も含め、表象される側に有る対象と表象する側に有る自分の身体は根本的に異なるものなのです。

私の身体も夢で自分の姿を目にすることで夢のなかの像として現れることがありますが、私の身体がそもそも表象を可能にする存在であることを真剣に考えるなら、私の身体は表象されるものとは異なる特別な存在者であることが分かります。ただし自分の身体の特権性は、自分が経験する知覚表象を内省するだけでは十分明らかにはなりません。そのためには自分自身を外部から観察する視点やそうして得られた知見が不可欠です。それは心理実験や医学的診断など、他者が行った観察結果から得られる知識を自分に妥当させる類比や応用を含みます。自分の身体のこの特別な地位は、「カリフの夢」が示唆する外在主義に整合的だと言えるでしょう。私の身体のこの独自性の考察は、第Ⅲ章で行います。

私の身体が特権的地位をもつことに関連して、もう一つ指摘すべき点があります。それは、デカルトの論証では、懐疑によって物体が夢のなかの像と同じ身分になるということです。身体も、表象される限り、懐疑の対象となりますが、その場合、形態や大きさ、色彩のような延長とその様態に切り詰められてしまいます。そこでは他の物体を動かす力は考慮されません――これはデカルトの延長存在論に対応しています。他方、ライプニッツの夢論証では物体、たとえばハサンの身体が単なる像、つまり延長に還元されることはありません。延長を超えたなにかがないと、物体も想像や夢のイメージも本質的な違いがなくなってしまう、とライプニッツが考えるのは、デカルトの延長存在論では物体が虹のような単なる現象に過ぎなくなるからなのです（Leibniz 1965, Bd. 2, S. 58, 119）。逆に言えば、延長と物体に本質的な区別がないなら、物体を実在的と見なす限り、夢もなにか実在的なものになりますが（Ebd., S. 102）、これはいかにも不合理です。

この結論を避けるには、夢のなかの表象と現実の表象との認識論的な区別以上に、表象される延長と物体の存在論上の区別を示さなくてはなりません。そこで力が挙げられます。夢論証との関連でライプニッツは、自分の身体をなんらかの欲求によって支配し、動かすコナトゥスにそれを求めました。延長には力はありませんが、眠り込み、夢を見ていても、周囲の人々によって騙され、自分がカリフだと信じ込んでいる場合も、自分の身体は微小表象を通して世界を感知し、感知に応じて身体を動かすことができます。

このことは、自分の身体が、夢のなかで表象されるものとは異なり、様々な自然法則と因果関係によって支配されることも意味しています。単なる観念や夢の内容は、そのような法則を逸脱することがありますが、物体としての自分の身体は、自分が生存するために用いる手段であると同時に、科学の法則が記述する、因果の鎖のなかにある物体の例です（Leibniz 1926-, Reihe 6, Bd. 4, S. 1508）。私が誰かに欺かれたり、自己欺瞞や幻覚に陥ったりしても、私が生きて存在する限り、あるいは事実として存在した痕跡や記録が誰かに検知可能な仕方で残されている限り、私がその意味の物体でなくなることはありません。そのような現実世界への帰属を足場にして、私たちは自分と世界、そして他者について多様な知識を得ることもできるのです。

ライプニッツの認識論は、外在主義とプラグマティックな確実性に依拠し、外部の三人称の観点から、現実世界の知覚表象の全面的懐疑主義を退けます。そのとき夢と目覚めに関する常識や科学も自然主義的論証の一部として利用されます。しかし、ライプニッツは、表象＝夢の仮定が論理的・存在論的に反駁できない点も認め、その状況が可能世界の一つだとしました。そのうえで、それが可能ではあっても現実的でない点を、欺かれるハサンや自分の身体が表象を可能にする側にあり、単なる表象ではないこと、また、因果連鎖の収斂する場として実在し、力をもつことの存在論的帰結として論証するのです。

## 4　夢のヴィジョン――スピノザとライプニッツの自然主義

バールーフ・デ・スピノザ（一六三二―七七年）にも「カリフの夢」を想起させるテクストがあります。『エチカ』の次の箇所です。

身体が精神を思考するように決定することはできないし、また精神が身体を運動ないし静止をするように決定することはできない。思考は思考をしか決定できず、延長は延長をしか決定できない。精神が意志によって自由に行為すると考える者は、目をあけながら夢を見ているようなものである。（第三部定理二）

この箇所が自由意志の問題を扱っていることは明白です。事実、スピノザは、幾つかの手紙で、自由の思いは行為の原因に関する人間の無知に由来すると述べました。ブレイエンベルフ宛書簡（書簡二一）では、三角形の幾何学的認識を例に挙げて、自由は判明な認識のうちにしかないという点を強調しています。シュラー宛書簡（書簡五八）では、投げられて飛んでいく小石が抱く意識の譬えを用いて、すべての人は自由を誇るが、それは単に人々が自分の欲求は意識していても、自分をそれへと決定する諸原因は知らないという点にだけあると言います。

この問題は、スピノザとライプニッツの自然主義の異同を考えるとき重要になりますが、ここではスピノザがバリング宛書簡で述べた睡眠状態に関連して生じた奇妙な表象像の説明と「目をあけて夢を見ている」という譬えの説明を取り上げましょう。この説明とライプニッツによる、同時代の夢見する女性ロザムンデの霊的・宗教的表象に関する説明を対比してみます。

スピノザからの返信しか残っていませんが、バリングは手紙で友人スピノザに自分の子どもが亡くなった悲しみを記したようです。スピノザは彼を思い遣り、慰めの言葉を送りますが、そのなかで彼がスピノザに語った或る前兆を説明しています。

あなたはお子さんがその亡くなる前に病床で発したと同じような泣き声を、お子さんがまだ健康で元気でおられた時にも聞いたと言われています。私の考えではそれは本当の泣き声ではなく、単にあなたの表象力の産物ではなかったかと思います。その証拠に、あなたが起き上がってそれを聞き定めようと身がまえた時、それは前ほどはっきりとは聞こえず、その後で、眠りに入ったらまたはっきりと聞こえたというではありませんか。確かにこのことは、その泣き声があなたの単なる表象であったことを物語っています。表象力は、あなたが立ち上がって耳を一定の場所に向けた時よりも、それがなんの束縛も受けずに自由である時の方が、一定の泣き声をはっきり生き生きと表象し得たのです。（スピノザ 一九五八、八六頁）

みぢかなひとの死の前兆の経験はそれほどまれではないかもしれません。しかし、スピノザはそれを、なんの束縛も受けずに自由である時の方が、はっきり生き生きと生じる表象力の産物であると解説します――この表象が亡くなった子どもの声として認知・解釈される点については、父親と子どもの親密な関係に由来する点も考慮しなくてはなりませんし、スピノザもそうしています。そして一見ドライなこの説明をより説得的なものとするために、自分の似たような、しかし前兆とはとても考えられない事例を紹介するのです。

或る明け方、スピノザは苦しい夢から醒めました。そのとき、夢のなかで見た影像がとても生き生きと、まるで実在するものであるように、自分の眼前に残っていたと言います。「しかもそれは、私が以前に見たこともない、色の黒い癩病病みのブラジル人の像でした」（訳語は引用元のまま）。この表象像は、不快な苦しい思いを倍加させるものだったからでしょう、気をそらそうとして目を本などにじっと注ぐと、大部分は消失しました。ところが、バリングの場合と同様、彼の注意が散漫になると、その「ブラジル人」の像は再び生き生きと現れ、最後にようやく視野から消えたのです。スピノザはこう結論しています。

スピノザ

> 私に対して視覚のうちに起こったことが、あなたの聴覚に起こったのだと思います。しかし、両者の場合、

その原因が非常に異なっていたので、あなたの場合は前兆となり、私の場合はそうでなかったのです。（同書、八七頁）

スピノザの説明は、視覚像も聴覚像も、それがどのような意味を帯びて現象するかはともかくとして、その基盤が生理的条件にあることを確認させるものです。そのうえで、彼はバリングと自分の表象像の違いを明らかにしようとし、現象には身体の状態と精神の状態の二つがあると示唆します。そしてそれを形而上学によらず経験だけに基づいて説明するのです。妄想の原因として「熱」や「身体の障害」などに触れた後、単に精神の状態のみによっても生じる表象を語っています。つまり、知性が認識するほとんどすべてのことについて、表象力は直ちになんらかの表象像を形成するが、それは表象力が知性に付き従い、「知性がその証明を連絡し結合すると同様の秩序で表象像や言葉を連絡し結合する」（同書、八八頁）からです。彼によれば、このメカニズムは人間の自然本性（の一部）なのです。

スピノザは表象発生の諸原因を確認したうえで、自分の場合のように、はっきりと身体的原因から生じる表象像は「未来の前兆」にはなりえないとし、これに反して、精神の状態から生じる表象像は「未来の前兆」になりうるとしました。その理由として「精神は未来に起こるなんらかの事柄を予感しうるからです」（同頁）と述べています。これは興味深い発言です。そうだとすれば、知性に由来する表象では、はじめは否定されたバリングの例も全否定されるものではないとも読めます。それは、バリングを慰めるために、あえて生理学的な枠を超え、仮定的に語っているようにも感じられますが、少し後を追ってみましょう。

スピノザは、バリングとその息子が言わば「一体」となっている、と仮定します。そして、思惟のなかには「息子の本質の諸状態」とそこから生じる事柄に関する必然的観念がなくてはならないとし、さらに父は息子との一体関係のゆえに息子の一部分であるから、父の精神は必然的に息子の観念的本質とその諸状態ならびにそれから生じる事柄に関与しなければならない、と付け加えます。そして帰結として、父はときおり、息子の本質から生じる事柄について、それがあたかも現在するかのように生き生きと表象できる、と結論するのです。ただし、この結論には付帯条件が四項目加えられています。(1)問題の出来事は重大なものである、(2)容易に表象できるものである、(3)その出来事の起こることと表象の起こることはあまり離れていない、(4)身体が心配や混乱がなく、健康で外部から感覚を乱されない状態にある、の四つです。

この後、バリングに詳しい説明を求めているので、与えられた解答が唯一のものではない、と仄《ほの》めかしているようにも読めますが、書簡はこれで終わっています。ここから読み取れるのは、スピノザが、人間関係の或る全体論を前提に、十分に能動的感情を発揮できる状況では知性の力の働きによる前兆を認めるということです。これをそのまま真に受けてよいかどうかは検討が必要ですが、一定の心理学的説明をしたとは言えるでしょう。

ライプニッツも、彼が仕えたハノーファー公夫人ゾフィーとのあいだで類似の問題を扱っています。それは「ピエティズムの預言者」と称されたロザムンデ・ユリアーネ・アッセブルク（一六七二―一七一二年）の霊的・宗教的表象の説明です。記録によれば、ロザムンデは少女のころから将来に関する特別な予知能力で周囲を驚かせましたが、彼女のヴィジョンが有名になったのは、一六八八年に或る大火を予言してからでした。それが当時のピエティズムの信仰運動と時を同じくしたことで、その名は広く知れ渡り、ライプニッツにも強い印象を与えました。しかし、そのヴィジョンの記録の詳細が一般にも知られるようになると、その解釈をめぐって神学上の対立が生じ、ロザムンデも巻き込まれます。彼女を中傷する者もいたようですが、ドイツ中部ではその後も彼女は大変歓迎されたと伝えられています。[3]

ライプニッツとゾフィーのロザムンデのヴィジョンに関するやり取りは、一六九一年一〇月に交わされました。ゾフィーは、ロザムンデが一〇歳のとき、彼女の眼前にイエスが立ち現れ、彼女の頭に手をさしのべた（つまり、祝福した）という話をその母親にした、と書いています。イエスはロザムンデに「また現れる」と述べて多くのことを語りました。そして彼女はその後、同じような経験をするようになります。二人の姉妹の死、キリストの再臨や大火の予言もその一部です。ゾフィーは、それらの事実に驚く一方で、その話を馬鹿にするつもりはないが、ロザムンデの信仰心が篤《あつ》く、聖書とその文体などに慣れているのだから、そのような背景から来る空想でありうるという夫や自分の意見も述べています（Leibniz und Sophie von Hannover 2017, S. 77）。ゾフィーはライプニッツにも意見を求めました。最初の手紙で自分の個人的経験として或るイギリス人医師がロザムンデに与えた、封印された紙片の英語で書かれた三つの質問――内容は、ロザムンデがイエスの言葉として書き取った話に関わります――に、英語を知らないロザムンデがドイツ語で適切に答えたことに驚いたことにも触れています。

ライプニッツはこの問いに対して、最初に自分の確信として次のような点を述べています。「自分は自然的なものしか存在しないと考えたいが、人々が言うように、ロザムンデは封印したままでも、「主〔イエス〕が彼女に答えを記したので」（Ebd., S. 80）正しく解答したようにも見える。しかし、その医師の封印した英語の紙片にはなにか言い逃れできることがあるに違いない。それを明らかにするためにも、イエスがロザムンデに語ったことをもっと知りたいが、そのような未知の能力を有する人物をみだりに罵《ののし》ったりすべきではない。こう述べて、ヴィジョンと夢を含む表象については、事実の知覚表象を助けとして区別する二つの方法があると言います。

その一つは、事実の知覚表象は、夢が十分には持たない或る一般的なことと結びついていることですが、それは目覚めている人々がすべてある共通世界に存在するからです。これに対して夢見る人々はそれぞれ或る特殊な世界を持っています。もう一つの区別の手段は、現にあるものによって掻き立てられる印象は、単に過去の印象の残滓から生じてくるだけの像よりも生き生きとしており、かつより精確な点です。(Ebd.)

ライプニッツの主張は「カリフの夢」に関する筆者の解釈とスピノザによるヴィジョンの考察とも矛盾しません。それらは自然主義的な説明です。しかし、そのうえでライプニッツは、修道院で育ち、信仰心がとても篤い女性は非常に強いヴィジョンを持ちうるという点も認めています。そうだとすれば、共同の霊的ヴィジョンも認められるでしょう。ただし、未来に関する予知能力に関しては「存在の連鎖」の立場から慎重な態度を示しています。その点に触れた上で、ヴィジョンの自然主義的説明を見てみましょう。

前者の存在の連鎖について、ライプニッツは、バタフライ効果や複雑系の科学を思わせる、ミクロレヴェルとマクロレヴェルの繋がりに触れて、悪魔でも天使でも、小さな火花が一つの都市全体を破壊する大爆発のような大きな事故や事件を引き起こすことになる、すべての微小なことがらを予見できるわけではない、と述べます。そこには無限にどこまでも辿ることができるような小さな事象の連鎖があると考えるからです。「したがって、自然においては個々の出来事は無限に多くの原因に依存しており、しばしばその原動力が銃弾の発射の場合のように積み重なり、微小な活動が働いて、大きな機械装置全体が爆発する」(Ebd., S. 82) ことにもなります。そうだとすれば、諸原因を観察し予見することで将来のなんらかの出来事の細部について確信をもつことなど、無限の精神をもたない以上、ありえない話です。ここでは問題が細部である点が強調されています。明日も日が昇ることや「法王が何年かのうちに亡くなる」といった予言なら、千里眼を必要としないからです。男の子が生まれるか女の子が生まれるかも確率的に予測できます。しかし、事象の細部となると話は異なります。悪魔でも天使でもないロザムンデの予言にも細部に関する問題があるとライプニッツは指摘するのです。

強いヴィジョンの自然主義的説明が続く手紙で行われます。注目されるのは、ロザムンデの母親の想像力の娘に対する強い影響、教育効果、幼少期の経験が想像力に強い刻印をもたらすこと、そしてそれが脳の次元に基礎を有することです。興味深いのは、ライプニッツが、スピノザと同様、本人の覚えていない「無意識の記憶」の問題に触れている点です。それはライプニッツの友人の話として語られています。友人は子どものころ、食事をしているとき、一匹のコオロギがスープのなかに落ちて動かなくなってしまったのを目にして非常に大きな衝撃を受けます。子どもが、きっかけは忘れても、衝撃的な印象が後に残り、似たことに出会うと動揺してしまうトラウマ経験です。ライプニッツは、逆になぜか分からないが或るひとに好感を持つ経験にも同じ構造を指摘し、生理学的説明を加えます。幼い子どもの脳は「まだ柔らかくて感じやすい線維をもつ」（Ebd., S. 97）ので、影響を受けやすく、生涯続く傾向性を簡単にもつようになる。「神への愛」のように、目に見えないものへの強い想像力も母親の教育――それは「第二の自然」と呼ばれます（Ebd., S. 92）――によって強化され、その結果、想像力の強いロザムンデはイエスを見た。本人が自覚できないとしても、イエスの降臨は、この因果連鎖の結果として自然主義的に説明できるはずだ――これがライプニッツの見解です。

**課題1**　夢と現実の区別の有無に関連する文学や映画作品を哲学的に論じましょう。

**課題2**　ヴィジョンについての本書の説明の妥当性を検討しましょう。

第II章

# 虹

## 現象と幻想の存在論的距離

虹は現象ですが、心が勝手に生み出す幻ではありません。夢のように、浅い睡眠時に生じる脳の活動に過ぎないものでもありません。通り雨の後、太陽が再び顔を出したさい、太陽と反対の方角の山の端などにかかる七色の弧は、幻や夢よりリアルに見えるものです。しかし、その反面、通常、虹は、教室の机やイス、床や柱、そして自分の身体ほど実在的とは考えられません。その存在をどう考えたらよいでしょうか。これは存在論の問いであり科学の問題です。ライプニッツは、『人知原理論』（一七一〇年）のバークリが「有るとは知覚されてあることである（esse is percipi）」と主張し、物質の存在を否定した点を批判して、「物質がないと、我々は言う必要はなく、それが虹のように現象であって、実体ではなく、実体から帰結するものだと言えば、十分なのである」（McCracken and Tipton (eds.) 2000, pp. 191-192; Robinet 1983, p. 218）と述べています。延長を物体の本質とする存在論に反対して、単に延長しているだけのものは物体的実体ではなく、「虹のように基礎づけられた現象」（Leibniz 1965, Bd. 2, S. 58, 119）に過ぎないと繰り返し述べるのです。

虹は「実体」ではありません。デカルトは『哲学の原理』（一六四四年）第一部第五一項で実体を「存在するために他の何ものも必要としないもの」（デカルト 一九七八、三五四頁）と呼びましたが、厳密には神にしか妥当しないとはいえ、スピノザやライプニッツもこれを踏襲しました。しかし、虹は或る時、或る場所に現象する延長であり、夢のような脳内現象と同じとは言えませんし、可能世界に関わるとも思えません。では虹をどう位置づけたらよいでしょうか。

これが意外に難しいのです。ライプニッツも、存在論上の問題に直面し、「単に延長しているだけのものと物体とのあいだにはっきりした境界線を引くことができないなら、延長だけでなく、夢もまたなにか実在的なものとなるだろう」（Ebd., S. 102）と言っています。

とはいえ、最後の帰結は不合理である以上、少なくとも前件に間違いがあるはずです。逆に言えば、ライプニッツは、単に延長しているだけのものと物体とのあいだに境界線を引くことで、夢も延長も物体と区別し、実在的ではないと考えたはずです。物体が表象像と無差別なら、懐疑主義や現象主義の余地が残ります。逆に言えば、物体の本質は延長や表象以上のものと考えられ、問題の虹も「基礎づけられた現象」として存在論的に位置づけられることになります。また、虹を基礎づけられた現象とする見方は、存在者のあいだには「基礎づけるもの」と「基礎づけられるもの」があり、そのあいだに序列や階層の関係が見いだされることを含意します。この関係には幾何光学と光の粒子説のような科学的に把握可能な因果関係として説明されるものだけでなく、心理・社会・文化的関係も含まれるでしょう。基礎づけ関係のなかには双方向的なものとして記述できるものもあるかもしれません。

ここでは現象としての虹の存在論の内実を解明したうえで、物体も基礎づけられた現象と見なす存在論の妥当性を検討し、具体的なものの存在論のモデルにしたいと考えています。まず、虹の科学のあらましに必要な限りで触れ、その後、部分全体論、つまりメレオロジカルな存在論の要点を紹介した上で、物体の存在論的考察に進みます。

## 1　虹の科学

虹は、洋の東西を問わず、神話や宗教では驚異の対象であり、神話の衰退後も、美しさや儚《はかな》さから詩や歌に登場し続けています。それは淡い希望のようなものを象徴すると表象されてきました。[1]反面、虹が、シャボン玉がはじけるように、すぐ消えてしまうのを前にすると、虹を見る者の状況しだいでは、幻滅や不安、恐怖すら与えるものと感じられるかもしれません。つまり、象徴的な次元に限って言えば、虹も不確実な存在として現れうるのです。

とはいえ、気象現象としての虹は夢よりも確実な存在です。もちろん、哲学者のなかには、パルメニデスのような人物もいて立場は本書と正反対です。夢も虹も存在ではありません。「有るものは有る」、「有らぬものは有らぬ」。これをとくと考えるように女神たちが自分に命じた、と彼は歌っています。「有らぬものの道」の探求を禁止し、世の習いに従う「ものを見分けえぬ眼と鳴りさわぐ耳と舌」の代わりに、ロゴスだけを用いて議論の真偽を判定せよ！　と命じるからです（『ソクラテス以前哲学者断片集』(2)七五頁以下）。パルメニデスは表象を遠ざけましたが、アリストテレスは『気象論』で、デカルトは『気象学』で虹を説明しています。アリストテレスには反射だけで説明することの限界がありましたが、デカルトは次のように述べます。

> 虹はまことに目ざましい自然の驚異であり、その原因はいつの時代でもすぐれた精神によってきわめて念入りに探求されてきたにもかかわらず、きわめて知られることの少ないものであるから、私の使う方法によれば、現在にも著作の残っている人々もまったく持たなかった知識にいかにして到達しうるかを知らせるのに、これほど適した題材を選ぶことはできまいと思われる。まず私はこの虹がただ空にあらわれるだけでなくて、我々に近い空気中においても、幾つかの泉で見られるごとく、幾つもの水滴がそこにあって、それが太陽に照らされるたびごとにあらわれう

るものであることを考えると、虹というものは、ただ光線がこのような水滴に働きかけ、そこから我々の目に向かう仕方にのみかかっていることが容易に判断できたのである。（デカルト　一九九三、(1)二九三頁）

『方法序説』（一六三七年）は「屈折光学」、「気象学」、「幾何学」の序論であり、学問的自叙伝ですが、デカルトは、屈折光学で光の反射と屈折の法則を示したうえで、光が入射する眼の構造と機能を論じ、発明されたばかりの望遠鏡にも触れる科学者です。気象学は、虹を、幻日とともに水蒸気、雲、雨、雪、霰《あられ》、雷を論じた後、実際には存在しないが見えるものとして、光の屈折・反射の法則を用い、特にその色彩現象を説明します。デカルトが虹の赤色の原因を説明するために算出した数値は、非常に正確だったことが知られています。それは、主虹の場合、太陽からの光線が空気中の水滴の集まりに入って一定の角度で屈折し、また一定の角度で水滴に反射され、さらにもう一度屈折して地上で水滴の集まりを見ている観察者の目に入るまでの光の粒子の運動に関する正確な幾何学的把握と計算でした（副虹も扱っています）。

デカルトは解析幾何学を創案し、ニュートンが完成した近世の数学的自然科学のパイオニアなのです。虹はその方法の卓越性を示す格好の対象でした。デカルトはこう説明します。

これらの水滴は、円いものであることを知り、またそれらが大きくても小さくても虹のあらわれる仕方は同じであることがわかったので、私は虹をもっとよく調べることができるように、非常に大きな水滴をつくることを思いついた。そしてこのためにまんまるで非常に透明な、大きいガ

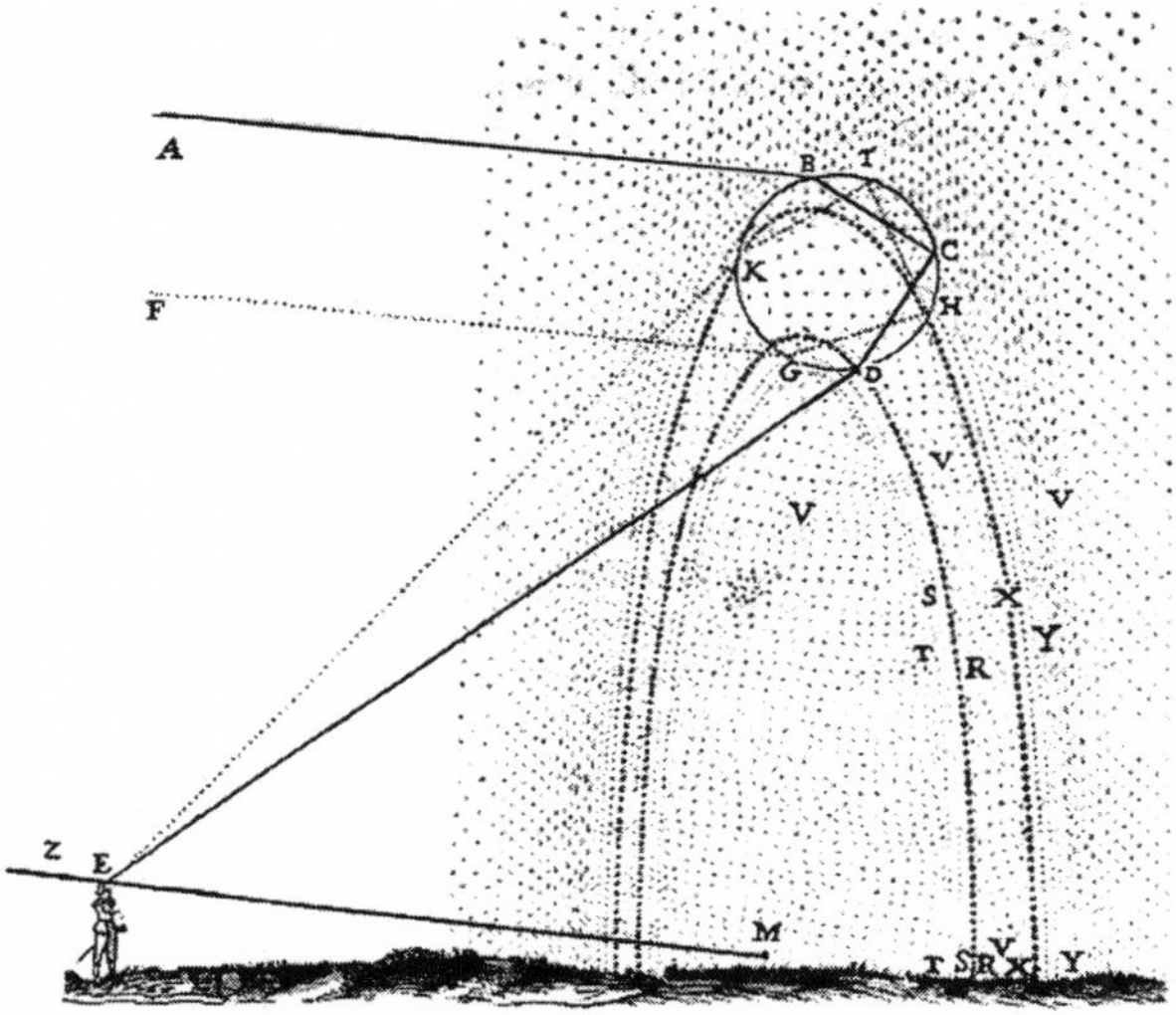


デカルト『気象学』第18図

ラス瓶を水で満たしたのち、たとえば太陽の光がAFZとしるされた空の部分から来るとし、私の目が点Eにあるとして、この球をBCDの位置におくならば、その部分Dは真っ赤に見え、また、その他の部分よりも比較にならないほどあざやかに見えること、またその球を近づけようと遠ざけようと、右へおこうと左へおこうと、さらにまた私の頭のまわりを回転させようと、直線DEが目の中心から太陽の中心へ向かうと考える直線EMとつねに約四二度の角をつくりさえすれば、この部分Dはつねに等しく赤色に見えること、しかし、この角DEMを少しでも大きくすると、この赤色はたちまち消え失せてしまい、少しでも小さくすると、赤色はそれほど急にまったく消えてしまうことはなく、また消える前に、以前ほどあざやかでない二つの部分のようなものに分かれ、これらの部分のなかに黄や青や他の色が見えることを見いだしたのである。(同頁)

デカルトの考察は、ニュートンのプリズムを用いた分光と集光（屈折）の実験と考察を先取りするものでした。虹の赤色の現象に関する数学的に把握可能な規則性、自然法則を述べているのです。ライプニッツもこれに関連して「密度の低い媒質から高い媒質に入射する光線の角度の正弦は、その媒質中の光線の角度の正弦に、その密度によって決まる定数をかけたものに等しい」とするスネルの法則を証明しています（松田 二〇〇三、二三二頁）。

ここで西條敏美の説明を借り、虹の現象の整理をしておきましょう（西條 一九九九、一一頁）。ふつう多色に見えるのが主虹であり、その外側にうっすらと見えることがあるのが副虹です。主虹は円弧で、内側が紫、外側が赤、副虹は逆に内側が赤で外側が紫というように逆になっています。デカルトも順に赤、黄、緑、青に言及しましたが、虹を七色とはしていません。また折々の条件によって虹の色の幅も色調も様々です。虹が見える位置も決まっています。太陽から水滴への入射光と水滴から射出して人の目に届く光とが作る角は、主虹の紫が約四〇度、赤が約四二度、副虹の場合は赤が約五〇度、紫が約五四度です。これらの角が虹角です。デカルトもこれを論じましたが、この虹角によって地上から虹を見たときの虹の高さが決まります。

西條は、虹に関する疑問を一三個挙げ、各々に答えています。私たちの問題は存在論であって自然科学ではありませんが、両者は別のものではないので、主なものだけを確認します。空に太陽の光を反射する鏡があるわけでもないのに、なぜ空に光の帯が見えるのか[2]。主虹と副虹、二つの虹が見えるのはなぜか。以上二つの問題は、すでにデカルトらによって解答が与えられていると言ってよいでしょう（同書、一二七頁）。虹の根元に行くことはできないのか。そこに行けば、虹のトンネルもくぐり抜けることができそうだが。水滴は小さいが、地上に向かって落下しているはずである。落下する水滴に光があたっているのに、なぜ虹は同じ位置に静止して見えるのか、などです。

後者二つは、虹を追いかけても追いつくことができないように感じる現象と関係します――これは残像現象にも関連しています。

落下を続ける水滴は一定の位置を通過するたびに強い光を地上に射出するといってよい〔太陽や月にも同じことが起こりますが、それらは水滴のようには消えません〕。観察者が左に動けば虹も左に動き、右に動けば虹も右に動く。また観察者が虹に近づけば虹もまた遠ざかるというのは、それぞれ異なる水滴から一定の虹角を満足する方向に光が射出しているからである。だから、虹の根元に行こうとしても、近づいただけ虹は遠ざかり、空に水滴がなくなってしまうところまで近づけば虹も消えてしまう。（同書、一二九頁）

虹の不思議さは、こうして幾何光学で説明できます。しかし、問題が哲学的なのは、虹の現象が虹を見る観察者の存在を含むかどうかが問われるからです。それがここでの問題です。

観察者の存在と虹の現象の存在論的関係を論じる前に、虹の現象に関連する問題として、第二性質としての色の実在性の問題に触れておきます。ニュートンはプリズムを用いて分光と集光の実験を行い、異なる色が異なる屈折率をもつことと太陽光が異なる屈折性をもつ射線の合成であることを解明しました――それ以前は、屈折と反射の過程で白色に色がつくと考えられていました。重要な点は、物体が固有の色をもつことについても、或る物体が他の色よりも或る色の光を大量に反射することによるものであること、物体自体は色をもたず、反射した光がその色の感覚を引き起こす力をもつことを明らかにしたことです。この説明は他の感覚性質にも認められることになるので、その哲学的インパクトは非常に大きいのです。

アルフレッド・ノース・ホワイトヘッド（一八六一―一九四七年）の『科学と近代世界』（一九二五年）は、第一性質が実体の本質的性質として自然の秩序を構成する一方、色のような第二性質は脳髄における現象によって引き起こされ、「物体の外被として精神によって投射される」ことになった事情と帰結について述べています。第二性質は「精神から生み出されたものである。〔…〕バラはその香りを、ナイチンゲールはその歌を、太陽はその光輝を我がものとしている。詩人たちは完全に誤っている。彼らはその抒情詩を自らに向かって歌うべきであり、その抒情詩を転じて、人間精神の卓越を歌う自己礼讃の頌詩とすべきである。自然は無味乾燥なものであり、音もなく、香りもなく、色もない。物質の慌ただしい、目的も意味もない、ひしめきに過ぎない。我々が自然にどんな外観を与えようとも、このような見方は一七世紀末のこの特色ある科学哲学から実際に出てきたものである」（ホワイトヘッド　一九八一、七二頁）と総括しています。ホワイトヘッドは「虹」という詩もある桂冠詩人ワーズワースを好み、科学的精神と自然詩的感性の両立を信じましたが、読者はどう感じられるでしょうか。

夢や幻、より安定したものに見える机やイス、あるいは不変の性質として現象を貫通する第一性質のあいだに位置づけられると考えられる、虹の存在を考察する前提として虹の科学を確認し、その現象の説明を見ました。以下では虹の現象と観察者の存在を考察します。

## 2　バークリ——物体の絶対的独立存在否定の論証

ライプニッツのバークリ批評は、物質がないと言う必要はなく、虹のように現象であって実体ではなく、実体から帰結するものだと言えば十分だ、というものでした。ライプニッツは虹の幾何光学を知悉していましたが、問題は物質の存在です。ジョージ・バークリ（一六八五—一七五三年）は「物質は存在しない」と主張しましたが、ライプニッツに言わせれば、物質は虹のような現象と言うべきなのです。まずバークリの議論のあらすじと要点を確認し、ライプニッツの批評を見ていきましょう。

『人知原理論』の論証は、「物体の絶対的独立存在を否定するアプリオリな論証」（第二二節）、つまり「物体的実体」概念の矛盾と空虚の論証——「独立性否定」の論証と略します——から始まりますが、論証の基盤となる直観が最初に表明されます（Fogelin 2001, p. 48）。参照のために整理番号と記号を付けます。

[1]バークリは存在論的には精神的実体の一元論によって、認識論的には精神‐観念二項図式によって精神‐観念‐物体の三項図式を退け、懐疑主義解消を企図します。以下がその基本洞察です。

1　知覚の対象は観念の集合体であり（第一節）、観念の集合が名辞「リンゴ」のように事物として記しづけられる。

2　精神的実体（知覚する能動的存在）は、観念を知覚して観念に作用し、観念と区別されるが（第二節）、「そのうちに」観念をもち知覚するものとして存在する。逆に、観念は「知覚されることで存在する」という存在論的主張に組み込まれます。

3　非物質主義。知覚されることと無関係に物体がそれだけで存在することが否定される。机や樹木は、それを知覚する精神が有ってこそ存在し、同じことは五感を通して与えられる性質としての観念にも妥当します。ここで「有るとは知覚されてあることである」というテーゼが登場します。これが「哲学者の見解」を反駁します。可感的性質が精神に本質的に依存するのを認めると、諸性質が物体的実体のうちにあると想定することが矛盾的になるという点を論証するのです（第三節）。

4　知覚の集合体としての対象は独立した実体ではない。なぜなら対象は知覚されることによって以外の仕方では存在できないからである（第三、四、六節）。バークリは、精神以外になにか実体が存在し、可感的性質とまったく異なる性質を持つと想定するのは完全に不合理であり、この想定は無意味だと断定します。これが非物質主義の論証の核です。可感的性質とはまったく異なる性質を持つ物体的実体の想定は意味がないという指摘は抽象観念説に対する言語哲学的批判の趣をもちますが（第五一節）、標的は物体の絶対的独立存在の否定、形而上学的実在論の批判なので、あらゆる実在論が否定されるわけではありません。[3]

5　抽象観念説＝物質主義の元凶。バークリは抽象を、可感的対象の性質をその性質が知覚されることで存在することと区別する努力と性格づけますが、抽象の結果、可感的対象を、知覚されないでも存在すると見なす誤謬が生じると言います。想像としての抽象を認めるとしても、それは現実の感覚作用なしにはありえないのです（第五節）。

6　他者と神の精神による知覚。知覚されることで存在することは、私が知覚しないか知覚できない場合、私以外の精神ないし永続的精神の知覚による。ここまで言えば、あらゆる精神から独立に事物が有るというのは不合理となります。

7　精神的実体の存在論的一元論。以上から引き出される帰結は「知覚する精神以外には実体はない」（第七節）というものですが、この主張と観念を持つ＝知覚することという認識論が、以下の論証の基盤となります。

要点3で独立性否定の論証は実質、終了しますが、第八〜三三節にかけてもう少し周到な論証が行われています。大別すると、以下のとおりです。

[2]第一性質と第二性質の区別、第一性質の独立性否定の論証（第八〜一七節）

[3]「精神と独立にある物体的実体」の概念に根拠がない点の認識論的批判（第一八〜二八節）

ここでバークリは、物質主義者からの反論を予想し、順に退けていきますが、その道筋は次のような論点で構成されています。

(a)観念と事物の類似性の否定。類似性と思われているものは観念間の関係にとどまる。
(b)第一性質の特権化の認識論的否定ないし第一性質の観念性の主張。
(c)物質主義に対する診断。物体的実体を想定する誤謬の原因としての抽象観念説批判。抽象観念説こそが第一性質としての幾何学的延長を想定する認識論の不合理の元凶だと言うのです。
(d)物体的実体の存在概念の曖昧さの言語哲学的批判。日常の用法で「枕が頭を支える」と言うのと同様に、「基体」が諸性質を支えると言うなら、その意味は曖昧である。
(e)精神から独立に有る物体的実体の認識不可能性。物体的実体を仮定しても、それが感覚によっても推論によっても知ることができない認識上のディレンマがある。
(f)観念の原因の考察。物体的実体の存在を仮定しなくても、観念は産出されうる。物体も観念も能動的存在でない点を示し、原因として神だけを残したうえで、観念の非恣意性を主張し、「自然法則」に基づく観念の整合説とプラグマティズムを採用します。そして神が感官に刻印した観念を「実在するもの」と呼ぶことで論証は終結します。以上の主張にライプニッツが注目した点には後で触れましょう。

バークリ

[2]については、観念が精神の外部に存在しないとしても、観念がそれについてのコピーであるような独立の物体がありうるのではないか、という物質主義者の反論①に対して、(a)を主張した後、想定される外的事物はそれ自身知覚可能か、と逆の問題提起②を行い、物質主義の認識論上のディレンマを指摘します。②を肯定すると、外的事物は知覚可能だが、それは観念となり、否定すると、知覚不可能な色と同様の不合理が生じると言うのです。ここから(b)も導かれます。第二性質だけでなく、第一性質も精神のうちになければならず、物体的実体の概念は、精神のうちにあるものを外に立てる矛盾があると反論します。さらに、③第一性質の認識論的独立性の問題として、第一性質を第二性質なしに考えることがで

きるかを問い、不可能だと答えます。[4]

続いて問題となるのが、(c)の抽象観念説と延長の関連です。バークリの「観念」は個体的であり、感覚器官との相関によって、そのつど様々に変様し相対的に与えられますが、延長の観念はそうした相対性を持たないため、認識不可能だとされます。また物の固さも、それを延長なしに考えることはできず、かつ延長が物体のなかにないことから、物体のなかにはない、と結論します（第一一節）。関連するロック『人間知性論』第二巻第四章の粒子論的説明は自然学的であって認識論的ではありませんが、延長も固さも知覚から独立でない点に固執するのです。

しかし、バークリの認識論的批判は、延長と固さの関係を考えるうえで有益ではありません。粒子の運動から固性がどのようにして生じるかという問題は、ライプニッツが弾性に注目し、物体の凝集を説明するのと同様、説明上、粒子や物体の存在を認めなくては成立しないからです。バークリもこれを全否定はしない（第五〇節）のですが、その態度は道具主義的です。物体は現象であるという言い方は、それが、幻覚や虚構でなく、或る実在性をもつことを排除せず、説明の進歩も含意しますが、バークリの実在する事物はその点が不明確です。

バークリは第一四節で、④可感的な第二性質は精神なしには物体のうちに存在しない、という学説をどうして第一性質についても言わないのか、と読者に問いかけています。温かい冷たい、美味い不味い、運動の遅い速いなどが、心身の状態に応じて変様することから、それら第二性質は精神の様態――心のなかにあるもの――に過ぎず、実在する事物のパターンではないと言うなら、同じことは第一性質にも言えるのではないかと指摘するのです。これがバークリの第一性質の主観性と相対的所与の主張です。

この後の議論では④に関して第二性質と第一性質の主観性と相対的所与性の無差別を述べ、論点を不可知論から存在不可能性に徹底しています。主観性と相対的所与性は、私たちが感覚器官によって真の延長や色を知りえないことを証明するにとどまらず、そもそも両性質は物体のうちにありえないことを示したと主張します。ここでも性質の独立存在が否定されます。これが、虹の存在論の観察者に関する論点です。バークリによれば、虹の色も形もすべて心のなかに有り、同じことはすべての物体の諸性質についても言えるのですが、ライプニッツは違います。現象的性質は身体を伴うモナドに実在的基礎をもつからです。しかし、この論点にいまは立ち入らず、バークリに戻りましょう。

(d)を展開した後、バークリは[3]に向かいます。⑤物質主義の前提を受け入れ、もし物体的実体が精神とは独立に存在しうるとしても、それが我々のもつ観念と対応していることを我々はどのようにして知ることができるか、という認識論的問いを立てると、それを知りえない致命的難点が生じることから(e)を論証します。認識論上のディレンマです。感官によって印象を与えないものは知覚されないという点は、それを物質主義者も承認する一方、感官で直接に知覚されるものから理性が推論すると言う場合、その論拠はなにかという問題です。物質主義者も物質と観念のあいだに必然的結合がないことを認める以上、推論の論拠は与えられない。ここからバークリは、観念を産出するもの、観念の原因として外的物体を想定する必要はない、という結論を引き出すのです。こうしたアプリオリな論証の最後に、(f)観念の原因の考察に進み、彼なりの実在論と記号的認識論を語り始めます。

しかし、(e)の論証は誤謬を含んでいると考えられます。必然的原因はまだ分からないとも言えるし、必然的結合の不在は結合の不在を意味しないからです。外的物体の存在なしにも観念は産出されうると考えるのは、むしろ合理論的な解決ですが、その点の強調は、観念の能力と能力を動かす原因の区別を考えると困難を大きくします。物心二元論のアポリアへの応答として形而上学的物体の消去を選び、物質主義者も観念がどのようにして喚起されるかを知りえず、物体の精神への作用の仕方を理解していないと言っても、物体の非活動論を維持するのは難しいのではないでしょうか。

(f)についてはバークリの実在論の特徴を確認するだけにしましょう。彼は、意のままに思い浮かべたり、消したりできる想像的観念があるのを私たちが経験上知っていることを確認する一方、意志に依存しない観念として感覚器官によって現実に知覚される観念があるとします。私は、自分の眼を開けるとき、なにかが見えるかどうか、どのような対象が視野に入ってくるかを、自分では決定できません。感官を通して刻印される観念は、私の意志の産物ではないので、それを産出する他の精神の存在を推論させますが、それは、バークリの場合、神以外にはありません。その種の観念は実在的であり、それを「物体」と呼ぶのです。この意味の物体＝観念は存在します（第三三節）。これがバークリの実在論です。

以上『人知原理論』の論証を見てきました。感覚的観念は精神のうちに存在し、精神によって知覚され、おのずから形成される観念として精神の所産よりも多くの実在性をもつとされますが、この主張は受け入れ難いのではないでしょうか。バークリの自然法則を生み出す神の精神の完全性は確かに最大であると一歩譲っても、感覚的観念に身を委ねて生きる状態は、完全でもなければ、実在的でもないからです。反面、実在性に程度を認めた点に注意しましょう。これは実在性を「完全性」として理解する存在論です。夢や虹、そして物体の実在性に程度があると考えるのはそれほど奇異ではないように思います。この点を確認して先に進みましょう。

## 3　ライプニッツのバークリ批判

ライプニッツは、バークリを逆説的、野心的としながらも、その論証を真剣に受け止めました。そのなかで最大の、しかし必ずしも明言されていない論点が、独立存在としての物体を消去し、精神と観念の二項関係で問題を展開しようとした戦略の可否です。この選択は、懐疑主義反駁の方法として正しくないとライプニッツが考えた点をまず確認します。

ライプニッツは、精神と観念および独立存在の三項関係を消さず、観念を超越する存在、身体的に存在するモナドと世界を独立存在として維持する一方、物体の存在の統一性を、知覚を超えた、或る実在的なものとして把握したうえで、懐疑主義を克服する道を模索します。バークリの二項図式は、知識を精神の内なる観念の知とする点で自然な直観に反するのに対して、確実性に達するのは容易ではないが、感覚的、心像的観念を超え、言葉や記号を通して外なる事物、世界を知り、表現することに知識の本性があると考えるのです。その根底にあるのは知覚をモデルとした認識論の限界を超えようとする洞察です。バークリの認識論は感覚的観念の実在性を、神の設定した自然法則に基づく観念の驚くべき規則的な結合から評価し、実在性を日常的行為の文脈における予測の有用性に帰着させました。ライプニッツには、この次元の観念の実在性を否定し排除する意図はありませんが、学知はその種の有用性を超え、独立する実在に関与すべきだと考えています。形而上学的実在論こそがライプニッツの擁護すべき立場なのです。

この点は、バークリが粒子仮説による第二性質の因果説的説明を捨て、物体の固性も自然学的説明を飛び越して、観念に過ぎないもの、道具的説明に解消されるものと見なす点に対する反論として表明されます。確かに、精神は物の統一を認識はしますが、ライプニッツは、知覚や知的構成がないと、物の統一とその存在が失われるとは考えないので、「有るとは知覚されてあることである」に同意しません。実際、ライプニッツの場合、物質ないし延長の無限分割は、有限な知覚表象を超越するものの存在の証拠となるのです。

バークリにも言い分がないわけではありません。『人知原理論』第二三節は誰も見ていない樹木の存在の知覚の思考可能性に触れていますが、その可能性は、メタの認識論的非独立性を主張しています。問題はあくまで物体の形而上学的独立存在の否定なのです。第八二節は形而上学が語るような物体は聖書のどこにも登場せず、通俗的な意味での物体の存在を否認しないとし、第八六節は、感覚の対象と知性の考える精神外部の対象の二重存在説が懐疑主義を生み出す元凶である、と明言しているからです。感覚表象を基盤にする限り、精神の外部の知性による対象を認めがたいのは当然です。したがって、論争はいずれの認識論がより豊かか、という観点を導入し、メタ次元で展開する必要があります。以上で認識論的考察が終わります。

存在論に戻りましょう。『人知原理論』の蔵書に記された書き込みに注目します。これは些細な点に立ち入ることに見えるかもしれませんが、この作業も人文学の重要な手法であり、文献に基づく解釈は生命線でもあるので、紹介しておきたいと思います。

ここには多くの正しいことがあり、それは私の考え方とも合致している。しかし、それは逆説的に表現されている。物質が無いと我々は言う必要はなく、それが虹のように現象であって実体で

> はなく、実体から帰結するものだと言えば、十分なのである。また空間は、時間と同様に実在的ではなく、時間が継起して存在する事物の秩序であるのと同様に、それは同時存在する事物の秩序以外のものではないと言えばよいのである。真の諸実体は、諸々のモナド、つまり知覚するもの（percipientia）である。しかし、著者は、そこからあらゆる事物が構成される無限の数のモナドとそれらの予定調和の説に進むべきだった。彼は誤って、あるいは最後に不必要に、抽象観念を拒否し、観念を心像に制限して、算術と幾何学の諸々の繊細さを非難している。なかでも最悪なのは、たとえ彼が無限小の量を否定したことは正しいかもしれないとしても、延長の無限分割可能性を拒否したことである。（McCracken, and Tipton (eds.) 2000; Robinet 1983.『人知原理論』第六八節参照）

『人知原理論』の主要主張がことごとく批判されています。抽象観念の拒否、観念の心像への還元、純粋数学と延長の無限分割可能性の否定です。しかし、問題は「物体が存在しない」という主張に抗議しながらも、物体が実体でなく、「よく基礎づけられた現象」であり、唯一の真の実体は「知覚者」だと述べられる点にあります。その解釈しだいでは、ライプニッツはバークリに近くなるでしょう。「寄せ集め自体は現象にほかならないが、それは、その寄せ集めを構成しているモナド以外のものが、それらを一緒に表象するという表象の働きによってのみ付け加わっているからである」(Leibniz 1965, Bd. 2, S. 517 =ライプニッツ 一九八八―九九、(9)一九四頁）という発言もあるのです。

この発言には部分全体関係の存在論、つまりメレオロジーの問題が含まれていますが、表象による寄せ集めの構成という説明に認識論的構成を認める余地があるように見えるかもしれません。表象される性質や志向的対象と粒子などの実在するものの認識に同型性を認めれば、ライプニッツは、バークリ的ではなくても、認識論者と見なされうるのです。別の手紙には「モナドとその属性以外に実在的なものはなにもない」(Leibniz 1965, Bd. 2, S. 270)――表象と欲求です――という存在論の表明もあり、モナドが表象者であることは確かなので、彼をバークリ風に解釈することに根拠がないとは言えません。

しかし、これを物体の認識論的構成と呼ぶのは躊躇されます。「同時に表象される」という契機は、ライプニッツの場合、「一における多の統一」[6]という表象の定義に適い、その限りの知覚表象は認識の必要条件だと言えますが、それだけで積極的に認識論的構成があるとは言えません。ライプニッツが寄せ集めの例とする並木道や隊列を考えてみましょう。それらは個々独立の樹木や兵士を同時に表象することで文化・社会的意味で構成されると言えますが、個々の樹木、一人ひとりの兵士も同じように構成されると言うべきでしょうか。彼らの身体は、私たちの認識に依存せず、独立存在するのではないでしょうか。そのうえで私たちは、それらを並木道や隊列として認知するのではないでしょうか――これがバークリ風解釈の難点です。

同じことが虹にも妥当します。虹は認識論的構成物とはとても言えません。虹が、そのつどの気象条件などで、色や形が様々に変化するとしても、それはなにもしなくてもそう見えるのであり、そのメカニズムは幾何光学などの自然法則が説明します。虹は大量の水蒸気の寄せ集めなしには発生しませんが、水蒸気の一つ一つあるいはそこを通り抜けて目に入射する太陽光線の一本一本は、気づきを伴わない点で、個々の樹や兵隊個人の存在以上に、積極的な認識論的構成の及ばないものです。個体としての樹木の部分にも同じ寄せ集めとしての性格があり、部分の表象は無意識の微小表象の次元に下っていくでしょう。しかし、虹も、夢ではなく多くの人に同時に公共的に現象する実在性をもつことは否定できません。

ライプニッツが、バークリとの距離をはっきりさせるかのように、虹のようなよく基礎づけられた現象と言うとき、その真意は、虹も、樹や机のような物体も、認識論的構成によってではなく、なんらかの自然法則によって存在すると言う点にあります。なにが自然法則であるかは、虹、樹木、落下や衝突する物体それぞれで重なりもあります。物体が実体ではないとし、物体を虹に準《なぞら》えると、物体の存在をなにか実在性の乏しいものと連想してしまいがちですが、そうではなく、虹も物体も規則性をもつ基礎づけられた現象なのです。虹を何色として見るかは、個人の育った文化や言語の制約を受けるとしても、意志や意識にかかわらず、そのように見えてしまうのです。逆に、バークリと異なる意味で、物体が実体でないのはなぜかを説明するという課題が生じることになるのです。[7]

もう一つの問題は、部分や要素からの構成という事態は、認識に限られず、むしろ自然（科学）的な意味で「メレオロジカルな構成」と呼ばれる、存在論的なタイプに関わる点がバークリ的解釈では失われるという点です。物体の実在性の付随性という観点からの存在論的説明がライプニッツに見られることが指摘されます。「付随性のメレオロジー」は少なくとも二通りあります。一つは部分の性質の総和がその全体の性質を決定する決定論的タイプです。その場合、付随性は、下位の性質と上位の性質の相互関係を説明するものとして、上位の総和の性質は、基本的に下位の諸部分の性質に還元されます。ガラスのコップの砕けやすさの基底にはコップを構成する部分の性質、つまり素材であるガラスまたはその分子の強度の相対的低さや分子結合の弱さから来る、砕けやすさがあると考えるのです。[8]

もう一つは非還元的メレオロジーです。この場合も、上位の構造が下位の構造に支えられて生じることを認めますが、上位の構造に創発のように、下位の構造にはない新しい性質の出現を見ます。その典型は生物または生物の身体です。アミノ酸ないし蛋白質は高分子化合物ですが、それを下位の構造として生物の身体ができあがり、生物の身体が蛋白質単体にはない遺伝情報をもって様々な振る舞いをするようになるのを考えればよいでしょう。虹も、個々の水滴の寄せ集めや太陽の光、そして観察者の諸部分それぞれの固有の性質には還元できない、新しい性質をもつと言えるのではないでしょうか。生化学や幾何光学はそれらのメレオロジーを解明するのです。

付随性の観点から存在者の存在の程度・段階に基礎的、現象的、観念的のような区別を導入できます。虹は、夢のような心像と区別されると同時に、水滴や太陽の光、知覚者などを基礎的とすれば、それらのあいだに生じる因果関係によって、法則的に成り立つ程度の実在性を有する現象として位置づけられるのです。それは、現象主義や認識論的構成主義の説明とは異なる存在論的身分を有することになります。基礎レヴェルのものがメレオロジカルな構成過程を経て、存在の階梯を昇り、様々な意味を獲得するのです。

基礎次元に位置する知覚者の存在は次章で考察します。ライプニッツはそれを「モナド」とも「単純実体」とも呼びますが、本書ではモナドで統一しましょう。虹の場合も、モナドが身体的に存在し、水滴や太陽光と一つの全体を構成しますが、身体はしばしば無視されました。バークリの場合も、存在するのは精神的実体と観念だけです。それは知覚するモナドにとって自分の身体がどのような意味で、現象あるいは寄せ集めに過ぎないものではないのかという問題である、と言い換えることができます。

このような基礎次元の知覚者の位置をメレオロジーの観点から考えるとき、デイヴィッド・ウッドラフ・スミスの特徴づけ（Smith 2004）が有効であることに触れておきます。それは私たちがなにかを知覚表象する、という独特の関係を現象学が「志向性」として把握したことの存在論的解明です。虹は、確かに幾何光学的に説明される自然現象ですが、私たちがそれを希望の兆《きざ》しと見るときは、解釈されています。意識の対象には夢や幻想や想像によって与えられるものも含まれますが、スミスは志向性を形式存在論的範疇として位置づけます。志向性は或る内容を通して或る対象を意識することであり、志向する概念ないし観念とその対象は区別されます。この「通して（via）」という契機こそが志向性の形式の独自性なのです。志向性はこれを核に或る主観が一定の内容をもつ経験ないし作用をもち、その内容がある対象を（もしそれが存在するなら）指示的に下書きする、あるいは内容を通して対象へと主観によって作用が方向づけられるという仕方で、主観－作用－内容－対象の四項ないし（対象が不在の場合なら）三項構造として定式化されます——フッサール現象学は意識の作用と内容の相関性を記述しますが、この特徴は現実の存在論で活かされることになりますので、ご記憶ください。その点で痛みのような一項的質、包摂が特徴づける集合の部分全体関係、点と線の構成的関係、原因と結果の依存関係とは構造が異なるのです。これを無視して知覚を論じ、その構造的複雑性を切り詰めるなら、抽象の誤謬が生じてしまいます。

## 4　総和と総体

形而上学のルネサンスのなかで存在論とメレオロジーの連関が認識されていますが、その歴史はパルメニデス（前五世紀）に遡り、人工物や生物も含む具体的なもの、裏を返せば、抽象的存在者の存在論にも関わっています。本書の言う「メレオロジー」は部分全体関係の存在論ですが、論理学系の「メレオロジー」と知識工学系の「オントロジー」——フッサールの形式存在論と現代論理学を源泉とし、多様なタイプの存在者のカテゴリーとカテゴリー間の関係や属性を探究する分野とも無縁ではありません。

メレオロジーが有るものと現象の存在論的区別に関わることを示すのが、「運動を否定するゼノンの逆説」です。それは、不可分な一なるものが存在しなくてはならないという主張を含み、「飛んでいる矢」や「アキレスと亀」の逆説を駆使してパルメニデスの「有るもの」を擁護しようとしました。ゼノン（前四九〇頃—前四三〇年頃）の論法が、特にピュタゴラス派の運動論が前提とする「無限に多数の単位点」と「時間におけるいま」の存在から生じる矛盾を突く帰謬法であることは間違いありません。ピュタゴラス派は数以外の「他のものは、その全本性において数を型として模倣的に形成されており、数が全自然における第一原理である」と考え、「数の構成要素が存在するものすべての構成要素であると想定」（アリストテレス『形而上学』九八五b二五）しました。その前提を受け入れれば、以下のような結論に至るとゼノンは主張します。

(1)「もの」はちょうど自分自身に等しい場所・空間だけを占有しているとき、静止していると言われる（通念）。

(2)飛んでいる矢は、どの瞬間においてもそれ自身と等しい場所にある（無数に多くの単位点といまから合成される時間・空間という前提からの帰結）。

(3)したがって、「飛んでいる矢は静止している」（アリストテレス『自然学』第六巻第九章に従った整理）。

帰結(3)は、感覚的な運動理解と一致しませんが、前提(2)のように、矢が瞬間ごとにその場所を占める空間が幾何学的線分・区間として表象され、かつそれが無限に多数の単位点から合成されると考えるなら、矢が飛ぶ、すなわち運動するためには、この区間の無限多数の単位点——単位点には各瞬間が対応し存在する——のすべてを走破すると考えるなら、(3)の帰結は避けられない。これがゼノンの論証です。矢は無数の瞬間一つ一つに対応する無数の点のどれかを必ず占有するというのです。しかし、ひとの目には矢は飛んでいます。水滴の集まりと太陽光が虹を見えるようにするのとは逆に、ゼノンの論証は、或る前提を認めれば飛んでいるように見える矢が、本当は静止していると言わなくてはならないと推論させます。

エレアのゼノン

この結論を避けるにはどうしたらよいでしょうか。ゼノンは、それぞれ一であって相互に隙間なく密接しあった単位、区間と持続を構成する位置と瞬間に対応する無数の点の存在に基づく世界描写が矛盾を含むこと、したがって、この前提が間違っていることを示唆し、点のような部分に分解される運動現象とは区別される（べき）「有るもの」は、その種の分割可能な単位・部分からなるものではない、と主張しました。パルメニデスとゼノンは有るものが部分を持つことを許さないのです。ここにメレオロジーと存在論の原初の繋がりがあります。

もちろん時間にも空間にも分割不可能な単位、位置や瞬間が存在しないとすれば、「xが時点$t_1$に地点Aにある」と「xが時点$t_2$に地点Bにある」から、現象的に「xが時点$t_1$と時点$t_2$とのあいだに地点Aから地点Bに移動した」と言えるとしても、本当は、移動は有るものではない——これが運動否定の真意です。ただし、これはあくまでも間接証明です。パルメニデス的な有るものは、考えることはできるが、現象する経験の対象ではないと言えます。

このように現象と実在の二分法と真に有るものとはなにかという問いは、部分と全体、線分やそれが表象する運動、時間と空間のような連続体、そして具体と抽象の存在論的問題の淵源も示しています。それは現代の存在論にも影を落とし、部分と全体の概念分析を要請して、分割と合成の存在論的問題を提起しています。メレオロジーのこの問題に初めて取り組んだのが、プラトンの『テアイテトス』であり、アリストテレスの『形而上学』だったのです。

『テアイテトス』（二〇三A）は言語を譬えに全体を概念分析します。用語は現代風にしましょう。出発点は、アルファベットは思想を表現しないが、それを束ねたものは思想をもつということです。確かにSOCRATESのSOのSとはなにかと迫られたら、テアイテトスでなくても言葉に窮するでしょう。アルファベットと語の関係からソクラテスは部分と全体の存在論的問題を提示し、結論的に総体と総和を分けることになります。

Ⓐアルファベット SとOの二つが揃って語なのか、二つ以上の場合、全部を（単純化して）「語」と言うべきか。それとも、Ⓑアルファベットが合成されると、単一な「形相」が生じるので、語が「その第一のもの」と言うべきなのか。これが最初の検討課題です。

Ⓐの吟味――語全体を知る人は、すでにアルファベットを見知っていなくてはならないが、そうできないので、語はアルファベットとは言えない。語はⒷアルファベットからなるが、アルファベットとは異なるものであり、「単独の品種」と言うべきではないか。

Ⓑの吟味――しかし、語に部分があるのはおかしい。部分があるものは、全体が部分全部を合わせたものでなければならないから、とソクラテスは指摘します。テアイテトスもこれを認めています。つまり、アルファベットを集めたものと語が存在として同じか違うか、という問題が生じるのです。

　ここからソクラテスは複数形の「総和（παντά）」と単数形の「総体（πάν）」を区別し、両者の関係を問い始めます。自然数6の様々な表現は、足すと6になるものを総体として示すこととそれらのものがすべて足すと6になる総和でもあることを指摘し、少なくとも数から成り立つ限りのものでは、Ⓒ総体と総和は同じものだと結論します。或る軍団の外延（個数）は、その兵卒すべてを数えても軍団を塊と見ても同じです。軍団の兵士の総和は軍団の兵士の総体です。しかし、ソクラテスは結論Ⓒをひっくり返します。こうしてソクラテスはゼノンの論法とパルメニデスの「有るもの」の継承者でもあることが判明します。総和と総体は、軍団のように部分が個数として数えられるものである場合は、同じと見なしてよいが、そうでない場合、Ⓓ両者は同じではないこと、部分が数えられる軍団モデルにおさまらない、なに一つ欠けるものがない全部としての総体の存在が指摘されるのです。

　この完全なものを持ち出されて、総和と総体は違うと認めざるをえなくなり、Ⓒも否定されます。

とはいえⒸが妥当な例もあるので、Ⓓも単純に肯定できません。これは何を意味するのでしょうか。メレオロジーには分割と合成の観点では扱うことができない局面があるということです。ソクラテスはそこに迫ろうとして執拗に問いを繰り返し、問いかけます。それ以外のものがそれから合成される基本的なものは、もはや説明できないものであるが、それがそれ自体にとどまる限り、合成を許さない。この合成不可能性が形相の単一性の原因である。「そうだとすれば、この基本的なものと形相は同じ品種に帰着しないか」(二〇五D以下)。

形相がパルメニデスの有るものの系譜に属することをメレオロジーは明らかにします。さらに、ソクラテスがアルファベットのような部分が不可知であるという想定を覆《くつがえ》す一方、形相のモデルとして語の単一性を強調することは、アルファベットと語のモデルが原子論、ヘラクレイトスの質料的存在論、パルメニデスの存在論の統合に関わることを示すものです(プラトン『パルメニデス』一三七C七—八、アリストテレス『形而上学』第五巻、一〇二三b二六(藤澤 一九九八)を参照してください)。これらの存在論は、どれも存在論上の合成問題に関わっていました。付随性の二種類を見ましたが、総和と総体のメレオロジーに注目しましょう。

この区分をデイヴィッド・ルイス(一九四一—二〇〇一年)の三公理(Lewis 1991)と比較し、考察の導きとします(Harte 2002, p. 14)。

[1]推移性——「xがyの或る部分の部分なら、xはyの部分である」
[2]無制限合成——「なにか複数のものが存在する場合、つねにそれらの合成が存在する」
[3]合成の一意性——「同じ事物が二つの異なる合成をもつことはない」

[2]について、或るものが合成であるのは、その或るものが複数の事物のすべてをその部分としてもち、それらの各々以外の異なる部分をもたない場合であり、かつその場合に限る、と定義されます。ここから少なくとも二つの存在論上の問題が提起されることになります。

(1)全体は合成か。語の例から形相を総体として論じ、総和と区別したように、外延的でない全体もある、という反論が考えられます。部分が外延的に同じでも、そこから異なる全体を考えうるのではないか、という疑問も湧きます。これは合成の一意性に反するので、外延主義的メレオロジーの限界づけ問題とも言い換えられます。

(2)合成はすべて全体か。外延主義は無数の合成を許しますが、無制限合成の公理からは、モナリザ、ルイスの本、君の右足のような合成を作ることができます。しかし、そのような合成は総和ではあるが、総体と言えるのか、という疑問です。確かにそれは不自然です。こうして、無制限合成は可能か、という存在論的問題が生じます。[9]

アリストテレスもメレオロジーの観点から存在論を考察しました。『形而上学』第五巻の哲学用語集は、その基本概念を整理しています。それもゼノンの逆説の解消が大きな課題だったことを示しています。連続体の存在論によって逆説を解消することは重要だったのです。その結果として得られる部分全体論的存在範疇を素描しておきましょう。アリストテレスは「もしどんなものもそれ自身と等しいものに対応している〔それ自身と等しい場所を占める〕ときにはつねに静止しており、移動するものはいまにおいてつねにそれ自身と等しいものに対応しているならば、移動する矢は動かないとゼノンは言うが、これは誤りである。なぜなら、時間は他のどんな大きさも不可分割的なものどもから成るのではないように、不可分割的ないまから成るのではないからである」(『自然学』第六巻第九章、二三九b五)と批判しています。

時間の無限分割については「ゼノンの議論も、有限な時間において無限なものども〔点〕を通過することができない、あるいは無限なものどもと一つ一つ接触することができないという誤った仮定に立っている」(同書、二三三a二〇)とアリストテレスは分析します。線分、空間、時間、運動は分割不可能なものから成るのではないとすることで、ピュタゴラス派のように、それらは分割不可能な点、場所、いまから合成されるものではないと主張するのです。これらは、連続体として独自の存在論的地位を有し、点や場所、いまや位置の合成に還元できない全体として位置づけるべきだと言うのです。

アリストテレスは、連続体の分割による無限と無際限を分け、連続体分割から生じる無限については、有限な時間は、ゼノンの主張と異なり、分割によって無限なものと接触できるとします。飛んでいる矢は、有限な時間内に有限な空間を通過し、的を射ることができますが、運動によって無限分割を認めるなら、無数の点といまに接触可能だとします。有限な距離と有限な時間の無限分割を認めたうえで、有限の時間内に無数の点移動が可能だと言うのですが、デモクリトスの原子のような分割不可能なものは認めません。幾何学上の連続体の可能的無限は認めますが、点集合の実無限は認めなかったのです。[10]

さらに連続体の無限分割に関連して、点、場所、いま、運動に関する存在論上の区分が導入されます。点は「端」の概念によって解明されますが、それは「点と線分のメレオロジー」とも呼べるものです(同書、二三一)。末端が一つであるものどもが連続的であり、末端が一緒であるものどもは接触的、中間に同類がないものどもは継続的です。そして「線が連続的であり、点が不可分割的であるからには、線が点から成ることは不可能」となります。幾何学の点は、この意味での端なのです（線分を切断して二分したときの端、二つの線分を交差させたときの交わる端など。位相や関係の存在論に関しては、加地 二〇〇八を参照してください）。アリストテレスはメレオロジカルな概念を網羅し、「部分（μέρος）」と「全体（ὅλον）」（同書、二〇五—二〇六）の観点を——ここで立ち入ることはできませんが——数学、自然学、質料・形相の存在論、定義に関わる類種の論理に及ぼしています。では、存在論の部分全体関係からの構築を確認したいま、虹についても、総和と総体の問題が、粒子の集まりや他の気象条件などの基礎づけるものと基礎づけられた現象——赤や青の色彩の現れやアーチ形とその動き、そして私たちの抱く印象や希望の気持ち——の階層関係として解釈可能であることを確認して次に進みましょう。焦点は、虹のメレオロジーにおいて、虹を見る者がどのように存在論的に位置づけられるかです。

## 5　具体的なものの存在論——誰も見ていない虹は存在しないのか

これまでの考察を踏まえ、飯田隆による「虹の存在論」を取り上げましょう。問題となるのは、知覚者が不在の場合の虹の存在論的位置です（Iida 2013, p. 7）。それは、物体も虹と同様、よく基礎づけられた現象であると言うライプニッツが考える規則性をどのように論理存在論的に位置づけるか、という問題です。飯田は、痛みのような質が、それを経験する者がなければ、存在しないこと、痛みは知覚経験の一部に過ぎない——メレオロジカルな言い方です！——ことを確認した（夢も知覚経験の一部に過ぎない）うえで、虹を見ることはそれを見る者にとっては出来事だが、虹そのものは知覚の経験内容の部分ではないという点から議論を始めます。そして虹は知覚されない場合も存在するかと提起し、バークリの「誰も見ていない樹木の存在」問題を取り上げて、その議論を退けます。

まず、地球上に視覚を持つ生物がまだ存在しない、はるか昔も、虹は条件さえそろえば存在しただろうと私たちが考えるとしても、当時、視覚を持つ生物がいない以上、実際には虹が存在しなかったことを飯田は認めます。そして次の想定を、こう限定された虹の事例と比較するように求めます。それは、言語がない時代には真理が存在しないと主張する議論であり、真理は言語的存在者に対する本質的指示を行うものなので、言語がないと真理はないとする立場です。飯田はこの論証は間違っているとし、その理由を「語られるもの」と「語られるものについて語るためのもの」の取り違えに帰しています。恐竜の科学も文で表現されますが、その文が語る内容が言語出現以前の状況に関するからといって、恐竜に関する文が無意味とは誰も考えないからです。恐竜に関する知見を表現する手段はCGでもよく、それが私たちの経験——見知り——がない場合も、その状況——可能世界——を記述し、再現すると考えうることが重要なのです。CGの色や形も、文と同様、表現手段なのです。

この場合、言語が規約的なのに対して色や形は「自然記号」であるという違いがありますが、なにか実在的なものを再現する点では同じです。これはバークリの「誰も見ていない樹木」の花の姿形を想像する場合も変わりません。どこか山奥深くに桜の花が春咲いている状況です。その場合も「想像される桜」と「桜を想像するための花びらの色や形の表象」の取り違えはありえません。スミスの形式存在論の用語を借りれば、想像されるものや語られるものは対象であり、語りや想像の表現手段としてそれを通して語り、想像する記号や心像のように、発話や表象の作用と内容に関わります。

　こうして虹が対象であることを確保した上で、飯田は、虹は、誰もそれを見ていない場合でも、公共的に観察可能だと主張します。虹の存在は、誰かが現にそれを知覚することを必要条件としないのです。帰宅途中の雨上がり、空にかかる虹に背を向けて路を急ぐ場合も、もう一度振り向けば、そこに虹が見えるだろうという反事実条件文で、この事態は表現されます。誰も見ていない樹木も、そこに行けば、淡い色の花を見ることができるだろうと言えるのです。飯田は、この事態を「時点tと位置lに虹が存在する十分条件は、反事実条件文(C)が成立することである。(C)正常な視覚を有する或る人が、時点tに、かつlのなかの適当な位置で空を見るなら、その人物は多色のアーチ型の形態を見るだろう」(ibid., p. 10) という十分条件でまとめています。(C)は、或る時、現実には誰もそれを見ていない場合でも、虹の存在を含意します。虹の十分条件は、その条件下での知覚可能性なのです。

　ここで飯田は、誰も見ていない樹木について語ることは、バークリの神のように、誰かがそれを見ているだろうから矛盾を含むという反論を想定し、(C)の反事実条件文が含む様相論理の基本問題に触れます。いまの場合、最初に誰も見ていない樹木が導入されましたが、これは「事物様相」と呼ばれる対象への言及仕方であることに注意が必要です[11]。それは属性「誰もそれを見ていない」によって文に導入されますが、この属性は偶有的です。誰もそれを見ていないという属性は、それを見る者が出現しうる可能性を排除しませんが、その出現による変化を除けば、他の状況は変わらず、事物様相の表現は同じ樹木を指示します。「間世界的同一性」と呼ばれるこの問題については第V章で再論しましょう。

　こうして、誰も見ていない樹木の可能性を確保した後、反事実条件文の真偽の決定仕方に関する認識論の問いと反事実条件文が真である場合の根拠はなにか、という存在論の問いが問題になります。誰も見ていない虹のような、知覚可能な対象が観察されていない場合も存在すると主張できる論拠が反事実条件文の論理によって与えられます。溶液が酸性かアルカリ性かをリトマス試験紙で判定するとき、試験紙が青や赤になる例も反事実条件文で表現できますが、それは物質や生物の有する傾向性を表す法則言明として機能します。そしてこの条件文は、それが表す事態が規則的に現実世界で観察されることによって正当化されます。その限りで(C)は虹の自然法則の原型を表現するのです。

最後に、飯田が論じる虹のメレオロジーと存在論の他の面を見ておきましょう。その一つは、一人として同じ虹を見ていないのはなぜかという問いに関するものであり、もう一つは、虹が公共的風景として出来事の範疇に入り、時間空間的拡がりをもつという点です。飯田は、ライプニッツのバークリ批評に関わる論点にも触れているので、私たちは夢と虹の存在論の中間総括も行うことができます。

前者については、虹には、身のまわりにある日常的対象、たとえば机と同じように、それを知覚する者の位置、パースペクティヴに応じた見えの違いがある一方、机と同様、同一の虹がそのように様態化すると考えることができます。私たちは、ふつう机のような物を現象と見ませんし、虹のような現象をものとも見ませんが、線引きが明確ではないのです。実際、個々の机も個々の虹も一定時間、一定の場所に拡がる現象だと言えます。私たちは、或る瞬間、或る場所で、或る出来事の時間空間的な部分しか見ていません。この点で、特定の時と場所に現れた虹が、条件の変化で知覚者Aに見えなくなっても、別の条件下にある知覚者Bには見える公共的な風景だと主張することに困難はないのです。

ただし、机と虹のパースペクティヴ的見えの構造は完全に同じとは言えません。机の見えが知覚者の位置や運動によって姿、形、大きさを変えるのに対して、虹はそうではないからです。その機構は、近づこうとすれば後ずさりし、逃げようとすれば追いかけてくる、虹の奇妙な現象も説明します。飯田は、机のようなサイズの物体にはなく、虹のような出来事にしか見られない特徴をデカルトの幾何光学が解明したと言います。さらに、その種の現象として付け加えられるのが、机と違って、虹には前面しかなく、横や裏がないこと、そして虹が太陽と水滴のあいだの領域にしか見えないことです。しかし、この特徴は、虹に限った話ではなく、交通事故や野球の試合のような出来事にも当てはまるでしょう。飯田は、出来事の横や裏を語ることには意味がないと言いますが、この点は検討の余地があると思われます。事態は複雑で、いつどこで聞いたか、目撃したか、どのように記述したかは、即物的な知覚のパースペクティヴ以上のものを含むのではないでしょうか。

虹が三次元の出来事としての拡がりをもつと言う場合、虹の出来事が生起する場所と虹の知覚が起こっている場所は同じではないという指摘は、デカルトが噴水をモデルにして気象現象を考察したことを想起させます。噴水の場合、私たちが太陽を背にして噴水の側に立ったときしか虹は見えず、噴水の反対側、つまり虹の向こう側に移動すると、今度は太陽が目の前に来て、虹は以前の場所には見えなくなります。しかし、この移動によって虹が消えたのではなく、今度は水が上がったり落ちたりする噴水のなかに見えます。これが虹を単純に虹の知覚と同一視できない理由です。こうして心を離れては存在しない夢の実在性と心から独立していると論じうる虹の実在性の距離を認める十分な根拠を示すことができます。そこに存在の階梯があるとしてもよいのではないでしょうか。

では虹はそれを感覚する身体からも独立存在するのでしょうか。夢や虹、そして身体はどのようなメレオロジーで把握できるのでしょうか。これが次の課題です。

**課題3**　夢と虹の存在論的な違いについて、あなた自身はどのように考えますか。

**課題4**　なにか一つ虹以外の気象現象の両義性と両価性を論じてみましょう。

第III章

# 私の身体

## 因果と表象の二重性

もう一度デカルトから始めましょう。デカルトが物体の本質を延長としたことはよく知られていますが、ライプニッツの夢論証は、眠っている私の身体が夢に現れる表象に還元できない独自の存在者であり、襲いかかってくる表象に抗う私の意志が行使されるものでもあることを示し、私の身体が夢や虹と同等以上の実在性をもつことを感じさせました。

ここではスピノザとライプニッツの身体論を取り上げますが、まずはデカルト「第六省察」の私の身体に注目します。そこでも因果の場として身体が登場するからです。それはラテン語 corpus では判然としない身体と物体の区別にも関わります。そのうえでライプニッツの『形而上学叙説』の「抹消されたテクスト」から、世界の身体的表象とその身体的表象の心的表象を通して世界を二重に表現する私の身体を位置づけます。表象される身体の実在性が問題になりますが、この二重性が自己の存在を考えるうえで重要なのです。私の身体が因果の交錯する場であることの意味を『エチカ』に対するライプニッツの批判から見て、自然法則が現実世界で有する必然性と可能世界の比較から見た偶然性の様相で把握されるなかで、私の身体が遭遇する出来事が世界内的偶然性をもつことを見ていきます。

## 1　デカルト——特別な物体としての私の身体

デカルトも自分の身体が夢や虹のようなものでないことに気づいていました。それが明白になるのが物体の存在と精神と身体の実在的区別を論じる『省察』（一六四一年）の「第六省察」です。そこには物心二元論と心身の事実的合一の緊張を孕む主張が同居していますが、知性と表象の働きの区別の基準を扱った後、精神と身体の実在的区別にもかかわらず、精神と身体が一体であることが論じられます。感覚から生じる誤謬を枚挙し、回避の方法も述べたうえで、物体の存在を結論できる根拠を示すのです。しかし、物体は確実でも明証的でもない点も付け加えて、『省察』は終わっています。

「第六省察」終盤で私の身体を語る場面では、私の自然本性が問題になります。私たちのまわりには様々な物体が存在し、私たちはそれを求めたり避けたりしますが、デカルトは「非常に多様な色、音、味や香り、熱や堅さなどに関して感じるものから、たとえそれらの感覚がそれに似ていないとしても、多様な感覚的認知がそこに生じる物体のうちに、それらに対応する多様性がある」とし、「これらの認知のうちの一定のものは、私には心地よく、また別のものは不快であるが、そこから私は、私の身体、あるいはむしろ私全体（me totum）が、私が身体と精神によって合成されている限りは、それを取り巻く物体によって、善なるものや悪なるものによって多様に触発されうることがまったく確実である」（デカルト 一九七八、二九九頁。強調は松田）と結論します。

　私の身体が一つの全体として、まわりの物体から影響を受け、全体で自然を感じることが問題なのです。デカルトの言葉で言えば、多くの明晰でない観念があり誤謬も生じます。水腫病や幻肢など身体表象の病理も話題になっています。[1] また感覚を通して与えられる物体的自然とそれを感覚する身体的自然を同時に論じています。両者は同一の自然の部分ですが、違いも議論されます。自然としての私の身体は、純粋数学の対象である限りでの物体と対比すると、その枠に収まらないという点がはっきり主題化されるのです。

「第一省察」の結論を思い出し、デカルトはまず、数学の対象である限りでの物体は、自分が明晰かつ判明に認知するので、存在しうると明言します。明晰かつ判明に認知することができるものすべてを神が作り出すことができることは疑いないというのが、その理由です――「神の誠実」の問題系です。しかし、明晰かつ判明に認知すると言えないものはどうでしょうか。ここで数学の対象としての物体、つまり延長と心身複合体としての身体を根本的に分ける点が重要になります。表象を知性による把握と区別するさいに登場するのが千角形の例です。三角形や五角形には表象が伴いますが、千辺の知性的認識には、千辺の表象は伴いません。知覚に現前しなければ、表象では千角形を他の多角形と区別する性質が識別できないのです。デカルトは、知性から切り離された表象は精神には不要とまで言っています。

とはいえ、私たちが通常経験する、感覚的表象を通して現象する物体も存在するとするなら、その事実は知性で説明できません。このことはデカルトも見過ごせませんでした。それは色、音、香り、痛みなどの感覚として「あまり判明ではない思考の様態」として与えられるものです。こうして感情にも関わる物体とそれを表象する私の身体の存在が問題となります。「第六省察」は夢論証の感覚への懐疑の理由を『省察』の到達点である物心二元論から把握し直し、感官を通して認知されるものとその原因を確認していきます。身体と関係する内的なものとして、自分の身体全体に対する感覚、快感や苦痛、飢えや渇きなどの欲求、愉快さ、悲しさ、怒りなどの感情、それらに向かう身体的傾向性、そして光、色彩、味、香り、音だけでなく、物体の持続、熱、そして他の触覚的性質です。

これらの原因を探究するのは物体の存在証明と心身の区別のためですが、まずそれらの観念が自分のうちに私の同意なしに突然生じるのを経験すること、つまり原因が私以外のものにあることが指摘されます。私が感覚のうちにはじめはもたなかったものを、私は知性のうちにはまったくなにももたなかったことを納得したとデカルトは述べますが、これは経験論の定式として知られるものなので、そのまま受け入れることはありません。しかし、痛みや快楽に顕著なように、「一種特別な権利で私が自分のものと呼ぶこの物体（corpus）が、他のいかなるものよりも私に属しているというのは理由のないことではなく、私はそれからそれ以外の他の物体すべてのようには切り離されることはできない」が、欲求や感情とそれらを引き起こすもののあいだにはどんな類似――真理の根拠となる対応[2]――もない以上、それらが私以外の物体が存在することを教える、とは断言できないとしています。そこには「喉の渇きが飲み物へと向かわせる自然の教え」があるに過ぎない（同書、二九四頁）。それは物体の存在そのものよりも、私の身体と自然の関係を教えると言うべきだというのが、その主張です。

この点を示すために内部感覚の誤謬として幻肢と水腫病が話題になります。幻肢は、脚ないし腕を切断された人々が、もうない身体の部分に痛みを感じる例ですが、デカルトは「第一省察」の懐疑を踏まえ、自然の教えは確実ではないと結論します。感覚の発生が自分の意志から独立であるだけでは、原因として物体の存在を論証するには不十分なのです。しかし、この段階の懐疑は以前の繰り返しではありません。すべてを疑う必要があるとはもう考えられず、分離の原理に従って、私の本質が考えるものであると結論し、私と身体の実在的区別を論証するだけでなく、感覚と感情に相応の位置を与えるのです。

分離の原理は、他方なしに一方のものについて明晰かつ判明な知性的把握をもつことができれば、それは少なくとも神によって別個に措定されうることを主張します。私が考えるものであることと私が身体をもつことにも、これが適用されます。これこそが物心二元論の核です。私は自分と非常に緊密に結び付いた身体をもつとはいえ、その本質は、考えるものであり、その明晰判明な観念をもつ以上、「私が実在的に自分の身体と区別され、また身体なしに存在できることは確実」（同書、二九六頁）なのです。デカルトは、感覚も含む表象の能力が、考えるものの様態——実体の非独立な部分——にとどまるとした後、自己と緊密に結び付いた身体に焦点を移しますが、身体はもう単なる延長としてではなく、場所を変えて様々な姿勢を取る能力も有するものとして考えられます。

こうして身体と自然の関係が問題になります。「神が私に与えたすべてのものの複合体」と「神自身あるいは神が設《しつら》えた被造物の秩序ある体系」の関係です。私の自然を心身結合体として位置づけることから身体内外の因果関係とその表象の多重性の探究への道が開かれることを強調しておきましょう。痛みは私が身体をもつことの真理を示します。デカルトは、私が身体と「或る一つ（unum quid）のものを合成する」緊密な結合を有し、交ざり合っているのを認めます。雑然とした飢えや渇きは、交ざり合いから生じる、思考の判明でない様態にほかならず、感覚や感情は私の存在の一部であると言います。私がこの種の合成である限り、他の物体の影響を受け、私の身体全体が周囲の物体、善なるものや悪なるものによって多様に触発されうることが確実になります。私の身体と物体のこの影響関係は価値的なものとして位置づけられますが、この人間的自然をデカルトは物理学的自然と区別します。

人間的自然は痛みをもたらすものを避け、快をもたらすものを追求することを教えますが、デカルトは、その事実だけで感覚的認知から知性の吟味なしに我々の外部にある事物について結論することは許されないとした後、火を例にして因果関係を人間的自然に位置づけます。そこでは抑制された言い方で「痛みに類似したものがないのと同じように、この熱に類似したものがあるということを私に確信させる理由もない。それが決定的にはどのようなものであるにせよ、そこには我々のうちに熱や痛みの感覚を引き起こすものがなにかあるとしか言えない」（同書、三〇一頁）と述べられています。知性にも限界があるのです。彼は人類の福祉向上のために機械論的医学の開拓者であろうとしましたが、当時の生理学や医学はまだ不十分なものでした。とはいえ手をこまねいていたわけではなく、水腫病と幻肢の例から意志の介在しない身体的欲望の誤謬の機制に迫ろうとしました。これは意志が介在しない点で虹の現象と共通しています。そうして私の身体の因果関係と身体表象が具体化されるのです。

水腫病患者は害になる水分を摂りたがる。これをデカルトは時計の故障に譬えます。歯車や錘《おもり》からなる不正確な時計も自然法則に精密に従うのと同様に、人間の身体も、骨、神経、筋、血管、血液、皮膚から構成され、そこに精神が無いとしても、「現に意志の命令からも精神からも生じることのない、すべての運動をもつように配置されている一定の機械」と見なす限りは、水腫病の「喉の乾燥」から来る欲求や病気をひどくする水分摂取も自然なのです。しかし、道具としての時計が正確に時を示さないとき、「自然本性から逸脱している」と言うなら、飲むことが身体の保存に役立たない場合に喉が渇くなら、人間身体もその自然本性から逸脱していると言えます（同書、三〇二頁）。

とはいえ、この言い方が自然の本来の語法から逸脱していることをデカルトはすぐに指摘します。その逸脱は、病人と健康な人を区別するために導入された「外的命名（denominatio）」なのです。機能の正常と異常に関わる機械論的な自然概念を提示する一方、それが法則的自然から見れば派生的である点を認めるのですが、同じ問題が第Ⅴ章で登場しますのでご記憶ください。この限りでの自然概念は、機能の概念に含まれる価値の要素が価値中立的なものに変貌させられたとも言えます。もちろん二つの自然の各々に因果関係が認められますが、水腫病は、自然の真の誤謬、つまり内部感覚の欺きとして因果的に説明されます。一つの精神は一つの身体に複合しているので、水分摂取がこの複合体を損なうに違いないときにも、渇きを覚えるなら、それは自然の真の誤謬なのです。

デカルトの説明では、疾病は神が制作した自然の真の誤謬である以上、神の善性を損ないかねないので、釈明が必要となります。それが自然記号の理論と自己保存する全体論的身体論による誤謬の正当化です。彼は分割不可能な単一な精神と複合体としての人間の描像を与えた後、精神は、身体のあらゆる部分によって直接触発されるのではなく、もっぱら脳の小部分、共通感覚によってのみ触発されるとし、身体の他のすべての部分——時計のように部分から全体が構成されます——が異なる仕方で振る舞う場合も、経験が示すように、精神に同一の事物を見させることができると説明します。その例が幻肢のメカニズムです。

説明は単純素朴な機械論的モデルですが、身体内外の因果連鎖が失われた手足に以前と同じような痛みを感じさせるという仮説を示しています。

ＡＢＣＤという紐の場合、もしその最後の部分Ｄを引っ張るなら、最初のＡはＢないしＣという間の部分を引っ張り、最後のＤが不動に止まるままでも、それがそうでありうるのとまったく同じように、動かされる。類似した仕方で脚に痛みを感じるとき、自然学が私に教えたことは、この感じが脚のなかで枝分かれし、脳にまで紐のように張り詰めた神経の途中で生み出されることである。それらの神経が脚のなかで引っ張られるとき、それらがそこに到達する脳の内部の諸部分もまた引っ張り、そこで脳のうちに自然が痛みを脚のうちにあるものとして感じるように、精神を触発するために設立した運動を引き起こす。〔…〕この神経は脚から脳に至るためには、下肢、股、腰、背中、首を通って行かなくてはならないので、〔痛みは〕脚のなかに位置するこの神経の部分ではなく、ただその途中のなんらかの部分が冒されただけでも、脳の内で脚がどこかの点で具合が悪いときと正確に同一である。（同書、三〇四頁）

このモデルでは、脳（松果腺）と四肢を繋ぐ神経管でドミノ倒しのような運動が生じて失われた足に感じられる痛みの原因が特定可能な仕方で語られています。痛みが自然記号としての機能をもつことにも触れ、大ざっぱな説明ですが、自己保存の観点から身体の機能の正常・異常と全体論的把握が述べられます。注目されるのは「精神を直接に触発する脳の部分で生じたどの運動も、ただ一つの感情しか精神にもたらさないので、ひとが感情に関してよりよく表象できるものはすべて感情がもたらしうるすべてのことのなかから、人間を健康に保存するために最善ないししばしば最大限に可能なことに貢献するものをもたらすこと」です。こうして「足の中の神経が無理やりふつう以上に動くとき、そのうちにあるこの運動は、脳の内部にまで到達するために、脊柱の髄で生じ、そこで精神にその運動に対してなにかを感じさせる記号」、つまり足の痛みを与え、「精神は、それによって、その運動がその〔痛みの〕原因を引き起こしうる限り、足にとって危険なものとしてそれから遠ざかるように促され、〔…〕〔痛み〕ほど身体の保存に貢献するものはなにもない」（同書、三〇五頁）ことが分かるのです（これは或る種の経済的な見方です。価値的説明様式は第Ⅴ章でも取り上げます）。

同じことが水腫病患者の喉の渇きにも当てはまります。それも自分の健康を守るために他のあらゆる場合のためにも飲み物を必要としていることを知ること以上に有益なことはないという記号なのです。痛みや渇きが身体の自己保存にとって情報的価値をもつこととそのメカニズム、それらが脳で生じるという認識があります。この場面では価値中立的な機械論ではなく、生命固有の目的論が優先されているのです。人間の自然が時に欺瞞的であることを認めても、水腫病の場合も欺く方が、身体がよい状態にあるときそれがつねに欺くよりもよいと述べ、身体の自己保存の機能から安全装置が作動することの優位性を説くのです。

デカルトは「世界の二重表象説」を先取りしていると言えます。幻肢も水腫病も稀な例ですが、身体次元の表象である痛みや渇きを、そのまま受け取るべきではなく、それらをどのように受け止めるか、という反省的課題を提起するからです。それは、心身の合成体としての私の自然がさらされうる誤謬に気づくだけでなく、誤謬を訂正し、回避する実践的課題と結びつきます。それはライプニッツの夢論証で知覚を超えた知性に委ねられた課題です。デカルトは「ふだん感覚器官が私に見せる事物が偽であるともう一度疑うべきではないし、この間の誇張的懐疑を、特に私が目覚めと区別しなかった夢に関する極端な懐疑を、嘲笑するに値するものとして退けなくてはならない」（同書、三〇六頁）として考察を締めくくっています。

以下で問題となる論点を確認しておきましょう。デカルトは自分の身体が特別な物体である点を強調し、他の物体から区別しました。私の身体が身体内外の因果関係の交錯地点であることを認めましたが、身体は受動的存在として描かれ、感覚や感情もそうでした。彼は、物体と身体の存在論的差異を捉える端緒を与えましたが、私たちが経験する身体の存在は心身複合体という有り方だけで捉えきれるか、という問題が残ります。

## 2　スピノザからライプニッツへ――身体の存在論

因果の交錯地点として世界を表象する身体の存在論的意義を判明にするために、スピノザとライプニッツに向かいましょう。ライプニッツはパリ滞在末期からスピノザを論じ始めました。マイエル宛書簡への書き込み、『事物の最高存在』やスピノザ没後に出版された遺稿集に関するノートなどです（ノートの邦訳は『ライプニッツ著作集』第II期第一巻、工作舎、二〇一五年に所載されています）。無限小幾何学を発明するかたわら、形而上学の構築を模索し、スピノザの友人との交流を契機に『エチカ』に並々ならぬ関心を寄せたのです。

『エチカ』に関する最初のメモ（Leibniz 1926-, Reihe 6, Bd. 3, S. 384）には重要な争点がほぼすべて登場しています。スピノザは、自由の本質は行為が外的衝動からではなく行為者の本性のみから帰結することに存し、この点で神だけが自由だとしました。これをライプニッツも認めます。スピノザに従えば、精神は神の部分であり、あらゆるものに感覚がある。神は、絶対に無限の存在者として考えうるものすべてを含み、自分自身によって存続し、それ自身で理解される実体である。そして被造物はその様態に過ぎない――これらはライプニッツが真剣に考察したことばかりです。拒絶されるテーゼも列挙されています。人間の自由は、外的なものに影響されない程度に比例するが、人間の行為はどんな場合もそうでない以上、人間は自由ではない。精神は身体の観念であり、物体の統一は或る種の圧力から生じるとした点もチェックされています。

繰り返し公言された難点が五つあります。一六七八年二月の手紙（Ebd., Reihe 2, Bd. 1, S. 393）が指摘する、一元論、被造物＝神の様態説、神への意志帰属拒否、必然主義、神の働きに目的を否認する点です。それぞれライプニッツの多元論、神の人格性、反必然主義、そして目的原因承認に関わっています。この背景を踏まえて、スピノザの個体としての物体の存在論的理解を取り上げ、その身体論の特徴を浮き彫りにしたうえで、ライプニッツのスピノザ批判から、因果の交錯地点である、私の身体が世界を二重に表現する点に注目しましょう。

『エチカ』第二部「精神の本性および起源について」の定義七は、個体を有限で限定された存在を有するものと定義し、「もし多数の個体がすべて同時に、一つの結果の原因であるように、一つの活動において協同するならば、私はその限りにおいてそのすべてを一つの個体と見なす」と述べています。この説明は伝統的定義からすれば問題含みですが、協同する多数の個体からなる個体の存在を指示します。これに関連するスピノザのメレオロジー、物体論、心の哲学の特徴を確認しておきましょう。

個体のメレオロジーについて注目されるのは、スピノザが部分を様態と呼ぶ点です。彼の言葉遣いは慣れが必要ですが、様態は、第一部定義五では「実体の変状（affectiones）、つまり、他のもののうちに有り、かつ他のものによって考えられるもの」です。これは「それ自体のうちに有り、かつそれ自体によって理解されるもの、その概念を形成するのに、他のものの概念を必要としない」（第一部定義三）実体と一対で、部分が原理的に独立存在しない「メレオロジカルなニヒリズム」とも呼べる立場を表しています。個人も実体、つまり自己原因ないし自然の部分に過ぎませんが、それが実際にどのような部分全体関係かを正確に言うのは容易でありません。

他方、ライプニッツは具体的存在者を「存在者がそこに内在しており、〔それ自体は他のものに〕さらには内在しないものである」とし、そこに内在して独立存在しない抽象的存在者と対比すると同時に実体と同一視します（Leibniz 1966, p. 437）。この見方でも部分は具体的存在者としての実体に内在する様態と考えられますが、スピノザの場合は、原理的に独立した存在をもたない部分が、再びなにか具体的なものなのか、あるいは抽象的なものなのかわかりません。しかし、協同する多数の個体からなる個体は、人間の身体や宇宙のような具体者にして全体であり、部分も個体として独立性を有する具体者です。スピノザがそのような描像をもっていたことは以下で見ます。

ところがスピノザは、『エチカ』第二部では個体と様態を同一視し、現実に存在する個体、特に人間の本質が、自己原因（唯一の実体）を原因とし、思考と延長、両属性の「様態的変状（modificatio）」（第二部定理一〇系）、全体の部分であることを幾何学的方法で論証します。個体として個人を念頭においていることは第二部の諸定理からも明らかです。しかし、ライプニッツは神と個体の関係を神の属性の様態的変状として捉えることに強く反対します。スピノザの「汎神論的」神とライプニッツの三位一体の神は相容れませんが、反対の理由はキリスト教擁護だけでは理解できません。個体の存在論と関連するメレオロジーの相違が争点なのです。

スピノザの物体論の部分全体の存在論的関係の展開が、身体を自然哲学的に因果の交錯地点として二重の世界表象の観点から捉えるように導きます。第二部定理一三の公理と補助定理が説明する、部分間の運動と静止の一定割合として本性を保存する、協同する多数の個体からなる個体としての物体概念がそれです。ここからライプニッツは、デカルトの「第六省察」と『エチカ』を手引きに独自の身体論を展開したと見なせるようになります。心の哲学でも問題となる第二部定理一三は「人間精神を構成する観念の対象は、身体あるいは現実存在する或る延長の様態であり、それ以外のなにものでもない」（強調は松田）と言明しますが、説明の前提として、物体の本性に関する六つの要請を提示しています。

それらは、簡潔に言えば、人間身体は極めて複雑で多様な特性をもつ多くの個体からなり、身体を構成する個体には流動的なもの、柔らかいもの、固いものがあること。また、人間身体を構成する個体と人間身体は外部の物体に様々な形で影響されるので、人間身体を維持し、いわば再生するには多くの物体が必要であること。そして外部の物体が人間身体の柔らかい部分に衝突すると、流動的部分が柔らかい部分の表面に変化を引き起こし、外部の物体の痕跡をそこに残すこと。さらに人間身体は外部の物体を動かすことができ、それらを様々な形に配列できることです。

スピノザも身体を軸に身体内外の物体の多様な影響関係を取り出します。代謝活動も入りますが、第二部の補助定理四〜七は、第二部定義七のように、それ自体が多くの個体から組織される個体の形相の同一性を部分相互間の運動と静止によって説明します。書簡三二に見られる血液の状態を一定に保つように働く血液中の虫の比喩では、生命体のホメオスタシス的機能も持ち出されますが、それは、デカルトの場合と同様、粒子の運動によって物体の同一性を維持する活動です。ライプニッツは、『エチカ』の身体論、特に個体論を検討して、それが形相を排除し、すべてを静止と運動の割合に還元する点を批判しますが、[3] 実は、自身も事物の生成変化の細部で粒子論的説明を採用し、アナクサゴラスが粒子の「相互依存（περιχώρησις）」の観点から世界を語ることに言及（Leibniz 1965, Bd. 2, S. 412）したりしています。この点は次節で論じましょう。

自然主義と粒子論の含蓄を補足しましょう。ライプニッツは『自由について』でデカルトの『哲学原理』第三部第四七項に言及し、粒子仮説が物質をどんな形でも取りうるとした点に触れます。言わば無制限合成問題です。デカルトの世界像は世界の美と事物の魅力を無にすると嘆いていますが、それはスピノザの世界観にも妥当するでしょう。特に拒否するのは自然主義の道徳的帰結で、彼らの立場は首尾一貫しているが、心的生命と一体の身体は粒子の寄せ集めにすぎないと見なす点には同意できないと言うのです。

粒子論の問題は、スピノザの自然主義と一元論に内在する根本的問題に関わっています。二人の共通の友人が書簡六三で「様態化」の例の説明を求めたのに対して、スピノザは二つの例を与えました。そのうち「直接的タイプ」[4]と呼べるものが、「思惟においては絶対に無限な知性、延長においては運動と静止」の個体における様態化です。「間接的タイプ」では、個体に関して「無限の仕方で変化しながらも、つねに同一にとどまる全宇宙の姿」です。間接的タイプでは有限様態、言い換えれば個体間の必然的関係が粒子間の運動法則によって把握され、直接的タイプでは実体全体と部分、つまり様態ないし個体の必然的関係が、無限知性とその部分、運動と静止とその部分の関係から把握されます。間接的タイプは生成変化を含みますが、直接的タイプは不変です。いずれにしても、個体と全体の関係が必然的である点は同じです。二つの必然性の問題点は様相存在論の箇所でさらに論じます。

心の哲学の問題は、第二部定理一三の身体の観念テーゼに対して、ライプニッツの「自己自身に働きかける精神」の対立を争点とします。そこには埋め難い溝があります。対立は、人間の本質としての反省と関わるからです。身体の観念テーゼと反省が両者の分岐点になります。実際、精神に自己関係的な知的活動を促す精神自身の認識と反省的に認識される精神の存在の不一致から、個体的実体に独自の概念空間が開かれるのです。[5]身体の観念テーゼに対して反省知を重視する点にライプニッツの心の哲学の核心がありますが、ライプニッツは身体の観念テーゼを、精神が世界全体を表現する特別な物体としての「身体を表現することによって世界全体を表現する」こととして位置づけ、「世界－身体－精神」の二重の表現関係を鮮明にすることで、唯物論的帰結を招きかねないスピノザの心の哲学と自身の二重表現テーゼの差異化を図るのです。[6]

スピノザの観念とライプニッツの二重表現テーゼを理解するうえで重要なのが感情です。喜びや悲しみは幸不幸を決定する基本感情ですが、それは、スピノザの場合、コナトゥス、つまり力——個体の自己保存傾向——と関連づけられます。喜びは生命調節の過程をよどみなく進行させる肯定的感情、悲しみは同じ過程に緊張をもたらす否定的感情と見なされます。第三部定義三は「感情は我々の身体の活動能力を増大しあるいは減少し、促進、阻害する身体の刺激状態である」と述べ、感情の原因に関する無知が幸不幸を左右すると示唆しています。感情の療法を重視し、情念の原因を解きほぐすのです。怒りは、[7]「自分が憎む人に対し憎しみから害悪を加えるように我々を駆り立てる欲望」（第三部諸感情の定義三六）であり、第三部定理四〇では「自分が他人から憎まれていると表象し、しかも自分は憎まれるなんの原因もその人に与えなかったと信じる者は、その人を憎み返すだろう」と付け加えています。感情を幾何学的秩序で叙述するのは奇妙に思えるでしょうが、その倫理的な意図は明白です。

スピノザは、第三部定理四〇系一として、自分の愛する人に憎まれる場合の愛と憎しみを挙げ、系二として、無関心な人からの憎しみと害悪の表象が復讐を喚起することにも言及します。それが害悪を加える努力として怒りを生じさせるとする一方、怒りが含む「憎しみは善ではありえない」と述べて、その害悪から逃れる術を与えようとしています。その方法が受動感情に能動感情で対抗する倫理であり、私の身体を感情生起の場として把握し、その原因を知ることで感情とよくつきあうという課題に応えようとすることなのです。第四部定理四五は「憎しみから生じる感情としての怒りも、ねたみ、嘲弄、軽蔑、復讐と同様、悪である」と明言し、嘲弄と笑いの差異も述べますが、そこには賢者と笑いに関する興味深い一節が見られます。

笑いは純然たる喜びであり、過度になりさえしなければ、それ自体は善である。実際、楽しむことを禁ずるものは厭世的で悲しげな迷信のみである。いったい憂鬱を追い払うことがなんで飢渇をいやすことよりも不適当であろうか。〔…〕我々はより大なる喜びに刺激されるに従ってそれだけ大いなる完全性に移行するのである。言い換えれば、我々はそれだけ多くの神の本性を必然的に分有するのである。だから、様々な事物を利用し、それをできる限り楽しむ（と言っても飽きるまでではない。なぜなら飽きることは楽しむことではないから）ことは賢者にふさわしい。〔…〕芳香、緑なす植物の快い美、装飾、音楽、運動競技、演劇、その他、他人に害を加えることなしに利用できる事柄によって自らを爽快にし、元気づけることは賢者にはふさわしい。（第四部定理四五備考）

この笑いは落ち着いた市民生活を通して生まれる柔らかい情緒に対応しており、攻撃的嘲弄からは遠いものです。

スピノザは、悲しみを完全性が劣る状態として活動力と自由が減少し、自己保存の傾向を断たれたものの状態と考えますが、笑い、散歩、スポーツや芳香が自己保存の肯定的感情を強める効果を活用すべきだと推奨します。[8] 私の身体が因果の交錯点であり、そのことで自己と世界を表象する事態を感情が具体化します。それは外的刺激との対応も含む、身体内の部分や構成粒子間の運動と静止の一定割合として自己保存する活動の表現である限りでの観念です。身体の変様として把握された観念は、そのような存在にほかなりません。[9]

ライプニッツも人間の身体と世界の関係を似た仕方で考えます。『モナドロジー』(一七一四年執筆)第六一節が述べるように、すべてが充実しているこの世界ではあらゆる物質が互いに結びつき合い、「どの運動もへだたった物体にも距離に応じてなんらかの効果を及ぼし」、「どの物体もそれに接触しているものから影響を受け、そのものに起こるすべてのことをなんらかの仕方で感知するばかりでなく、自分に直接接触している物体を介して、この物体に接触している別の物体のことを感じ」、第七一節で言われるように「すべての物体は川のように永遠の流動状態にあり、その諸部分は絶えずそこに出たり入ったり」するのです。以上を押さえた上で、「抹消されたテクスト」を見ていきましょう。番号を付けて整理します(ライプニッツ 一九五〇、九九―一〇一頁の訳文を改変、短縮しています)。

①私の意志による身体の行為が能動性の原因である。自分の意志で自分の手を動かす場合のように、或る現象を起こしたいとき、そのとおりになる。そのとき「自分が作用を及ぼした(agit)」、または自分がその現象の原因である。②私の意志による身体の行為が他の物体の受動性の原因だが、自分の意志に従って「他の物体」になにかが起こり、それが望まなかったとしても、「そのことが私の意志に従って起こったはずだということを私が何度も経験から判断する場合、私はその実体は作用を受けた(pâtit)」と言える。能動受動の概念が導入され、身体的行為と意志の関係から、③他者の意

志的行為が私の受動性の原因であることが、②の反対の事態として記述されます。他者の意志がはじめから配置されていることに注意しましょう。そして、④因果関係を理解することが或る結果を自分自身に原因を帰属させる根拠となる。或ることが起こるのを望んだが、自分の望んでいなかった別のことが起こったときも「それがどうして起こって来たかを理解しさえすれば、やはり自分がそれをした」と言えると述べ、結果と意志の因果関係に焦点を当てます。

⑤私の身体はそこで現象が生起する特別な物体である。この身体に、私がそれに気づかなかったような出来事も含め、そこに生じるあらゆる変化を或る原因の結果として、つまり私の受動として帰属させることができる。デカルトと明確な接点があります。「我々が特別に自分自身に帰属させる「拡がりをもった現象」があり、その事象的な根拠が、我々の身体（notre corps）と呼ばれる。そこに起こるあらゆる顕著なことがら、つまり我々から見てそこに現れる注意すべきあらゆる変化は、少なくとも通常の場合には強く感じられるから、我々はこの身体が受けるあらゆる作用を自分のものとする（attribuer）」のです。ライプニッツは、ハサンのように「眠っているうちに或る場所から他の場所に運ばれ」ても、その結果をはっきり「意識（apercevoir）」できることに帰属の理由を求めます。

⑥私自身に起因する身体的な行為の結果は私自身の身体に帰属させられる。また、⑦私の身体がその変化を感受しないような現象は、他の身体、他の物体に帰属させられる。走っている途中で転んだ場合も、自分の身体運動の効果（effet）として自分のこととしますが、他者の身体や物体に起こることは「自分のもの」と言いません。他人が転んでも「私の身体がその作用を受けることになっていなければ、その変化は私には感じられないことを自分が意識している」ので、それは他者に帰属させられるのです。

⑧世界の物体すべての相互作用を認めたうえで、誰が作用の原因であるかを基準に自己と他者を区別する。ここで飛躍が生じます。「世界のあらゆる物体は、或る意味では我々に帰属し、我々の身体と作用を共にしている（sympathiser）」と述べるからです。しかし、「我々はそのような物体に起ることを自分のものであるとは言わない」として、自己が世界に帰属しながらも他から区別される点を確認していいます。⑨自己と他者の相互関係および他者と他者の相互関係を区別する根拠は、私の身体の有る場所と他者の身体の有る場所の違いである。これは現象学的記述とも呼べるものです。「私の身体が押されたときに、私はひとが私を押したというが、ひとが誰か他のひとを押したときには、私がそれを意識し、それが私のなかになにか或る作用を生ずるとしても、私は押されたとは言わない。私は自分のいる場所を自分の身体の場所によって測るからである」。ライプニッツはこの言い方が日常生活で自分の考えを表現するのに適切だとします。私の位置と他者の位置の違いは還元不可能とも言えます。

⑩意志、判断、推理は精神の能動であり、表象、知覚は受動である。ここで精神が登場します。ライプニッツの表象が受動的と言い切れない点にはいまは踏み込まないでおきましょう。⑪能動と受動を完全性の観点から区別すると、実体が高い程度の完全性に移行するか、同程度の完全性を維持し続けるものが能動であり、受動は実体が制限を受け、表現がより雑然となるようなものだとされます。⑪は形而上学的な主題です。物体の変化が、その物体から生じる変化の結果である場合が能動的、そうでない場合が受動的であることから、表象の判明性と実体の完全性の程度の結合に話が飛躍するからです。「実体が同一の変化から作用を受ける（affecter）場合、それによってもっと高い程度の完全性に移行するか同程度の完全性を続けていく実体は「作用を及ぼす」と言えるが、それによって直接

により制限を受け、その表現がより雑然となるような実体は「作用を受ける」と言える」（Leibniz 2004, p. 174）と言うのです。

以上のように、ライプニッツは、物体と身体が共存する状況から始めて、自分の身体が軸となって働くことを原因の基礎と見なし、能動と受動——感情が含まれます——、自己と他者の区別がどう認知されるかを記述して、身体の相互関係を基盤に精神の能動受動も位置づけ、感情の存在論に関わる形而上学的解釈も与えています。『モナドロジー』第六二節が強調するのは、モナドが世界よりも自分の身体をより判明に表象することです。心が世界全体を表現する物体としての自分の身体を表現することによって、世界全体を表現する点にこだわるのです。心の表現に記号や言語が強く関与することは言うまでもありません。

この二重表現テーゼにスピノザの身体の観念テーゼが一部符合する点は、或る手紙（Leibniz 1965, Bd. 2, S. 114）で、針が身体を刺す連続的運動と痛みの情動のあいだに構造的な対応関係、マッピングを認め、それを表現概念で語っていることに示されています。痛みだけでなく、色や音のような第二性質にも相応の実在性を認めるため、刺激と情動の二事象のあいだに、類似性はないが、恣意的でない自然な規則性があることも主張します。身体の観念のテーゼから、モナドは世界を映し出す生きた鏡であることの意味の一部を明らかにできるのです。

しかし、身体の観念テーゼと二重表現テーゼには見逃すことのできない違いがあります。ライプニッツは心を身体の観念に還元するのを拒みます（この点はLeibniz 1926-, Reihe 6, Bd. 4, S. 1705から指摘できます）。心身の様相二元論を退け、身体に還元できない存在論的地位を心に与えようとして、『エチカ』第二部定理一二について「観念が活動するのではない。精神が活動するのである。実際、世界全体が精神の対象であり、世界全体が、どんな仕方であれ、あらゆる精神によって表象される。世界は一つだが、精神は多様である。したがって精神は身体の観念を通して生じるのではなく、私が街を見るように、神が多様な視点で世界を見るがゆえに生じる」(Ebd., S. 1713)と述べるのです。『モナドロジー』の都市の譬喩を思わせる言い回しが示唆しているように、心は世界を見る視点から位置づけられても、身体の観念ではないのです。

また定理一五の注釈として人間精神が「複数の精神の集合体」(Ebd., S. 1715)であることも導かれます。これは『モナドロジー』第七〇節の支配的精神と被支配的精神の関係を想起させます。同一身体に認められる複数の心のあいだに帰属させられる支配従属関係は、スピノザの「要請」の最初ののモナド論的改釈として集合体の心的側面を強調します。そして様相二元論的問題解決が言明された定理二一については、精神と物体のあいだに違いがなくなり、「そこから帰結するのは、延長は思考と実は異ならないということである。不合理ナコトデアル」(Ebd., S. 1716)とコメントするのです。

ライプニッツも延長と思考を実体と見なすことを批判し、延長には延長するものが、思考には思考するものがあり、それぞれが実体としての力の観点から属性や様態として説明できると考えますが、延長と思考が同じものに帰着するとは考えません。延長が無限分割される数学的存在であるのに対して、心の本質としての表象と欲求は、『モナドロジー』第一七節の風車小屋の隠喩が物語るように、外側から近づき、なかに入ってその内部構造を分割し、その諸部分から全体を機械的に説明できるものではないからです。

ライプニッツが心は分割を許さないと考える限り、心的活動の存在と単一性は同値なのです

(Leibniz 1965, Bd. 2, S. 97)。その心の哲学は、この意味で観念を心の存在様態として位置づけ、心の還元不可能性を重視します。心の還元不可能性の重視はライプニッツの心理学が心的現象の解明に関して一人称的観点と三人称的観点をともに取ること、心的現象の研究では各方法論の利点と欠点を適切に踏まえることを意味します。したがって、身体の観念テーゼと二重表現テーゼの差異も、一人称の表象活動の還元不可能性から理解する必要があります。それは、身体の観念テーゼの表象や情動のマッピング様式と表象の表象としての意識表象（aperception）と感情のマッピング様式の差異とその意味を明らかにすることでもあるのです。その手がかりは、定理二三の「精神は身体の変状(affectus) の観念を表象する限りでのみ自分自身を認識する」に関する覚え書きから拾い出せます。身体の変状はスピノザで言えば、感情の観念を意味し、定理二二にあるように、観念の観念という面ももちますが、ライプニッツは「神ないし精神は、身体を身体の変状の観念から認識するように、精神を精神の変状の観念から認識する」(Ebd., S. 1717. 強調は松田) と記すのです。

心の存在の独自性を強調するメモから見ても、ライプニッツが身体の認識との対比で心は心の状態の観念から知られるとして、心身の区別を強調したことは明らかです。心の状態の観念の認識が反省の機能の一つであることは言うまでもありません。また、反省は一人称の観点の心的現象の直観や記述に自己知の権利を与えると同時に、表象の抽象を通して論理や数学、形而上学の基礎概念や原理を与える機能ももちます。ライプニッツは、スピノザと対照的に、観念を表す記号・言語の表現機能を強調します。思考が記号の発展と連動し、独自のダイナミズムで自律的に展開するとともに、世界表現も豊かになることを、身をもって知っていたからです。身体の観念テーゼと心の存在の自律性を含む二重表現テーゼは、ここで分岐します。

最後に、心の存在の自律性を示す感情分析の例として『人間知性新論』(一七〇四年執筆)第二巻第二一章の「不安感(inquiétude)」(落ち着かなさ)に触れておきましょう。反省が心の存在の自律性を示す表象状態であるとすれば、不安感は同じ点を示す欲求状態です。ライプニッツは不安感は人間存在の奥底に宿り、行動や思考を方向づける、傾向性に由来する無意識の表象であると言う一方、それは快楽や苦痛の情動が喚起する単純な喜びや悲しみと違い、知性の関与する複雑な感情である点を強調します。嫌悪、懸念、怒り、嫉妬などの不快感だけにではなく、愛情、希望、愛好、誇りなどの快感にも宿ると言います。欲望にも不安感が伴いますが、自分がなにをしたいのか分からない場合にも生じるので、必ずしも欲望の結果ではない、とライプニッツは述べます。

ライプニッツは、この感情の由来を、ひとが安寧で幸福なときにも、無意識のうちになにかの目的達成の妨害となるものを絶えず克服しようとし続ける心の自然に求めます(Leibniz 1926-, Reihe 6, Bd. 6, S. 189)。人間の幸福は、人を愚昧にもしかねない満足のうちにはなく、より大きな善に向かう不断の進歩にあると考えて、幸福のためには目の前にあるものに満足しない不安感をもつことが重要だと言うのです。「オプティミスティック」かもしれませんが、不安は不断の進歩のために意志を喚起し、自分を促し、励ます感情と見なされるのです。

## 3　関係主義の存在論——περιχώρησις

身体の存在論の背景として存在の連鎖と περιχώρησις(回転、事物の相互依存)の概念史に触れます

(Matsuda 2017)。アナクサゴラスに関するライプニッツの解釈です。身体の存在と因果関係の複雑性の理解の根底を浮き彫りにしましょう。ラブジョイの『存在の大いなる連鎖』は新プラトン主義に代表される階層存在論の歴史を描きましたが、ライプニッツ研究では περιχώρησις をめぐってライプニッツへのヨハン・ハインリヒ・ビスターフェルト（一六〇五―五五年）の影響が取りざたされてきました（ビスターフェルトは、ヨハネス・アモス・コメニウス（一五九二―一六七〇年）らヘルボルン学派に属します（Loemker 1973, pp. 277ff.））。それがライプニッツの関係主義を形作り、存在の連鎖の時間化（Lovejoy 1936, p. 255）を通して生物哲学として展開すると同時に、「すべてがすべてを表現する」モナドロジーに組み込まれます。したがって、この節は解釈学が言う影響作用史研究の例としても読んでください。

以下では、ビスターフェルトの『第一哲学のセミナー（*Philosophiae primae seminarium*）』の若いライプニッツの『結合法論』（一六六六年）（Leibniz 1965, Bd. 4, S. 70）への影響を見たあと、晩年のシュタール批判（Leibniz 1989, Vol. 2-2, p. 132）で存在の各状態の「黄金の鎖」が重要な役割を果たすことの意味を解明します（「黄金の鎖」はホメロス『イリアス』（八・一九―二七）と旧約聖書『創世記』（二八・一〇―一五）の「ヤコブの梯子」に遡るとされます（パトリディーズ 一九八七、三五頁））。まず注目すべき点は、アナクサゴラスに遡る περιχώρησις が存在の連鎖を時間化させ、種としての人間を自然主義的・宇宙生成論的に理解させることです。アナクサゴラスの断片（『ソクラテス以前哲学者断片集』B一二、一三）は περιχώρησις が生物の現在の状態がヌース（知性）に導かれ、先行状態に因果的に依存すると述べるからです。ライプニッツがプラトンの『パイドン』（九七B）を援用し、アナクサゴラスの自然主義を揶揄したことは有名ですが（Leibniz 1965, Bd. 4, S. 446）、アナクサゴラス解釈とライプニッツによるラルフ（レイフ）・カドワース（一六一七—八八年）の『宇宙の真の知的体系（*The True Intellectual System of the Universe*）』（一六七八年）の批評から περιχώρησις が生物の種子からの創発を引き起こすことが、シュタールの生気論への批判からは、それが生物学の因果律として語られている点が確認できます（「シュタール医学論への反論」は『ライプニッツ著作集』第Ⅱ期第三巻、工作舎、二〇一八年を参照してください）。

ビスターフェルトの思想は普遍調和と社会的関係主義として特徴づけられます。存在の連鎖と充実原理を語り、「諸帰結が先行する諸々のものから生じる」と述べて普遍的因果律を提起したのですが、ライプニッツのような生物学と時間的要因は認められません。以下はその一節です。

事物の本性全体からすれば孤独なものなどなにもない。むしろあらゆるものが共生し、社会と結びつく。諸帰結は先行する諸々のものから生じる。そして自然全体のこの結合が秩序と普遍調和をあらためて肯定する。ここから生じるのが、表現の困難な相互疎通、そして万物の無限の統一と交流である。自然には精神的にも物体的にも空虚は存在しない。すべてが互いにこの上なく緊密かつ美的に一致している。そこから自然の黄金の鎖（aurea naturae Catena）が生じる。（Leibniz 1926-, Reihe 6, Bd. 1, S. 1. Cf. Mugnai 1973, pp. 58, 64; Rutherford 1995, p. 36. 上記の文献からの松田による訳）

ここにライプニッツの連続律の起源の一つを見てもよいでしょう。『結合法論』はビスターフェルトの περιχώρησις に触れています。

存在者の関係に関する形而上学説から、あらゆる事物が、類からその論の一定の関係が、しかし、定理から単称的なものの諸関係が形作られるような仕方で、或る事物に還元されなくてはならない。これは〔…〕ビスターフェルトの『普遍的な光明すなわち思考術の概要』のうちでよく見て取られる。〔…〕それはその基礎を相互関係（immeatio）とπεριχώρησειにもつ。言わば、普遍的にすべてはすべてのうちにあり（universali omnium in omnibus）、すべてのもののすべてのものに対する類似性も非類似性も、その原理は関係なのである。（Leibniz 1965, Bd. 4, S. 70）

結合法は狭義の論理だけではなく、自然科学や法学なども含め、人間が真理を発見し、知識を獲得するためのスプリングボードだったのですが、この野心的プロジェクトをビスターフェルトの諸概念は表現しています。それは以下のように語られます（ビスターフェルト『論理学著作集（*Logicae libri*）』三・一七―一八）。

真の相互関係（immeatio）は、自然のうちにある事物の親密な統一であり、そこから生じる表現し難い交流である。これが精神的相互関係の基礎であり、規範である。精神的相互関係は思想の表現の困難な解明し難い浸透であるが、それによって或る概念は他の概念を用意し、育て、増進させる。〔…〕ここから生じるのが、諸々の語の汲み尽くすことのできない相互関係であり豊かさである。一般的に言えば、相互関係は、それによって、あらゆるものが、互いに最も遠く隔たったものどうしのあいだでも、少なくとも幾つかのもので一致することである。（Rutherford

1995, p. 37）

或る研究者は、精神的相互作用に関連して、両者の論理学と認識論に跨がる類似性を指摘し、それらが存在論的基盤として、三点に要約される調和の思想をもつと解釈しています。世界のどんな実体であれ、その状態と他のあらゆる実体の状態のあいだに原始的結合があること——これが精神的相互関係の存在論的基盤としての実在的相互関係です。この結合は世界で生じるすべてを知覚表象する実体の能力に基礎をもち、知覚表象は実在的相互関係の必要条件であること——あらゆる実体には本質固有の活動性が備わっていることが世界の調和維持の必要条件なのです。相互関係の活動は規範的かつ社会的な契機をもつこと（ibid., p. 38）の三点です。

重要なのは、ビスターフェルトの万物結合の存在論とライプニッツの「すべてのものにすべてのものが」の原理がアナクサゴラスの περιχώρησις に見いだされる点です。ただし資料的にはビスターフェルトにも若いライプニッツにもアナクサゴラスの περιχώρησις への言及はないようです。また、概念史研究ではこれまで相互関係（immeatio）と περιχώρησις の神学が注目されてきました。これらの精妙な概念はソシヌス派との対決の文脈ではアウグスティヌス（三五四—四三〇年）以来の三位一体のペルソナの相互内存在を意味します[10]（Cf. Antognazza 1999, p. 50）。ライプニッツはソシヌス派の反駁を生涯の課題としましたが、ビスターフェルトの概念は自然と人間の統一と相互交流を広くカバーしています。そこに自然と生物の生成変化の存在論への糸口があり、彼らの関係を跡づける根拠も見いだせるのです[11]。

ライプニッツは『形而上学叙説』第二〇節でソクラテスによるアナクサゴラスの揶揄を引用してい

ます。アナクサゴラスのヌースの機械論をソクラテスは茶化しますが、話は単純ではありません。とはいえ『パイドン』の文脈を思い出しておきましょう。ソクラテスが裁判の結果、死刑判決を受けたことは西洋哲学史上の事件ですが、無実であり、正義にもとるのに、また友人たちの懇願にもかかわらず、ソクラテスが死を選ぶ理由が語られます。若いころ期待して読んだアナクサゴラスに触れ、ソクラテスは自分の意思決定の理由を説明します。死を自分の意志の選択として、それがよいと判断して受け入れようと決断するソクラテスは、その行為の真の原因として価値判断する魂とアナクサゴラスのヌース――宇宙の全運動を説明するエーテル状の物質とされます――を峻別したのです。アナクサゴラスのヌースはすべての行為を知性によって行うと言っておきながら、行為の一つ一つの原因を説明するときには、ソクラテスが座ることができるメカニズムを骨や腱、肉や皮膚の仕組みと動きから説明し、友人と話し合っていることも音を伝える空気や耳のことを語るのが精一杯で、「真の原因」を語らないのです。しかし、真の原因は、ソクラテスが「ここに座っているのをよしとし、とどまって与える罰を受けるのがより正しいと思ったこと」（九八C）だったのです。

確かにライプニッツはソクラテスに賛同し、最善から真の原因を考えもします。また、アナクサゴラスを戯画化する文脈では目的原因を否定したデカルト、ホッブズ、スピノザを一括りに自然主義として批判しています（Leibniz 1965, Bd. 7, S. 335）。しかし、ソクラテスとは対照的に、ライプニッツは自然科学的探究を断念しませんでした。むしろ物理的自然についても心理的自然についても、機械論的思考法を用いるのです。その『新物理仮説』（一六七一年）の渦動理論は、ミクロとマクロの宇宙が微粒子の渦動から発生するとしましたが、それはアナクサゴラスの宇宙生成論に近いものです。アナクサゴラスは περιχώρησις を原始的物質や天体の回転運動として語りましたが、宇宙開闢から理性

カドワース

的動物も含む生物の発生まで説明しようとします。
ライプニッツのアナクサゴラスへの言及のなかには「アナクサゴラスは、無限の物質が神的精神によって秩序づけられていると考える」（Leibniz 1926-, Reihe 6, Bd. 4, S. 2120）という文言もあります。この文は、アナクサゴラスのヌースが世界を、無限に小さいものも無限に多くのものも支配して秩序づける、という最も肯定的な点を記しています。ライプニッツがカドワースの『宇宙の真の知的体系』を読んだことも分かっていますが、カドワースは、アナクサゴラスのヌースに触れ、それを思想史上、最初の非物質的精神の出現と解釈しました（Cudworth 1964, pp. 381-383）。彼は、以下の考察で中心的役割を果たす『ソクラテス以前哲学者断片集』B一二（断片四七六）[12]やシンプリキオス（六世紀）の『自然学註解』の περιχώρησις には言及していませんが、ヌースが宇宙開闢以来、時間的過程を通して世界全体を統治する点を指摘しています[13]。ヌースが無数の物質とまったく異なる超越的精神的存在であることも強調しました。
次にライプニッツとアナクサゴラスの περιχώρησις 概念を比較しましょう。まず注目されるのは、物質の無限分割の肯定とすべてがすべてのうちにあると見る全中全の原理です。また、アナクサゴラスがエレアのゼノンと対決し、『ソクラテス以前哲学者断片集』B三（断片四七二）では物質の無限分割可能性を認めた点です。「小さなものについて、これが最小であるというものはなく、どこまでもより小さいものがありつづける（あるものが［分割によって？］あらぬということはありえないからである）し、また大きなものについては、どこまでもより大きいものがありつづけるのである。そして、大きなものも数量的には小さなものに等しく、それぞれのものは、自分自身に対しては大きくもあり小さくもある」（『ソクラテス以前哲学者断片集』Ⅲ二八〇頁、〔　〕は邦訳の訳者による補足、Kirk, Raven, and Schofield 1983, p. 360. 強調は原文）と言うのです。

アナクサゴラスは、物質や数の無限分割可能性に逆説はないと考える点で、連続体合成の迷宮を解消しようとしたライプニッツを先取りしています。無限小解析の開発者ライプニッツの「無限に小さい（比較できないほど小さい）数」とそうした概念のない古代のアナクサゴラスの「無限に小さいが確定値をもつ数」とのあいだには重要な相違がありますが、両者がゼノンに反対し、現実に無限に多くの物質と数の存在を認めようとした点は確認できます。

また、すべてがすべてのうちにある、と主張する深遠な原理も『ソクラテス以前哲学者断片集』B六（断片四八一）とB一一（断片四八二）に見られます。

大きなものを構成する部分も小さなものを構成する部分も、数量的に等しいからには、すべてのものがすべてのものに含まれている、ということになろう。また、いかなるものも分離独立したかたちで存在することはありえず、すべてのものがすべてのものの部分を分け持っている。これが最小というものはありえないからには、いかなるものも分離独立することは不可能であり、単独に当のもの自体となることも不可能であって、原初においてと同じく、いまもまたすべてのものは渾然一体としてあるのである。すべてのものに多数のもの〔要素的部分〕が含まれており、より大きな事物にもより小さな事物にも、〔原初の混合体から〕分離してくるものどもの等しい数

量のものが含まれている。（同書、Ⅲ二八二頁、ibid., p. 365）

次のような文もあります。

すべてのものにはすべてのものの部分が含まれているが、ただし、知性（ヌース）は別である。しかし、若干のものには知性が含まれている。（同書、Ⅲ二八五頁、ibid., p. 365）

注釈者によれば、この断片では「原初の混合体の場合と同様、どんな大きさのものであれ、いまでは分離しているすべてのものでも、すべてのものが一緒にあり」（断片四八一）、「原初の混合体がエンペドクレスの対立する元素だけでなく、無数の種子を含んでいたので、すべてのものは大文字の知性以外のすべてのものの部分をいまでは含む」（断片四八二）（ibid., p. 366／四六〇頁）と述べられています。アナクサゴラスの原理「すべてがすべてのうちにある」が意味する物質的含有ないし分有とは対照的に、ライプニッツの場合は、原理は宇宙の充満ないし充実の条件下での万物共感（sympnoia panta）の因果的かつ連続的活動としてだけでなく、モナドの観念的・概念的な相互表現ないし鏡映関係として把握される（Leibniz 1965, Bd. 6, S. 617）ので、予定調和の契機はアナクサゴラスにはありません。

しかし、すべてが渾然一体として有ることとは、アナクサゴラスの場合も、世界が初めから動的で生成的であることを意味します。アナクサゴラスの種子は、単に動植物のなかの生物的存在を意味するのではなく、むしろ『ソクラテス以前哲学者断片集』B四（断片四八三）のように、あらゆる種類の形、色、味を伴うすべてのものの混合体ないし元素の持続的部分を意味します。この点で種子は、B一〇（断片四八四）のように、生物を含むすべてのものの生成変化を説明する装置なのです。アリストテレス（『天界について（*De caelo*）』第三巻第三章、三〇二a二八）は、種子をὁμοιομέλεια（英訳はthings with like parts）と呼びましたが（断片四九四。Cf. Beeley 1990, p. 32）、それはアナクサゴラスが現象を説明するために、エンペドクレスの四元素に代わるものを求めたからです。そのため、ここで『ソクラテス以前哲学者断片集』B一二（断片四七六）から宇宙開闢以来、ヌースが始めた回転運動としてのπεριχώρησιςが原因となって機械的に生じる世界の生成論的位相に光を当てなくてはなりません。それをライプニッツは、すべてのものの相互関係ないし存在の連鎖としてのπεριχώρησιςの時間化として解釈するのです。[14]

　このように解釈すれば、カドワースも認識したように、アナクサゴラスのヌースは「無からの創造」を除けば、キリスト教神学の神に似ています。B一二（断片四七六）の前半では、アナクサゴラスのヌースが、世界を超越する知性として、すべてがすべてのうちにあることを基礎に宇宙開闢以来、回転運動の仕方で、微小領域から極大領域にいたるまで無数に多くのものを支配制御することが語られています。ライプニッツも、これを先行的に現実存在することを理由とする、アナクサゴラスの同じ断片の種子による生命の「予先形成（preformatio）」の概念によって洞察できたのです。解釈の要となる箇所です。

　他のものどもはすべてのものの部分を分け持っているが、しかし、知性（ヌース）は無限にして自律支配的であり、いかなる事物とも混じり合わず、単独にそれ自体として独立自存している。なぜなら、もし独立自存していないでなにか他のものと混じり合っているとすれば、いったんなにものかと混じり合った以上は、あらゆる事物を分け持つことになるからである。〔…〕すべてのものにすべてのものの部分が含まれているからである。

自律的なヌースと全中全の関係が示された後、ヌースと περιχώρησις の関係が語られます。

〔…〕魂〔のみ〕を備えているものたちについても、より大きなものもより小さなものも、すべて知性が支配している。そして宇宙全体の回転運動（περιχώρησις）を支配して、最初に回転を与えたのも知性であった。最初は小さな或る一点から回転が始まったが、しだいに広範囲にわたって回転しており、今後なお広範囲に回転は広がっていくであろう。そして、一緒に混合し合っているものども、分離していくものども、分解していくものども——それらのすべてを知性は掌握した。（『ソクラテス以前哲学者断片集』Ⅲ二八六頁、〔 〕は邦訳の訳者による補足、Kirk, Raven, and Schofield 1983, p. 363）

回転運動としての περιχώρησις は天体運動に限定されず、共通するもの、つまり魂ないし心の種子の分離と混じり合いによって生物も出現させます。生物学に関しては περιχώρησις から生命が出現する過程に関する祖述も確認できます。断片五〇五では「動物は湿ったもののなかで生じ、後には動物同士から生じた」（ibid., p. 382／四八〇頁）と述べ、断片五〇六では「エーテルがすべてのものの種子を含み、それが雨とともに運ばれ、植物になる」としています（ibid.／同頁）。

注釈者によれば、アナクサゴラスの場合、植物から人間に至るまですべての生物が精神を分有します（断片四七六、四八二）。生物が存在する以前に、精神が混じり合いを通して等しく分散したと推定されていますが、生命の発生後は、それは明らかに生物のなかに位置するようになり、その結果、断片四八二によれば、精神（ヌース）を有するものは幾つかだけになったのです（ibid., p. 383／同頁）。以上の解釈は περιχώρησις が時間的であることを示しています。それがヌースによる万物の秩序づけです。したがって、ライプニッツが、アナクサゴラスは、無限の物質が神的精神によって秩序づけられていると考える、と述べたことは、生物の通時的過程として理解できます。その過程がB一二（断片四七六）後半で語られています。

いまはもはやないものについては、それがどのようになるはずであったか、事実どのようであったかを、またいま現にあるものを、またそれがどのようになるであろうかを、知性は秩序づけたし、さらには、いま現に星々や太陽や月、空気や上層気（アイテール）などの分離しているものどもが行っている、この回転運動〔περιχώρησις〕をも秩序づけたのである。直接に分離を行わしめるのは、この回転運動〔相互関係〕である。そして、粗なものから濃密なものが分離し、冷たいものから熱いものが、暗いものから明るいものが、湿潤なものから乾いたものが分離する。しかし多数のものの多数の部分が存在している。あるものが別のものから完全に分離すること、分解しあうことはけっしてないが、ただし知性〔ヌース〕のみは別である。知性はより大きなものもより小さなものも、全体が同質一様である。しかし、それ以外のものは、いずれも他のいずれとも同質的ではなく、それらのうちで最も多く含まれているものが、最も目立つものとして、一

なる個々のものであり、あったのである。（『ソクラテス以前哲学者断片集』Ⅲ二八六頁、ibid., p. 363）

こうしたライプニッツとアナクサゴラスの親近性の一つを示すために、注釈者のコメントを引用しましょう。

回転運動を始めたヌースが究極的な責任をもつが、同時に断片四七七の最後から明白なように、いったん元の運動が始まると、純粋に機械的要因が作動し始め、ヌースの活動は直接的でなくなる。これはプラトンやアリストテレスには我慢できないことであったが、アナクサゴラスの体系の特徴の一つであり、その宇宙生成論の展開とともにより明瞭となる。（ibid., p. 365／四五九頁）

ライプニッツもこれを認めませんが、それは物語の半分に過ぎません。この批評はライプニッツの宇宙が神の創造以後は神による修正や介入を必要としない自動機械であることを想起させます。その神は、精神的自動機械としてのモナドに種子を埋め込み、理性的動物の発生も予め決定します。この過程は、単に機械的な物体の運動である限りでの回転運動には翻訳できないので、すべてが時間的に相互依存する点を明示しなくてはなりませんが、περιχώρησις なしには、ライプニッツがシュタールの生気論的医学を批判するさいにこの概念を用いた理由が分からないのです。

一七〇九年に書かれた『高名なるシュタール氏の『医学の真の理論』に関する注解』で、読者は唐突に περιχώρησις と「状態相互のあいだにある黄金の鎖」（Leibniz 1989, Vol. 2-2, p. 132）という表現に出会います。アナクサゴラスもビスターフェルトも出てきませんが、生物の身体を維持し動かす心的実体的なものを導入するシュタールの生気論をライプニッツが機械論の観点から批判するさいにπεριχώρησιςが果たす役割を見ておきたいと思います。

この著作が提起する第一の問題は、視覚器官としての眼の生物学的説明を行うときの作用原因と目的原因の関係であり、第二は、優れた視覚能力を有する動物の発生は、なんらかの意味で偶然的か必然的かという問題です。これらは、アリストテレス主義者とエピクロス主義者が争ったもので、ダーウィニズムの勝利後もかたちを変えて議論が続いています。ライプニッツは、動物が無数の組み合わせのなかから、たまたま見るのに適合する眼を自然にもつようになったというエピクロスの学説を紹介し、これに反対しています。そのさいに持ち出されるのが、生成したものと動物の発生に関する精妙な原理としてのπεριχώρησιςです（ibid.）。この場合、原理は人間も含む生物の発生や進化に関する調和的な目的原因を表現します。これはアナクサゴラスの唯物論や機械論と衝突するように見えますが、状態相互のあいだにある黄金の鎖への言及は、実はそう単純でないことを示唆しているのです。ライプニッツによれば、「被造物の場合、それがなんらかの完全性を含む限り、すべては神から流れ出るとはいえ、事物の自然な進行においては、すべては自然の諸法則によって先行する状態から後続する状態が導出される。それは、すべてがそれらの状態相互のあいだにある、黄金の鎖のようなものから生じるように（ut catena quadam aurea ex se invicem nascantur）、神が原初からこの上なく智慧あるやりかたで設《しつら》えていることによるのである。同じことは、生きたものの有機的〔器官的〕な物体の場合にも言えるが、そこでは心がそれを特別な導き手として司る」（ibid., p. 133）。

ライプニッツが強調するのは、時間的連続性の原理から、すべてのものが自然に相互依存する点です。それが「黄金の鎖」の意味です。この表現はビスターフェルトにもありますが、自然の進行の強調はアナクサゴラスの περιχώρησις に近いものです。身体運動の系列と精神の変化の系列のあいだの予定調和、両者の永続的な共起を確認した後、ライプニッツは περιχώρησις について語ります。

身体はその外部にあるものから多くの影響を蒙るとしても、それらの影響も事物の περιχώρησις、つまり、諸物体のあいだにある交通と物質の現実的な無限分割によって、身体のなかにすでに以前から隠れた仕方で含まれていたのである。というのも、一切が充実し、多かれ少なかれ、流動的である、と仮定するなら、そこからどのようなものも、それらがどれほど離れていても、他のものすべてのものから影響を蒙るからである。(ibid., p. 154)

私たちはアナクサゴラスの全中全の原理にも再会します。ヌースへの言及はありませんが、原理は無数の要素ないし生物学と発生学に関連する種子と連関しています。形而上学的に表現すれば、世界がいったん創造されると、すべての実体は予先形成されているので、その後は神の介入なしに自発的に展開するというのです。その意味で、世界は形而上学的独立性、存在論的自律性を有します。さらに、ライプニッツが途方もなく長い時間をかけた動植物の変化を認めていたことは、化石の古生物学的観察や『人間知性新論』第三巻第六章の博物学的記述からも知ることができます。後者は人間も含む種の不変性と永遠性を疑わせるものです。

ライプニッツは、生物に関する自然的事実を、生気的な力やパラケルススの「アルケウス(archeus)」あるいは「摂理」のような神学的概念に訴えることなく、可能な限り機械論の枠組みで説明しようとしただけでなく(Leibniz 1965, Bd. 6, S. 544)、生物の発展的進化も推理しました。『弁神論』第八六、三九七節、『モナドロジー』第七四、七五節のように感覚的段階から理性的段階への人間の上昇という発生学的仮説もあります。

> 動物のうちには、受精によってさらに大きい動物の段階にまで達するものがあり、それらを精子的動物と呼ぶことができる。しかしそれらのうちで、もとと同じ種にとどまっているもの、つまりその大半は大きい動物と同じように生まれ、増え、滅びてしまい、もっと大きい舞台に移ってゆくのは、選ばれた少数のものにすぎない。(Ebd., S. 620)

この説明は受精現象に関わりますが、ここにも περιχώρησις が登場します。それは、新しい種が生じるための両性や異なる動物種の交配、妊娠の発生学上の役割に関する思弁です。ライプニッツはこの過程を事物の素晴らしい調和の例と考えるのです。それは交配によって新種が生まれた蚕《かいこ》の繭《まゆ》が人間に有用であるといった観察に基づきます。ライプニッツはそこに神とその知性の存在証明を見ました(Leibniz 1989, Vol. 2-2, p. 144)。もちろん正統派の神学では、すべてはその目的を実現するように決定されていると考えなくてはならないので、動物の異なる種への進化を述べることが許されるとしても、それは偶然でなく、神の決定した自然本性を最大限示すものとして位置づけなくてはなりません(Leibniz 1965, Bd. 7, S. 302)。生物学の文脈で「自然的展開による(per evolutionem naturalem)自発的創発」(Ebd., Bd. 2, S. 399)という表現も見られますが、περιχώρησις は存在の連鎖の時間化による私たち生物の発生を自然化する表現として用いられるのです。その過程が事物の系列の不可逆的性格と現実性をもつ点は次章で論じます。関係主義の存在論の歴史的・文献学的アプローチにも研究の醍醐味があることを感じ取っていただければ幸いです。

## 4　複雑性——ライプニッツの因果概念

次に、因果そのものに焦点を当て、その交錯の場として私の身体の存在の意味を考えましょう(Matsuda 2010)。ライプニッツの因果論は、デイヴィッド・ヒューム（一七一一—七六年）に比べれば、あまり研究されていませんが、現代哲学の眼で見ても興味深い論点や見方を提示しています。原因概念を定義しようとして、ジョン・レスリー・マッキー（一九一七—八一年）のＩＮＵＳ分析(Mackie 1993)や反事実的条件法分析によって解明される依存関係から出発したデイヴィッド・ルイスの考察を先取りする地点に立っていたからです。ライプニッツは、因果の複雑性に気づき、因果を原因と結果の二項関係として解明する接近方法の限界を見て取っていたのです。ライプニッツは原因概念分析の混迷した状況に直面しましたが、その一部はスピノザの自己原因のような形而上学的概念に由来する困難でした。まずライプニッツの原因概念の分析を見ますが、そこでは鵺《ぬえ》のような因果の存在を目にすることになるでしょう（本書に近い因果論の哲学に関する入門書として、Mumford and Anjum 2013 を挙げておきます）。

石黒ひでの論文「予定調和対恒常的随伴」は、この観点から見たとき、先駆的です。石黒は、ライプニッツの因果に関する従来の形而上学的解釈の狭さを指摘し、その予定調和説とヒュームの恒常的随伴説を繋げる斬新な解釈を提示したうえで、それをルイスの反事実条件法のアプローチに関連づけているからです。ルイスは、考察の鍵となるヒューム『人間知性研究』（一七四八年）第七章「必然的結合の観念について」の二つの定式の違いに注目し、規則性、つまり恒常的随伴としての因果理解から、それにとどまらない個別事象の因果を問題にします。

> 我々はこの経験に合わせて、原因を他の対象によって後続される対象であり、その場合、第一のものに相似するあらゆる対象は、第二のものに相似する対象によって後続されると定義できるだろう。言い換えれば、もしも第一の対象が存在しなかったならば、第二のものはけっして実在しなかったであろうような場合である。（Hume 1999, p. 146. 強調は原文）

ヒューム

第一の定式化が恒常的随伴ですが、石黒は、ライプニッツがこれに近い見方を採用していたことを指摘するため、『第一の真理』（一六八〇年代の執筆と推定）の定義「原因と我々が呼ぶものは、形而上学的厳密さにおいては、共起する諸要件に過ぎない」を引用します（Ishiguro 1986, p. 68; Leibniz 1966, p. 521）。また、その主張の背景として、後期スコラの哲学者スアレスに触れ、ライプニッツが、粒子や属性が或る実体から別の実体に流入するという意味での因果関係を否定したことに言及しています。因果についてはつきり観察できるのは、共起、つまり調和だけであると述べた点を強調するのです。[16]

他方、石黒は、ライプニッツが「原因概念を物体の本性とエネルギーの概念に結合することによって因果的概念に客観的実在論の基盤を与えることに成功した」(Ishiguro 1986, p. 69) と付け加えています。動力学の対象である物体運動や物質の化学変化を説明するとき、原因や結果を自然に実在するなにかと見なす点で、ライプニッツはバークリとは異なるからです。石黒は、因果に関連するライプニッツの反事実条件法的分析にも触れ、現実世界で複雑に交錯する因果系列の決定様態を特徴づけるためには、反事実条件法的分析が有効だと述べます (ibid., p. 78)。というのも、世界と心の現在の状態と原因は、ヒュームとルイスのもしも第一の対象が存在しなかったならば、第二のものはけっして実在しなかったであろう、という定式化で記述される反事実的依存関係の契機を、しばしば重要な要因として含むからです。この事態は、ライプニッツの場合も、世界の出来事が少しでも異なっていたとすれば、現にある世界あるいは心の状態はまったく違ったものだっただろう、という仮定法的表現を取ります。

石黒の結論は、ライプニッツの場合、事物の状態が自然法則に因果的に依存するのを説明することは、自然法則を前提に、私たちがこの世界の或る普遍量化された条件文の必然性を受け入れることに等しい、というものです。この解釈は、あらゆる可能世界でこの条件文が真になることを意味します。石黒は、そこに仮説演繹法の適用を見て、人間の行為などがその過程に介入する場合を除き、条件が揃えば、自然現象の予測が決定論的に可能となる点を確認します。確かに、ライプニッツはその限りでの自然法則を語っているのです。しかし、他方でライプニッツは、因果関係が、そのような普遍量化された自然法則からだけで解釈できるような単純なものではないことに気づくことができたので、原因と先行条件を区別し、さらに先行条件を要件として捉えました。先行条件が時間的に先立つことを意味しないのは、いわゆる目的原因が結果に時間的に先立つことにも現れています。この精妙な区別に気づくことが、因果の複雑性を理解する第一歩なのです。

ライプニッツは原因概念の定義をめぐって試行錯誤しましたが、考察の手がかりがスピノザ『エチカ』第一部公理四と定理二五の批評にあります。そこでは要件、つまり結果の先行条件が問題にされているからです。

公理四「結果の認識は原因の認識に依存し、かつこれを含む」

定理二五「神は物の存在の作出原因であるばかりでなく、物の本質の作出原因でもある」

定理二五の批評は物の知識と物の原因の知識を区別します。定理二五は、神が物の存在だけでなく、その本質の原因でもある、と主張しますが、批評は、定理の証明に用いられる公理四が、事物の原因とは、それがなければ、その事物が把握されえないものであることを意味しない点を指摘します(Leibniz 1965, Bd. 1, S. 147)。円が中心なしに考えることができないとしても、中心は円の原因ではないことが公理四の反例です。円の作図法を知らない場合も、或る図形が他の図形から区別できれば、その図形が円であると知っていると言ってもよいとします。その場合、円の中心は円の原因ではなく、円の要件にとどまります。或る点が中心であることを知っていても、コンパスを広げ、中心となる点から等しい長さの或る点を起点に線分を一周させて図形を描かなければ、円は作図できません。この定義は因果的定義と呼ばれます。円の存在の認識は、必ずしも円の原因の幾何学的認識を含まないのです。
また公理四を「結果の認識は原因の認識を含む」と言い換え、その逆は真でない、つまり原因の認識が結果の認識を含む、という主張も妥当でないことがコメントされます。例は再び幾何学です。放物線が焦点なしに考えうることから類推すれば、結果としての物も原因としての神なしに把握できる。この結論はスピノザの自己原因を念頭に置いたものです。自己原因に言及すれば、世界を認識できるわけではなく、人間は結果として与えられる事象を見ずには、世界の細部、個体の認識に至ることはできない、と主張するのです。

この批判はスピノザの実体概念にも及びます。定理一四「神以外の実体は存在しないし、考えることもできない」が問題となります。『エチカ』の実体の定義「それ自体において有り、かつそれ自体によって理解されるもの」は曖昧であるとし、実体は人間のように「それ自体によっては理解されないとしても、それ自体において有る」(Ebd., S. 139. 強調は松田)ものも含むと述べています。実体に実体自身の存在を理解することを要求しないのです。ライプニッツは、幾何学のように、概念の十分な分解が論理的に可能な場合がある一方、感覚性質のように、その原因を延長や持続だけでは探究できないものがあること、運動や物体の原因の探究が最終的分析に至らないことがあることも確認します。実体も、認識のためには推論と経験を組み合わせることが必要だと言うのです。

こうしてその複雑性に注目して、原因は「〔結果に〕本性上先行し、なにかを生起させることで結果を伴うもの (coinferens natura prius illato)」(Leibniz 1966, p. 471. Cf. Rutherford 1995, p. 111) と定義されました。この晦渋な表現の意味を解きほぐす前に、ルイスが個別事象の連鎖の中の原因、言い換えれば、因果的依存の祖先 (Lewis 1986b; 2004) に関連して、原因と結果に関わる事象の系列の中間項の働きを粘り強く追跡して、次のように述べたことを紹介しておきます。

非常に単純化された反事実条件法的分析が性格づけに成功した因果作用は、一つのタイプではあると思う。しかし、別の諸タイプが略されている。我々は、因果作用の十分条件は知っているが、必要条件は知らない。その理由の一つは、我々が、ふつう因果作用が推移的である、と考えていることにある。もしCがDの原因であり、それがEの原因であるなら、CがEの原因であることが帰結する。それゆえ我々は、因果連鎖を跡づけることで因果関係を確定できる。しかし、反事実的依存の関係が例外なしに推移的であるという保証はない。したがって、因果作用を直接的依存によってだけでなく、段階的依存の連鎖によって規定しなくてはならない。因果作用を依存の祖先（ancestral）として定義することによって、そうすることができるのである。しかし、それでもまだ因果作用のすべての事例を捉えるには十分ではない。少なくともまだ完成されていない三つの課題がある。確率論的因果作用、先回り的因果作用、欠如による、ないし欠如の因果作用は、まだ十分にカバーされていない。（Lewis 2004, p. 79）

この段階的な依存の連鎖、確率論的因果、先回りや欠如は、彼らにとどまらない重要な問題群です。この点を確認したうえで、因果論における事象系列の中間項の重要性を第Ⅱ章で触れた「消された身体論」と関連づけたいと思います。それは予定調和と日常経験の溝を埋めるために書かれましたが、そこでは私の身体の存在に関連する諸条件の連鎖を基盤にして、日常経験と齟齬をきたさない原因帰属の様式が説明されていました。経験的事象の原因帰属に必要な、運動の原因に関連する能動・

受動の概念の源泉です。手を動かす場合、障害なくそうできるなら、そのとき我々が作用を及ぼし、我々がその現象の原因であるということは、つねに正しいとして、意志的行為に原因を帰属させました。また、他の物体になにかが起こる場合、それが私の意志に従って起こったことを何度も経験したと判断される場合、その物体が作用を受けたとします。この受動概念は、同じことが他人の意志に従って私に起こる場合は私に帰属させられます。この意味の原因は意識からある程度、独立しているので、物体である私の身体が、能動受動がそこに帰属させられる基体となります。帰属の根拠は、行為にさいして異なる位置にある身体が受け取る感覚的経験の差異に求められます。

ライプニッツが私の身体を基盤に人が変化や現象を引き起こすことに原因の起源を見る、自己中心的原因概念を考えていたことが分かります。そのうえで他者の身体の能動と受動、物体間の変化の原因とその意味の能動受動も説明し、物体運動の原因帰属と人間の行為の原因帰属との双方を問題としたのです。そのとき、私の身体であれ他者の身体であれ、あるいはなんらかの物体であれ、或る基体に能動受動が生じる条件として、私の身体と作用を共にしていて、充実、つまり、世界のあらゆる物体は、或る意味では我々に帰属し、我々の身体と作用を共にしているという点を挙げました。これは、世界には隙間がなく、身体や物体が互いに共存していることの描像です。行為の身体的次元に含まれる無意識や万物共感的関係に触れ、因果連鎖の複雑性を示唆しているのです。

ルイスとライプニッツを相互参照する理由として、因果概念の段階的連鎖の中間項である身体の役割の重要性を挙げることができます。世界を表象する身体を表象する精神を語るライプニッツの場合、身体は意志の道具、手段として位置づけられますが、身体自身は、私の行為の要件、必要条件にとどまり、因果のすべてではありません。他方、ルイスが二つのシナプスが同時に興奮、加重的に働

| | | | |
|---|---|---|---|
| 複雑な十分条件　＝ | 「十分な原因（*causa plena*）」の階層（C0+C1+C2……=CP） | | |
| 例　発火物質―――― | 電気のショート――― | 消火器の不在等 | ⇒その火事 |
| （弟子の幸福になる能力） | （教師の存在） | （妨害者の不在 C2） | （弟子の幸福状態） |
| ［必要条件］ | ［狭義の原因＝十分条件の必要な部分］ | | ［結果 E］ |
| ［十分な部分］ | 「*conferens* C1」 | | |
| 「*inferens* C0」 | INUS 条件 | | ←発見の方向 |

く場合にしか発火しないニューロンのモデルを用いて、先回り事象を分析するとき、身体とその部分の構造が要件の連鎖に含まれることになります。因果の複雑性の分析を検討するため、教師は弟子の幸福の原因であるという例を取り上げましょう。

> 教師は人間が幸福である事実に寄与すると我々が言うのは、教師が必要なにか、つまり、幸福に必要なもののうちの幾つかで経験されるものから知識を産出するからである。しかし、この寄与自体は直接的要件ではない。というのも、同じ事例で言えば、我々は同じものを或る教師がいなくても学ぶことができるからである。（Leibniz 1926-, Reihe 6, Bd. 4, S. 403. 強調は松田）

この例をマッキー流に分析すれば、教師は、結果に対する「必要条件ではないが、十分条件の、十分ではないが必要な部分（an **i**nsufficient but **n**ecessary part of an **u**nnecessary but **s**ufficient condition）」です。マッキーは、原因を複雑な十分条件の必要な部分、つまり、原因Cがなくても結果Eは生じたかもしれないが、それはEが生起する場合になくてはならないものの条件の一つとして捉えます。教師と弟子の幸福にも妥当する関係は上のように図示できるでしょう（火事の例はマッキーのものです）。

ライプニッツは、紆余曲折の後、十分な原因を十分条件を構成する三階層によって特徴づけました。三階層は、*inferens*＝SUNI条件、*conferens*＝INUS条件と妨害者の不在を含みます（SUNIは「結果の必要条件ではあるが、十分条件ではないものの、十分だが必然でない条件（a sufficient but unnecessary condition of a necessary but insufficient condition)」です）。十分な原因は、図のように、複雑な十分条件を意味し、SUNI条件は、たとえば発火物質や幸福になる能力を指します。ここではC2も重要です。ライプニッツは、原因を問題にするとき、他のものが妨害しない場合という但し書きを加え、ルイスも先取りや欠如における同じ問題を取り上げました。

> 動かすものはなんであれ、なにもそれを妨げなければ、動かされた運動の原因である。なぜなら、動かすものは、なにもそれを妨げなければ、それから結果が帰結するような仕方で活動するからである。しかし、この場合、生じたものが実際、結果であるならば、なにもそれを妨げなかったはずであり、生じたものが結果になることは必然的である。（Ebd., S. 404. 強調は松田）

なにもそれを妨げなければ、という条件は、アリストテレスの自然概念を意識したものです（二一八b一九、一〇四八a一〇）が、ライプニッツはこれを引き継ぎ、エンテレケイアとしての力の存在論に発展させました（Leibniz 1965, Bd. 4, S. 469）。この点は本書の眼目となりますのでご記憶ください。

結果の要件の必要条件の十分な部分（弟子の能力）に加え、肯定的なC1——十分条件の必要な部分（教師）——と否定的なC2が一つになって、初めて十分な原因が構成されます。共同して結果を導くことに貢献するものの集合が結果（弟子の幸福）をもたらす以上、教師の活動と弟子の幸福のあいだに反事実条件的依存関係は無条件には成立しません。ルイスの場合も似たような事情で因果理論の再構築が促されました。反事実条件的依存関係が出来事ｃとｅのあいだにあるのは、次の二つの反事実条件文が真である場合であり、かつその場合だけですが、弟子の幸福とその教師の事例はこれを充たさないのです。ｅが「弟子が幸福であること」、ｃが「その弟子に教師が存在すること」とすると、もしｃが生じるなら、ｅも生じるだろうし、もしｃが生じることが偽であるなら、ｅが生じることも偽である（Lewis 1986a, p. 439）でしょうが、反例が考えられます。

たとえば、継起する事象の系列、Ａ→Ｂ→Ｃがあるとき、Ｂが因果的にＡに依存し、ＣがＢに因果的に依存するなら、ＣがＡなしに生じるとしても、ＡはＣの原因だと言ってよいでしょうか。ところが、この場合、結果Ｃは、原因Ａに少なくとも直接的には依存しません。これが、ルイスが原因を依存の祖先と定義し、影響概念を導入した理由です。そのため、出来事Ｄが別の出来事Ｆに影響することとは、Ｄの生じる或る一定範囲の諸変化がＦの生じる或る一定範囲の諸変化をもたらすことなのですが、そのためには依存関係がなくても、原因から結果への影響の連鎖があれば十分です。それは次のような例です（Nolan 2005, p. 91）。或る男が或る要人を暗殺しようとして、要人の自宅に爆弾を仕掛けました（Ｄ）が、外出中の要人は爆弾に気づき、信管を外します（Ｅ）。その結果、要人は死なずにすむ（Ｆ）のですが、このとき爆弾を仕掛けた（Ｄ）ことは、信管を外す（Ｅ）原因であるはずです。さもなければ、要人が信管を外すこともなかっただろうからです。しかし、暗殺者が爆弾を仕掛けたことが、要人が死なずにすんだ（Ｆ）ことの原因であるというのは、いかにも奇妙ではないでしょうか。爆弾が仕掛けられず、他の条件が同じなら、要人は無事なはずです。

確かに、爆弾を仕掛けたことは、死なずにすむことに影響を与えますが、二つの出来事に依存関係はありません。爆弾による暗殺事件が起こったとすれば、爆弾を仕掛けることが図のC1、信管を外すことがC2の妨害に当たります。この点でルイスの「影響」とライプニッツの「原因」は比較可能なのです。或る弟子に対する教師は、この意味での影響だと考えられるでしょう。或る弟子の幸福に対する教師の関係は、無条件に原因とは呼べません。二つの例の場合、SUNI条件、つまり先行的に決定された傾向性として、弟子の幸福になる能力あるいは要人の機転を狭義の原因として挙げるほうが適切でしょう。そのような「支配的（prevalente）傾向性」（Leibniz 1966, p. 492）の概念とINUS条件や影響の概念の関連は、次節で様相を扱うとき、仮定的必然性や自由との関連で重要になります。

ルイスの好む先回りの例は、ニューロンの同時発火によるシナプス興奮（Lewis 1986b, p.193; 2004, p. 80）ですが、この例も、現に生じた事象の連鎖以外に同じ結果を引き起こすことができただろう他の連鎖、他のシナプス興奮を考えうる場合、現に生起しなかった連鎖で原因になりえた事象をどう位置づけるか、という問題を提起します。ニューラル・マップの理論を借りましょう。喜びの原因特定を考えるとき、それが音楽であったり、薬物であったりする場合、私たちは、自然で健全なものと不自然で不健康なものに分ける必要に応じて、事象とその連鎖の同一性の基準を、その個別性に即して厳しくすることも、連鎖の類似要素に即して緩くすることもできます。認識の動機に従って、その存在論的複雑性は縮減されもすれば、可能な限り尊重されもするのです。

不作為（Lewis 1986b, p. 189; 2004, p. 99）の存在論にも触れておきましょう。なにもしないことが出来事の原因となるように思われることから生じる問題もあるからです。これについてルイスは、なにもしないことは別のことをしていることだと理解し、ソクラテスが亡くなってクサンチッペが未亡人になるという出来事は、彼女がなにもしなくても出来事の或るパターンに付随して生じた、と述べます。インドにいる夫の死が遠く離れたイギリスの妻の内在的変化に対応する、というライプニッツの例と比較すれば、ルイスの説明は、怠慢や不注意が大事故を引き起こすことがあるように、原因と責任帰属にも関連し、常識に適った説明のように見えますが、不作為の場合も、なにか物理的な力のパターンや法則に私たちは言及できるという点に注意しておきたいと思います。[17]

したがって、原因の過剰決定[18]や付帯的条件「他の事情が同じならば」の理解も、ライプニッツのように現実の事象系列の個別性に注目すれば、他の事情はほとんどつねに同じではないとして、自然法則として理解される因果関係の唯名論的仮説的性格を強調することもできますし、ルイスのように、それを中間項が存在する時の因果連鎖の脆弱さと見なして、そこに自然法則とその同一性の基準を位置づけることもできます。ライプニッツのなにも妨げるものがなければとルイスの中間項が存在する因果連鎖の段階性は、ここで交差するのです。

ライプニッツが原因帰属の基礎を身体の基礎的行為においたことを思い出してみましょう。私の身体が因果の交錯地点であることは、私の身体が遭遇する出来事が世界内的偶然性をもちうることを示しています。それがこの世界における人間の自由意志と倫理的責任の問題に関係することは言うまでもありません。ライプニッツは盗みに関して自然的原因と道徳的原因に同じ重みを与えます。或る目的が行為者に対する十分な原因として働く欲求の心的側面をもつことを認め、この条件下で意志、つまりなんらかの理由で意識的に決断し選択する能力は、良くも悪しくも、能動的であれ受動的であれ、妨害されたり促進されたりしうると考えるのです（Leibniz 1926-, Reihe 6, Bd. 4, S. 309）。盗みへの傾向とそれに抵抗する傾向がともに偶然的原因として問題になると考えることができますが、それらがせめぎ合いながら、身体的行為を引き起こしたり、引き起こさなかったりする限りで、意志を行為の原因と呼ぶことが許されるのです。

法や道徳の罪の原因帰属の論証もここに位置します。『弁神論』（一七一〇年）は、もし神が事物の原因だとしても、罪の原因であるのは偶有的意味でしかないとして、罪の原因を自由意志の本性、つまり、なにもそれを妨げなければ発現する力をもつ人間に帰属させますが、罪の生起の原因には複雑な階層と様相が認められます。[19] もし私がこれをしなかったとき、それが生じなかったとするなら、私がその原因である（Ebd., S. 940）という論証は正しいか、という自問にも同じ問題が現れています。この場合、私の行為が違いを生み出すかどうかが問われますが、裁判で別人に帰属させるべき原因が、相手方の主張によって不当にも私の不作為や怠慢とされてしまうことがあってはならないと言うのです。ライプニッツは、神が人間の罪を防止しなかったから、人間の罪は神が原因である、というような主張を退けるのです。

私の身体は因果の交錯地点であると同時に私に可能な自由を実現する手段です。その限りで、私たちは、私の身体になにか能動的で根源的な力を認めます。ライプニッツは、物体運動にも動植物や人間のような生物の身体運動にも原因が力として内在すると考えます。それを「エンテレケイア」と呼びますが、この力は発揮のために外的刺激を必要とせず、作用が生じるには障害が取り除かれればよいだけのものです。張り切った弓の弦から手を放せば、矢が解き放たれるように力は働きます。それは、条件がそろえば、運動が目的に適った仕方で完成されうる内的自発性を私の身体に認めることです。複雑な条件が整うことが一定の因果関係と自由の実現の過程であり、逆に、それは現実世界ではしばしば妨げられるのです。この複雑さは「エネルゲイアとしての物語る力」として第V章で考察します。

## 5　様相存在論――必然性と可能性から現実性へ

原因概念の複雑性を見てきましたが、私の身体はなにもそれを妨げなければ発現する力をもつものでした。現代にも、原因を運動量やなんらかの力の伝達ないし転送として位置づける立場がありまず。ここでは力を有する私の身体を起点にして因果性と密接に関わる支配的傾向性と仮定的必然性を位置づけ、可能性、必然性、そして現実性の様相存在論的考察を行います。ライプニッツが必然主義と対決するなかで自由と偶然を確保するため、可能性を基盤にした様相存在論を構想した点に注目しましょう。スピノザとライプニッツの様相論に言及する九鬼周造（一八八八―一九四一年）の『偶然性の問題』（一九三五年）も援用します（松田 二〇一四c）。

支配的傾向性についてライプニッツは「事物のなかにはつねに未来に生じるものへのより大きな傾向性がある。しかし、これはけっして必然性の観点で押しつけるものではない。そしてこの支配的傾向性は将来を先行的に決定することに役立つ。それはちょうどすべてがこのように先行決定されているかのようにである。それはつねに事物における偶然性を傷つけることなく、精神の自由も傷つけることがない」（Leibniz 1965, Bd. 3, S. 471）と言います。支配的傾向性に偶然性と自由を確保する役目を担わせたことは明らかです。『弁神論』でも「原因と結果の結合に関して言えば、それは自由な行為者を強制することなく、ただ傾けるだけである。〔…〕結合にそれ以外のなにか、つまり支配的傾向性がつねに成功するという原則を加えなければ、それが仮定的必然性を作り出すことはない」

(Ebd., Bd. 6, S. 131) と述べています。
妨害要因（C2）などを考えれば、支配的傾向性がつねに成功する保証はありません。自由な行為者は、自ら選択した行為を行うことで、因果による強制を受けないことにもなります。仮定的必然性で考える場合でも、偶然と自由の余地が残され、所与の条件から或る帰結ないし結果が別様ではありえない仕方で生じるわけではありません。そう考えるのは、現実世界を別様でありうる可能性と偶然性から見るからです。なぜこのように有り、別様ではないのか、なぜなにもないのではなく、有るのか、というのは根拠律の問いそのものです。

マッキーとルイスの観点からライプニッツによる因果性の分析を見たいま、支配的傾向性とその不断の成功を条件とする仮定的必然性の概念、そしてその含蓄を理解するのは難しくありません。優れた能力を有する弟子も必ず幸福になるとは限りません。盗癖の傾向を有する人物も必ず盗みを犯すわけではないのです。それを妨げるものもあれば、促すものもあり、現実に幸福になること、盗みをすることは偶然性を孕んでいて、支配的傾向性を前提にして、それを実現しよう、あるいは妨げようと努力する自由、選択の余地があります（この傾向性が抗いがたいほど強く、自分の身体を意のままにできないことがあることも確かですが）。

ライプニッツが出来事の世界内的偶然性を強調するのは、自然な直観に従えば認められる自由と偶然の存在論的考察にそれを適切に位置づけ、必然主義に対抗させるためです。支配的傾向性の概念を前提にして、自由も偶然も世界をランダムで予測不可能にするわけでないことも示します。なにも妨害するものがなければ、結果が仮定に基づいて先行決定されているとおりに生じるという点では、物体の自由落下とその原因の関係を法則的に語る場合と弟子が幸福になる場合に弟子の資質を語る場合で違いがあるわけではありません。

物理学の法則の場合、ライプニッツは「十分な原因と結果の全体の同値」（松田二〇〇三、一八五頁参照）の原理を用いて、活力保存則の妥当性を論証します。斜塔の実験の逸話で知られるガリレオの抽象化の操作――様々な性質、重量を有する物体の自由落下を、様々な角度で斜面を下りる球体の運動と見なしました――と現実には働いている空気抵抗や摩擦をゼロと見なす理想化が活力保存の外的要因を除外することで、自由落下に関して落下距離と落下時間の二変数に不変の関係があることを論証する助けになったことを引き合いに出しています。現実世界の物体の自由落下という事象の一回一回の個別性から見れば、先行的に決定する重力に言及する法則の必然性はあくまで仮定的です。その限りでは、重力も、なにもそれを妨げなければ発現する本性として位置づけることができるのです。

事象の世界内的偶然性を認めたうえで問題となるのは、様相存在論をどの様相から始めるかです。この点で世界の絶対的必然性を主張するスピノザと可能世界概念の創始者とされるライプニッツは対照的です。この対立はスピノザが「有限様態」と呼ぶ個体の問題で極まります。スピノザの場合、様態は全体の部分なので、有限な個体としての私の身体は無限の自然の部分です。ここで両者の様相論を対照させ、時間論と現実の存在論の準備にします。手がかりとなる解釈として、スピノザの必然主義を、個体を形相的本質の必然的例化として解釈する幾何学的解釈を取り上げましょう。『エチカ』第一部定理二九や、すでに触れたシュラー宛書簡六四が典拠です。

まず問題となるのは、スピノザが第一部定理二三で、すべての様態は必然的に神の属性、具体的には延長と思惟の絶対的本性から生起するか、その様態化した属性から生起するのでなければならない、と述べている点です。様態には神の属性の絶対的本性から直接生起する場合とそうでない間接的な場合があり、後者は様態的変状を媒介に生起するのでした。しかし、二つとも神の属性からの帰結である理由は、属性が他のもののうちに有り、かつ他のものによって考えられなければならないことにあります。第一部定理二八で問題となる有限な個体もそうです。用語法に慣れれば、これが或る人間も或る三角形も、個体である限り、神の属性の必然的例化にほかならないことを意味しているのがわかります。個体が神の絶対的本性から産出されたものの媒介によって生起する場合も、それは神なしには存在することも考えることもできないのです。ライプニッツは事象生起の因果性に関するスピノザのこの必然主義を批判します。

　第一部定理二五系は、神が物の存在だけでなく、物の本質の原因でもあると主張し、個体は神の属性の変状あるいは神の属性を一定の仕方で表現する様態にほかならないと述べます。そのため、絶対的本性からの属性の様態化とはどのようなものなのかが問題になるでしょう。第一部定理二九が、自然にあるものがすべて一定の仕方で存在し、作用するように、神の本性の必然性から決定されると論じる場合も、属性の様態化は有限様態、つまり個体の存在と作用の必然性に関わります。そして、スピノザが書簡六四で様態化の説明のために与えた前者、直接的な決定の例が、すでに見たように、思惟において絶対に無限な知性、延長において運動と静止であり、後者、間接的決定の例が、無限の仕方で変化しながらも同一にとどまる全宇宙の姿でした。その意を汲めば、変化する個体の存在と本質は、神の属性の有限様態として必然的に例化、具体化されたものなのです。この解釈の代表が、ハリー・オーストリン・ウルフソン（一八八七―一九七四年）でした（Wolfson 1934 (1983)）。

　その箇所でスピノザは第二部補助定理七を参照させています。個体間の必然的関係は、基本的に粒子間の運動法則によって決定されることを指摘する一方、実体全体とその部分、つまり様態の必然的関係――全体の本性からの部分の直接的帰結――は、無限知性とその部分、運動と静止とその部分の関係から把握されることを示唆します。個体間の関係は、個人のパースペクティヴから見れば生成変化を含みますが、実体の全体と部分の関係は不変です。したがって、必然性には二つのタイプがあるように見えますが、両者は普遍の例化のモデルで捉えられるのです。

実際、第一部定理一七系二備考は、神の無限の本性から無限に多くのものが無限に多くの仕方で必然的に流出すること、あるいはつねに同一の必然性をもって生起することを、三角形の本性から内角の和が二直角に等しいことが永遠から永遠にわたって生起するのと同じ仕方であるとして敷衍しています。これが様態化を幾何学的必然性として捉える根拠です。神の本性による絶対的必然性と神の本性と他の有限様態との結合による相対的必然性を分ける解釈もありますが、その場合、有限様態は神だけからは帰結せず、その必然性は相対的になると考えられます。しかし、スピノザは、すべてが神の本性の必然性によって決定されるという主張を繰り返します。素直に読めば、有限様態、言い換えれば個人の有り様はいずれにしても二重に必然化されるのです。

事象生起の相対性を含意する法則論的解釈や神の絶対的本性の原理的解釈もありますが、ここでは例化の観点をうまく捉えることのできるウルフソン的解釈を取りましょう。第二部定理八は、存在しない個体ないし様態の観念も、個体ないし様態の形相的本質が神の属性のなかに含まれているのと同様に神の無限な観念のなかに内包されていなければならないと述べますが、幾何学的解釈は、それとの類比によって、有限様態の必然性を幾何学的な形相的本質の観点から解釈できます。しかし、この解釈は二つの課題をクリアしなくてはなりません。第一に、神の知性には存在しないものの観念がないと考えられる点です。存在しないものは、現在は存在しないが、過去に存在したか、未来に存在するものを意味しますが、第一部定理三〇の証明のように、神の知性のうちに表象的にあるものは、必然的に自然のうちに存在しなくてはならず、第二部定理四から神の観念が神の知性のなかにあるもの以外のものを意味しない以上、現在は存在しないが、神の無限の観念のなかに内包される個体の観念は、過去に存在したか、未来に存在する個体の観念でしかありえず、そうした個体は実際に存在したか、いつか存在するもののはずだからです。

第二に、形相的本質は、ものの現実存在のそれか、ものの真かつ不動の本性の意味の形相であるかが曖昧な点です。ウルフソンらの立場は、形相的本質を「ものが現実化するときに例化する真かつ不動の個体の形相」（強調は松田。松田 二〇一四c、七八頁を参照）と理解したうえで、第二部定理八を「神の知性が、過去に存在したか、未来に存在するものの観念を含む様式は、神の属性がこれらの事物の形相を含む様式と同じである」と解釈します。その例も幾何学です。円が、線や矩形を実際には書かない場合でも、そのうちに無数の矩形を含むように、円には作図を許す本性があり、同様に神の知性もあらゆる可能な事物の観念を内包する。それが神の属性の本性であり、観念が無限知性に潜勢的にあるのと同様、ものの形相も神の属性の本性に潜勢的にある、と理解するのです。

このような潜勢的内包がユークリッドの作図法に関わるものとして提示されます。確かに、円は矩形の存在を必然的には含まないので、内包は「XがYを幾何学的に含むとき、それが意味するのは、XがYを作図するための十分な特徴をもつことであり、それが作図の妥当な手段と一致することである」と定式化できます。延長はこの意味で、運動と組み合わせれば、あらゆる可能な有限様態の形相を内包すると言えるかもしれません。この形相的本質を現実に必然化するのが、スピノザの神の力なのです。以上が幾何学的解釈の骨子です。

　スピノザは、チルンハウス宛書簡八三では、事物の多様性は延長だけでは説明できず、神の本質である力の無限の本性から説明しなくてはならないと語っていますが、問題の有限様態が、他の有限様態と結合する限りで、神の属性から帰結する理由までは述べていません。この点を個体の作出原因の問題として第五部定理二九備考と関連づける解釈もありますが、その場合も、表象のパースペクティヴ性は消えずに残ります。筆者は、これは弱点でも忌避すべきものでもないと考えます。それは二様の仕方で個体の現実を考えることに関わっているのです。特定の時間と場所に関係させて考えるか、神に含まれ、神の本性の必然性から生じるものとして考えるかのいずれかであることに関わっています。第二部定理四五のように、後者の場合、個体は神の永遠無限な本質を必然的に含みますが、前者の場合、個体は個体の作出原因の実在的秩序に組み込まれます。しかし、このように解釈する場合も、個体の現実が具体的にどのように決定されているかをその原因から十分に示せるかどうかが問題となります。それが曖昧であれば、必然性の実質が失われてしまう可能性があり、ライプニッツはそこに盲目的必然主義を見たのです。

　表象の制約を克服し、知性に対して形相的本質に注意を凝らすよう、いくら強く促したとしても、旧約聖書のイサクの存在と本質を説明しようとすれば、私たちは相対的必然性に頼るしかないのではないでしょうか。有限様態としてのイサクを考えるなら、相対的必然性の作出原因による決定論を抜きにはできないはずです。幾何学的解釈は、最終的に有限様態の必然性に関して、形相的本質の必然的例化と法則に従う必然的因果連鎖をともに認めます。有限様態の他でもないこの有り様に関しては、他の連鎖が不可能である点、有限様態全体を支配する法則は神の本性によって必然化する点も確認します。実際、第一部定理二九は様態について、神の本性を絶対的に考察する場合と神の本性について一定の様式で作用を限定する場合に分け、神が結果として様態の原因であることを示しています。

しかし、ライプニッツは、有限様態、つまり個体の他でもないこの有り様を形相的本質の必然的例化と法則に従う必然的因果連鎖の組み合わせで十分に理解できるとは考えません。原因の複雑性を知ると同時に、現実の個体を可能性の相のもとに見るからです。ライプニッツはノートで第一部定理一七系二備考と定理二九を批評し、神の無限の本性からすべてが必然的に流出することを三角形の例に準《なぞら》える点に必然性概念の濫用を指摘します。この類比を不適切と考える理由は、三角形のような抽象的存在に介入する思惟を認めることはできない点にあります。神は最適と考えるものを産出するが、三角形は思惟をしない――これは自明と思われますが、必然性の内実を考え、介入する思惟に価値判断が伴うこと、そこにある選択の契機を際立たせていることが重要です。幾何学的必然性と或る決定に左右される仮定的および道徳的必然性を思惟の介在によって区別するのです。ライプニッツの疑問は、なんらかの知性を想定するとき、創造の必然性をもっぱら幾何学的に理解し、さらにそれを形相的本質の例化として解釈するだけでよいのか、というものです。そこには能産的自然のメカニズムしかないことになるでしょう。

そこでライプニッツは、スピノザの原因と結果の存在としての共通性に言及し、原因である神の知性と結果である人間知性の一致は名目的であると指摘します（Leibniz 1926-, Reihe 6, Bd. 4, S. 1708）。神の知性と人間知性を同じ名前で呼ぶべきではないと言うのです。結果は、原因からなにかを受け取る点で、あくまで原因とは異なること、結果である人間は、神からその本質――反省を含む知性能力――を受け取る点で、原因である神とは区別されます（Ebd., S. 1772）。創造者と被造者の差異の強調は、むしろスピノザの実体と様態が、本性上、同質的である点を際立たせるでしょう。スピノザはこれを認めて開き直るでしょうが、ライプニッツにとってもそれは譲れない線なのです。

第一部定理二九に関して偶然性は「その本質が存在を含まないもの」(Ebd., S. 1775) と定義されます。それは有限様態の形而上学的必然性と個体の形而上学的偶然性の対立に直結しています。スピノザの形而上学には偶然は存在しませんが、ライプニッツは、スピノザが第一部定理二四でこの意味での偶然性を個体に認めた点を確認します。しかし、偶然性を、他でもなくこの様に生じたことの理由が与えられえない、結果の原因に関する無知に帰着させるのは拒むのです。原因が分からないと思われる出来事もその原因の内的および外的要件をすべて考慮できれば、他でもなくこの様に生じることが示されるからです。偶然性は出来事の原因の認識可能性を排除しない様相的概念なのです。神の意志と事物の所与の状態と法則を仮定すれば、出来事はすべて、人間の探究には限界がありますが、確実に決定される、場合によっては、出来事を決定する複雑な条件を解きほぐし、原因を推論できる場合があるのです。ライプニッツは決定論に立ちつつ、第一の意味での偶然——その本質が存在を含まないもの——を認めます。第一部定理三三に関しても「この世界以外の他の世界は創造されえない」というスピノザの主張を神の自由の文脈で吟味し、神による無数の可能世界からの最善選択を強調するのです。

ライプニッツの様相論の軸は「その否定が矛盾を含まない」論理的可能性、「その本質が存在を含まない」論理的偶然性です。それが、人間であれ神であれ、自由な行為の条件です。可能性の観点から現実世界の形而上学的偶然性と人間の自由を問題にし、様相論に取り組みます。その場合、自由な行為は、その否定が矛盾を含むことのない論理的可能性の観点から理性的行為者がそれを行わないこともできる行為です。神の場合、それは選択される系列の偶然性を意味し、神は別様に世界を創造する力をもちますが、それをより善なる系列のために選択しないのです（Ebd., S. 1592）。しかし、神の選択は恣意的ではなく、道徳的に必然だとされます。自由な行為の論理的可能性から始めて、神が可能性の観点から個体の諸概念を組み合わせ、無数の出来事の諸系列全体を通覧して、最も完全なものを選択したと述べるのです（Leibniz 1965, Bd. 2, S. 51）。

ライプニッツは、概念の可能性を軸に論理的偶然性、支配的傾向性、仮定的必然性の概念からなる様相存在論を構築しました。この存在論は、部分概念の共約可能性を起点にした概念の可能性——「最大数」は矛盾的ですが、空を飛ぶ馬＝「ペガサス」は無矛盾です——の哲学と必然、偶然、可能、不可能の関係を後述する様相四辺形によって構想されます。ここで可能性の観点から言えば、偶然性は或る命題「P」が可能であることと「P」の否定が可能であることの両立と解釈できますが、この両立は現実世界では五分五分の無差別ではなく、いずれかに「傾く」という認識がライプニッツにはあります。偶然性は、論理的には単なる二者択一ですが、現実にはどちらかに傾く、したがってランダムな偶然はないというのが、その洞察であり、それが同時に現実世界の偶然的出来事を自然学の観点では仮定的必然性として把握し、将来予測や責任ある行為を導くようにも促すのです。そして偶然は「なぜこのように有るのであって別様ではないのか」に答える充足根拠律の問題系に組み入れられます。充足根拠の問題が、自然科学、行為の正当性、神のアポステリオリな存在証明である点もこれに呼応しています。[20]九鬼周造の図を借りて、様相の論理的関係の二つの把握の仕方を整理しておきましょう。

九鬼はⅠにライプニッツの様相論を、Ⅱにスピノザの様相論を見ます（記号表現は松田）。

Ⅰ　必然（¬◇¬P）　　（¬◇P）不可能

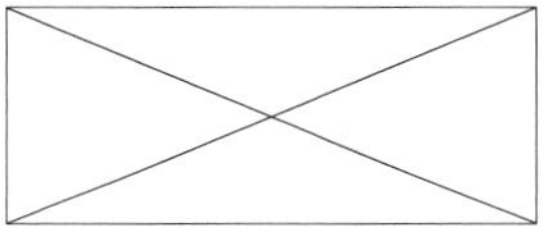

可能（◇P）　　（◇¬P）偶然

Ⅱ　必然（□P）　　（¬□P）偶然

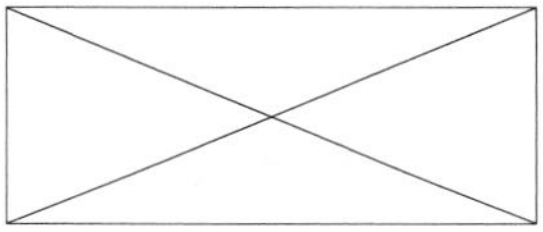

可能（¬□¬P）　　（□¬P）不可能

（参考）伝統的三段論法の四辺形

全称肯定（A）　　（反対対当）　　全称否定（E）

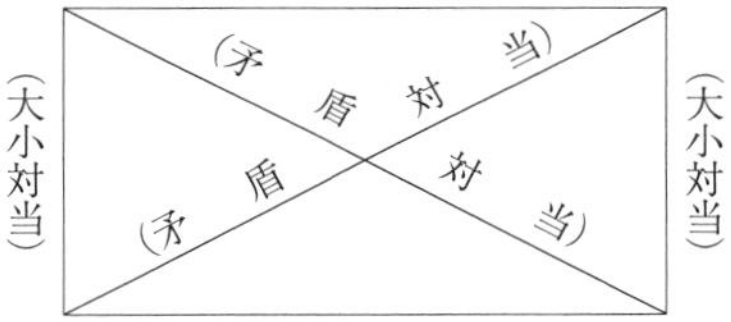


特称肯定（I）　　（小反対対当）　　特称否定（O）

・矛盾対当：一方が真なら他方は偽、一方が偽なら他方は真。
・反対対当：共に真ではありえないが共に偽でありうる。
・小反対対当：共に偽ではありえないが共に真でありうる。
・大小対当：全称命題が真なら特称命題も真、特称命題が偽なら全称命題も偽。

二つの様相四辺形について、可能を基礎的様相とするIの場合、底辺にある可能と偶然は共に偽ではありえないが、共に真でありうる点が重要です。可能と偶然が両立すると考えるのです。他方、必然を基礎的とするIIの場合、上辺にある必然と偶然が、共に真ではありえないが、共に偽でありうる関係になります。IIでは必然と不可能は、或る命題が真であることが必然的なら、その否定は必然的に偽であり、逆も成立する関係です。他方、Iでは必然と不可能は共に真ではありえないが、共に偽でありうるので、或る命題が真であることが必然的なら、その否定が偽であることが必然的になりますが、逆は成立しません。以上の論理的関係は、第V章4で再登場しま

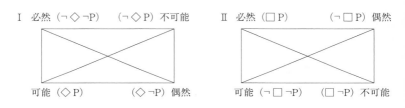

す。いまはイメージを共有しましょう。

スピノザは可能性と偶然性も人間の認知の欠如に由来するもの、つまり想像の産物である誤謬だと考えるので、認識的様相から言えば、必然と不可能の二様相しかありません。不可能も神の知性に認められないとすれば、残るのは必然だけです。他方、ライプニッツの場合、可能と偶然が共に真でありうるものとして把握されることは、その偶然性の定義が、或る命題「P」が可能であることと「P」の否定が可能であることの両立として解釈できる点に読み取れるとおりです。

九鬼周造

ライプニッツの様相理解は可能世界意味論の標準解釈と折り合いがよく、可能的に真＝少なくとも一つの可能世界で真、必然的に真＝あらゆる可能世界で真、必然的に偽（不可能）＝あらゆる可能世界で偽であるとすれば、偶然は或る可能世界では真だが、別の可能世界では偽と読めます。「カエサルはルビコン川を渡る」の例です。こうして異なる様相論の観点から現実世界ないしは現実をどのように捉えるかという問題地平が開かれます。
九鬼は必然性を可能性の極限、不可能性を偶然性の極限と見なし、そのあいだに動的変化を認めました（九鬼 二〇一二、一八六頁）。IIの場合、上辺が現実、底辺が非現実ですが、スピノザでは可能も不可能も非現実です。偶然は存在しない以上、現実は必然なのです。その意味で論理と自然の区別はありません。可能世界はただ一つ、それが現実世界です。この世界に何らかの意味で類似した到達可能な世界などないのです。他方、ライプニッツは、必然真理と偶然真理を区別し、論理と充足根拠律に従う自然を分けました。

スピノザの形而上学は一元論と自然主義の渾然一体であり、論理的必然性＝自然的現実性ですが、可能性から様相を位置づける場合、論理的必然性≠自然的現実性です。Ｉについて、九鬼は現実を必然と偶然の矛盾対当関係から、非現実を可能と不可能の矛盾対当関係から特徴づけます。現実が論理的必然性ではなく、たかだか仮定的必然性でしかない以上、現実を把握するためには、因果関係の複雑性に根ざす偶然性の領域に分け入る必要があるのです。論理的無矛盾としての可能と矛盾としての不可能は、論理と数学の必然真理の領域の真理の基準ですが、それ自体は自然的現実から距離を置いて捉えられるべきものなのです。

最後に、様相の観点からの現実の考察と因果関係に関わる仮定的必然性との繋がりを見ておきましょう。手がかりとして、ニコラス・レッシャーの解釈を紹介します。様相に関する推論の二つのタイプを区別し、それを論理的必然性と道徳的必然性の区別の正当化に用いているからです。M＝神の形而上学的本性、m＝神の道徳的本性、E＝神の存在、G＝神の善性、[M]＝形而上学的必然性、[m]＝道徳的必然性で、□は必然性を意味し、∀は「すべて」を意味します。レッシャーは、以下の論証をライプニッツが認めないという点から議論を始めています。

[M](M⊃E)（論証の必然性による）。[M](m⊃G)（論証の必然性による）。また、[M](M)。[m]G、しかし、～[M]G。ここで、[M](M⊃E) と [M](M) から神の存在も形而上学的に必然的 [M](E) であることが導けるが、～[M]G であり、[m]G にとどまる。ここでもし [M](M⊃m) なら、[M](m) であるが、これをライプニッツは認めない。

ここで論証（consequentiae）の必然性と帰結（consequentis）の必然性が区別されます。前者が、∀w□（wは最善の可能世界である⊃神はwを選択する）であり、後者は、∀w（wは最善の可能世界である⊃□神はwを選択する）です。[21] ライプニッツが後者、帰結の論理的必然性を認めないのは、論証の論理的必然性以外の要素が必要だからです。ライプニッツが形相的本質の幾何学的例化の自動化を拒否したことを見ましたが、レッシャーの分析はこれに対応します（Rescher 2006, p. 34）。道徳的必然性[m]と形而上学的必然性[M]を区別した上で、ライプニッツは以下の(1)と(4)を認め、(3)を否定し、(2)を(1)よりも弱い意味のないものとする点が確認できます。

(1)（∀w）[M]（wは最善の可能世界である⊃神はwを選択する）
(2)（∀w）[m]（wは最善の可能世界である⊃神はwを選択する）
(3)（∀w）（wは最善の可能世界である⊃[M]神はwを選択する）
(4)（∀w）（wは最善の可能世界である⊃[m]神はwを選択する）

(1)が論証の論理的必然性であるのに対して、(4)は帰結の道徳的必然性であり、(4)がライプニッツの立場です。神の選択が含む無限性に偶然性が介在する、というのがレッシャーの解釈です。その場合、神の本性も傾いていますが、神は自由に選択します。実は、この解釈でも、偶然を人間の無知に帰する危険が残ります。神の視点での世界の論理秩序こそが実在的であり、視点や時制に依存する人間の表象が非実在的だとすれば、モナドが「過去を背負い将来を孕む」こと、先行決定に傾けられた微小表象が将来を予感する、という主張も絶対的必然主義の表現へと滑り落ちるに違いないという問題があります。

　この点で、仮定的かつ道徳的必然性としての偶然性＝現実性が、身体を有する人間存在とその時制的なあり方に本質的に関わる点を見なくてはなりません。⑷は神の選択の問題ですが、それは人間の選択の場合にも言えます。この場合、選択はそれを最善、ないし最善と思われるものとして実現する私の身体の力を作動させることを意味し、十分な原因に関する分析が示唆するように、その力の行使は、そのような実現を促す行為であり、善でないものが実現するのを妨げるように動機づけられる点で義務論的様相の意味ももっています。ライプニッツ自身がＩの必然を義務、不可能を禁止、可能を許可、偶然を任意と呼んだことからすれば、この構想が様相論理的把握に通じたと考えることもできます。

　それに対して、スピノザの幾何学的＝絶対的必然主義は、永遠の相から見た未来に関してはなにも語らない以上、その必然主義は、ライプニッツが（誤って）そう見なした「ラプラスのデーモン的」宿命論ではありません。厳密に言えば、その現在には過去・現在・未来を分ける時間の矢もないのです。その現在はそれしかない、それだけがあって、それ以外は考えようもない現在であり、その現実は永遠の現前となるでしょう。永遠の現前では人間の自由も歴史もかき消され、その結果、様相の論理と形而上学を論議する意義も失われます。この点で未来の偶然性と時制に或る実在性を認めるライプニッツとは対照的です。

　ライプニッツは、スピノザをパルメニデス的な一元論者と見なす一方で、アナクサゴラス的な自然主義者と見なし、二側面をあわせて、そこに「盲目的必然性」（Leibniz 1965, Bd. 6, S. 337）を見ます。それは、スピノザの神と自然を自動機械として特徴づけると同時に、私たちのい、ま、こ、こ、に、こう有ることを盲目的に、より善なるものへの見通しもないまま、他でありえないこととして記述する点を問題化します。他方、ライプニッツは、選択・介入する存在を積極的に主張し、人間も自己関係的存在として記号や言語を駆使して工夫すること、そして反省行為によって多様な可能性を概観し、より善なるものの実現を目指して身体的に現実に介入することを認めました。スピノザの反省的認識が、デカルト的懐疑を退ける真理の自己顕現の結果として消え行く一方、ライプニッツは反省する私を実体と位置づけ、そのパースペクティヴの認識的・実践的権利を承認します。様相と時制もそこに根を下ろすのです。

ライプニッツが無条件の様相言明の問題点を指摘する点に触れておきましょう。それは「前辞反復言明（reduplicatio）」と呼ばれる言語行為に関わるものです。[22] ライプニッツの場合、前辞反復は、真や偽の真理値が付与される直接言明に言及し、それを分析すること、反省的言明によって直接言明の表面に現れていない反復を取り出し、その真理条件を解明する手法であり、多くの場合、名辞や言明の内包的意味と心的作用に関わります。それは『哲学者の告白』（一六七三年）で様相言明「すべてが絶対的に必然的である」について行われていました。この言明は「同じことを二度言うのを避けるために生じる省略が含まれていることを認識しない限り」偽であり、その言明の意味は「存在するすべてのものは、もしそれが存在するだろうなら（si sit）、必然的である」ないし「すべて生起するだろうものは、それが生起するだろうなら、生起しないとは知解できない」（Leibniz 1926-, Reihe 6, Bd. 3, S. 128）と敷衍されます。この反復「もしそれが存在するだろうなら」を除去した言明は偽であるとライプニッツは述べています。理由は、将来生起するものは、それが生起しないだろうと考えうるから、というものです。

ライプニッツは、直接言明として発せられる様相言明をこのように分析し、言明の表面から除去された原因や仮定される存在者を取り出そうとしました。将来の出来事に関して絶対的必然性を主張する言明は、人が「なにをし、なにをしないか」――介入や不作為――にとって相対的な言明に書き換えられますが、それは「結果は原因を仮定してのみ必然的」（Ebd., S. 129）だと言われています。或る結果を表す言明は無条件には真偽が定まらず、或る原因に相関して仮定的にしか必然的に真や偽ではありえません。このように、或る事実、つまりスピノザの言う有限様態ないし個体の存在とその有り様に関する様相言明の真偽を世界の現実や将来を可能性の相のもとで見るのです。その場合、必然性は、あらゆる可能性を想定したなかで現に生起した、或る可能性以外の可能性は不可能であることを意味しうるのです。これは、人間の認識や行為には過大な、場合によっては不可能なことを要求しているとも言えます。そうでない可能性は無数にありえ、その限りでは、現実世界がそうでないことは不可能であることは簡単には証明できないからです。

可能性や必然性の様相という観点から現実あるいは現実世界を再記述することは形而上学の課題ですが、私たちが自分の置かれている現実をそのまま受け止めることができないとき、異なる可能性を想像し、なぜ現実がそうなのか、どう違ったものでありうるかを反省するのはごくふつうの営みです。しかし、そこに落とし穴が潜むと考えたのがスピノザでした。現実は別様でありうるが、この世界は最善であると考えるところにライプニッツの『弁神論』も成立します。これは所与の現実や境遇に満足せよとか、より善い将来に向けての努力を怠ることを肯定するものではありません。そのような倫理はライプニッツに言わせれば、怠け者の言い訳にほかならないのです。

二人の様相形而上学は、議論上仮定される原理、原因の概念把握が異なる以上、その主張の妥当性は、仮定に相対的であり、無条件ではありません。実際、自己原因の一元論もモナドの多元論も、私たちの世界あるいは有限様態を再記述することによって、それらを知的に再構造化し、私たちを新しい哲学や実践に導く力がある一方、その観点を絶対化するなら、そこには陥穽も潜んでいます。つまり、宿命論的世界観や悪の合理化などの誤った世界解釈です。

**課題5**　受動としての感情について気になるものを挙げ、存在論的に分析してみましょう。

**課題6**　スピノザとライプニッツの様相論から可能性と必然性について考えてみましょう。

第Ⅳ章

# 時間

この章では時間の存在論を試みます。時間論の古典であるライプニッツとクラークの往復書簡から始め、続いて同じ書簡の現実的時間の問題を取り上げて、いま与えられる具体的時間の存在論的位相を浮き彫りにしましょう。最後に、時計が計測するクロノス的時間と対比されるカイロス的時間について、大震災のような場面に現象する危機的時間の存在から考えたいと思います。

## 1　観念的存在としての時間──ライプニッツ＝クラーク往復書簡

万有引力の法則で知られるアイザック・ニュートン（一六四二―一七二七年）の『プリンキピア』（一六八七年）は、初期の科学革命の結実とも言える記念碑的作品ですが（コイレ 一九七四）、ライプニッツとニュートンを代弁した神学者であるクラークの往復書簡は様々な論争を反映しています。それは、時間、空間だけでなく、神の存在やその有り方、科学方法論をめぐる路線対立から生まれたものでしたが、両陣営の対立は自然の数学化をめぐる基本姿勢の違いも表しています。ニュートンが『光学』で絶対空間を神の「感覚器官（sensorium）」と呼んだことから論争は勃発しました。

対立を素描しておきましょう──神の世界への介入の有無。〈均質一様な絶対時間空間に位置する空虚と原子〉対〈充実原理と物体の無限分割〉。〈絶対運動と相対運動の区別に関わる絶対空間と絶対時間〉対〈モナドとその属性の個体性からの時間と空間の関係性・観念性〉。時間と空間は独立存在か、継起と共存の秩序か。実験帰納の方法論とモデル形成。遠隔作用を認める引力の力学と近接作用しか認めない機械論の物理学固有の対立です。

第五書簡に至る流れを辿っておきます。ニュートンは、天体の周期運動が減衰すると考え、神の世界への介入を語りました。神は完全に世界を超越しませんが、ライプニッツの世界は、神が創造後すべてを個体に委ねる自動機械です。クラークはそこに唯物論的決定論を見ましたが、ライプニッツは神の完全性を予定調和として説明します。修正が必要なら神は世界霊となるか奇蹟が必要となる、というのがその理由です。また、数学は哲学の原理ではなく、力学と形而上学の問題解決は充足根拠律にあるとライプニッツは考えましたが、クラークは、物体がどこにあるかの根拠は神の単なる意志でありうると主張します。この主張は神の自由と質的に無差別の絶対空間・絶対時間論と不可分ですが、ライプニッツは不可識別者同一の原理に訴えます。

第三往復書簡では空間が共存の秩序、時間が継起の秩序として定義されています。絶対空間・時間では時空の二状態は不可識別なので、それらの根拠も与えられないと書き送ったライプニッツに対して、クラークが持ち出す仮定が「現実より早い世界の創造や世界全体の空間内の移動」でした。反論はこれから見ますが、ライプニッツは、無差別の事物のあいだで選択が生じることはないとし、木の葉や水滴を例にして不可識別者同一の原理と充足根拠律から無差別を反駁しました。また人間精神は、神に与えられた外的なものの表現的原理の力によって事物を知るとライプニッツは指摘し、時間と空間の構成を位置づけます。クラークもバケツの実験で知られる絶対運動と相対運動の区別、宇宙の量的有限性、引力の位置づけ、原子の存在など、物理学の議論を展開します――以上が前哨戦です。

第五書簡第四七節を中心にして、絶対時間に反対する論拠を明らかにしていきましょう。往復書簡の時間論に関する研究には二つの流れがあります。一つはそれを、[1]物理学の哲学として読解し、そこにエルンスト・マッハやアルバート・アインシュタインの先駆形態を見出せるかというハンス・ライヘンバッハ以来の問いであり、他方は、[2]「観念的（ideal）」と呼ばれる時間の身分をモナドロジーにどう位置づけるか、というものです。

[1]に関してはライプニッツが『プリンキピア』の主張した絶対運動、加速する回転運動の絶対性を適切に評価しえなかった点についてほぼ見解の一致が見られ、その面のニュートン物理学の優位が承認されていますが、時間を独立存在と見なすことへの反対の評価には見解の相違があります。ライプニッツの絶対運動に関する物理学上の理解に難を認めても、絶対時間を否定する第五六節の論証から、その時間論に検討に値するものがあることを指摘しましょう。[2]に関しては物理学上の時間を観念的とする議論を取り上げます。ライプニッツの時間論を第四七節の空間構成――それは時間の構成にも妥当すると想定されます――から解釈し、不可識別者同一の原理が時間の個体性と多様性に関する存在論的洞察を示している点に注目します（松田 二〇〇五b）。

## 絶対運動――ニュートンとライプニッツ

[1]結論から言えば、ライプニッツに相対論の先駆を見ることは困難です。この点は彼に同情的な研究者（Arthur 1985; 1994; Breger 1987）もほぼ一致しています。ライプニッツの空間は場のような物理的存在ではないからです。これは時間と空間が心理的なものに還元されることは意味しませんが、運動の原因として力を問題にしたライプニッツも、時空の物理的構造に関する実体主義対関係主義の対立に該当する現代的問題まで意識していたとは思えません。ジョン・エアマンが彼を現実的物体による関係主義者として特徴づけている点（Earman 1989, p. 36）を、リチャード・アーサーは観念性の規

定に基づいて退けています（Arthur 1994, p. 221）。

ライプニッツの物理学を前相対論的と見なしたうえで、相対論以後も有効性が指摘されるニュートンの絶対運動論に対するライプニッツの限界を確認しておきましょう。それが問題となるのが、『プリンキピア』の定義八とその備考として「空間自体の実在性を証明するものはなにも見出せない」とする第五書簡第五三節です。ライプニッツも変化の直接的原因が物体のうちにあって当の物体が真に運動している物体の絶対運動と相対運動、つまり位置変化の区別を認めますが（Leibniz 1965, Bd. 7, S. 404）、バケツの実験が問題とする加速する回転運動に絶対の実在性を認めません。クラークは、これに対して絶対運動を認めるなら、絶対空間を容認しないのは不整合である、と反論します。確かに、回転運動以外に絶対運動を認め、かつ絶対空間も容認しないことがどのようにして可能なのか、説明する必要があります。ライプニッツは、この点をホイヘンスへの手紙で示唆しています。ライプニッツは運動の記述のために、力を語る必然性を承認する一方、運動記述の相対性に訴え、一定の物体群に一定の運動を帰属させる根拠は仮説の単純性以外にないとしています。最も単純な仮説を正しい仮説と見なし、ニュートンも直線運動の場合、運動記述の相対性を認めるのに、「回転運動については中心点ないし回転軸から遠ざかろうとする物体のコナトゥスが我々に絶対運動を認識させると信じています」（Leibniz 1971, Bd. 2, S. 184. 第四返書第一三節（Leibniz 1965, Bd. 7, S. 384））と言うので

ニュートン

す。

ライプニッツは、回転運動は直線運動の合成で考えればよいと考えました。『プリンキピア』出版後に書かれた『天体の運動の原因に関する試論』の調和回転仮説（Leibniz 1971, Bd. 6, S. 508. Cf. Vailati 1997, p. 127; 山本義隆 一九九七、七三頁）は、惑星の公転運動を微細粒子の渦動が引き起こす惑星への外向きの衝撃——軌道の接線方向への慣性力に対応——と軌道外からの太陽への内向きの衝撃——向心的な引力に対応——の解析的手法による合成で説明します。そこでは、微細粒子の渦動が水に、惑星が水に浮かぶ藁に喩えられ、藁より密な水は、藁よりも強く中心から外に押しやられる結果、藁を中心に向かって押すとされます。こうしてライプニッツは引力も機械論的に説明できると信じ、バケツの実験の含みを真剣には考慮しなかったと考えられます。

しかし、ニュートンは、実験の最後に水がバケツに対して相対的に静止し、ともに回転するとき、バケツの壁に上り、軸から遠ざかる水の運動、つまり水面の凹みに遠心力が現象していると考え、そこに絶対運動を帰属させせました。この現象を引き起こすコナトゥスは、水がまわりの物体に関して移動することに依存するものではなく、真の円運動はそのような移動によって規定はできず、「回転する任意の物体の真の円運動はただ一つしかなく、固有の持続される効果として唯一のコナトゥスに対応する」（ニュートン 一九七九、六九頁）としたのです。続けてニュートンが相対運動と絶対運動の区別の困難に触れ、その理由を物体運動が起こる不動の空間部分を感覚的に認知できないことに求める一方、中心から外に向かう絶対運動に対応する絶対空間・時間があるとする——それはニュートンにとって慣性法則を語るために譲れない論点でした——点にライプニッツは同意しませんでした。

もともとこの実験は、デカルトの『哲学の原理』第二部第二五項の運動の定義「一つの物質部分が、これに直接に隣接しており、かつ静止していると見なされる物体の傍らから、他の物体の傍らに移動すること」に向けられたものだったことが指摘されています。実験では、バケツと水のあいだに場所の移動はありませんが、加速された回転運動の力の効果の大小が、凹んだ形の大小に表れることで定義が反駁される点が重要です（Laymon 1978, p. 404）。しかし、同じく定義を連続律によって批判し（Leibniz 1965, Bd. 4, S. 375）、物体の本質を力に求めたライプニッツは、二種類の運動の区別の根拠として物体の位置変化を語るにとどまり、皮肉なことに、絶対運動を引き起こす力の効果の論点を見逃したように思われます。

## 時間の観念性

[2]に移るステップとして時間と空間の絶対性を否認する論証を検討しましょう。ライプニッツも運動記述の尺度として時空の或る独立性を認めますが、運動の客観的記述を保証するために、絶対空間・時間が必要とは考えませんでした。この問題には神の支配の絶対性、遠隔作用の原因、惑星体系の保存と不規則の修正的介入などが絡みますが、時間と空間に強い存在論的地位を与えなくても済むと見るのです。まず破壊的論証から確認しましょう。

ニュートンの時間・空間論の存在論的に注目すべき点は、絶対的な真の数学的時間と空間の一様性ないし同質性です。それらの特徴は感覚的量、つまり経験的対象と区別され、時間については自然の時間に対して一様で外部のなにものにも無関係にそれ自ら流れてゆくこと、空間については外部のなにに対しても無関係にいつも同一のまま静止していることです。その導入を動機づけるのは物体運動の一義的測定の保証でした。時間を精密に測定するための基準になるほど一様な運動は存在しないかもしれないし、どんな運動も加速か減速をしているかもしれないが、絶対時間の進行、持続だけはなんの変化も受けず、運動が速かろうが遅かろうが、あるいは有ろうが無かろうが、いつも同じと考えるのです。これは、感覚されるすべての可動的な相対空間と絶対空間の関係にも当てはまるとされます。しかし、このような時間と空間は認識不可能で存在しないとライプニッツは批判するのです。「空間は、時間と同様、実体的ではなく、なにか観念的なものであり、諸可能性、つまり可能的に共存するものの秩序のうちに存する」（Leibniz 1965, Bd. 2, S. 278）と述べ、時間と空間の類比を観念性に見いだし、両者を同時に論じることも正当化しています（Ebd., Bd. 7, S. 402）。両者の違いは次節で論じましょう。

ライプニッツの反駁の対象は絶対時間と絶対空間の存在主張です。これは十分に注意が必要です。ニュートンの原子論と運動する物体全体を感知する神の見方は、時間と空間を容器のような感覚器官として表象させるからです。そこから時間と空間の同質性と空虚が否定されます。逆に言えば、反駁の根底には、物体とその継起、属性なしには時間と空間は認識できないという認識論と原子論に対立する充実原理があり、それが不可識別者同一の原理と充足根拠律の適用を支えるのです。この前提のもとで後者、二つの原理が絶対時間・空間の関係的なものへの還元の道具として使用されます。

ところでクラークは、ライプニッツの時間と空間の定義には量の観点が欠けているため、神が物質世界全体をどんなに速く直線方向に移動させたとしても、物質世界はいぜんとしてつねに同じ場所にあり続け、また神が世界を実際より何百万年も前に創造したと仮定しても、それだけ早く創造したことにはならないという不合理が生じる（Ebd., S. 368）としました。しかし、ライプニッツは、時間の量的側面を認めても、特定の出来事と順序に言及できないと、何百万年前の創造を云々することは無意味だと主張します。現実の時間経過と仮想された何百万年前の創造を比較・識別できるものがないからです（Ebd., S. 404）。このように不可識別者同一の原理は絶対時間の認識論的批判のために否定的に使用されます（Arthur 1994, p. 235）。

ここで注意しなくてはならないのは、完全に同じ二つの水滴の存在を否定するとき、その想定は絶対に不可能なのではなく、神の知恵に反するものとして不可識別者同一の原理を事実真理に関する充足根拠律と関連づけていることです。「数ノ上デダケ異なっている事物がある」（Leibniz 1965, Bd. 7, S. 395）と主張する原子論者に欠けているのが、この上位の原理であり充足根拠律なのです。逆に、完全に不可識別の二つのものが現実存在するなら、それらは二つであることを認めなければならないでしょうが、この仮定は誤りであり、根拠律に反する以上、数ノ上デダケ異なる事物があるとすれば、それらは観念的だと考えるのです。不可識別者同一の原理を時間と空間に適用することで、互いに識別できない二つのものの観念性を帰結させます。この意味で絶対空間と場所の部分自体も観念的であることが示されます。しかし、「具体的な二つの一、あるいは実際の二つの時間、満たされた二つの空間、換言すれば真に現実的なものについては話が違う」（Ebd.）ことは次節で論じます。

不可識別者同一の原理にしばしば「自然のうちには」という限定がつくことを考えれば（Ebd., Bd. 2, S. 250）、自然には、真理値保存による置換則（松田 二〇〇五a）が表現するような完全な同値はなく、いつどこをとっても内的個別性があること、これを度外視した抽象の次元で初めて一定の観点の同値が成立すること、この二つをライプニッツが主張したことが分かります。これは第四七節で個体的属性としての関係についても主張されています。抽象的存在にも原理は適用され、幾何学がチョークと鉛筆で描かれた二つの絵を同一の三角形のタイプと見なすことが当然であるとしても、チョークと鉛筆というトークンの違いにこだわれば、図形も完全に等しくはありません（Leibniz 1966, p. 519）。同じことは数学的存在と見なされた時間と空間にも妥当します。

厳密な個体化の観点から無差別の時点と場所は現実の時間空間ではないことが主張されるのです。そして位置や関係の個体的差異の抽象は、可能的秩序としての場所と空間、つまり複数の位置の秩序の一致のモデル的構成である点で（Cassirer 1998, S. 233）、実在する複数のものの性質からの普遍者の抽出操作とは区別されます。しかし、クラークは、これを理解せず、時間に関してライプニッツの見解を誤ってアリストテレスの、現実の変化なしに時間なしという見方の延長上においたと考えられます（Arthur 1985, p. 288; Leibniz 1966, p. 480; 松田 二〇一二、三二七頁）。

識別可能性が観察可能性として捉えられることも指摘しておきましょう。それは時間論に対応する空間論と運動の扱いから読み取れます。ライプニッツは、論理的には可能な、物質世界全体の直線方向の移動の仮説を、その種の運動は観察可能などんな変化も産出せず、諸部分が相互に位置を変えない限り、当の宇宙が運動するというのは不合理であるとして退けています。クラークの運動の真理は観察から独立であるという主張——物質世界の喩えである船は、乗船者が意識しなくても進むことができる——も考慮して、観察可能な変化がない時には運動は無いという検証主義的基準さえ持ち出しています。絶対時間と空間も現実に観察可能でなくてはならないと主張するのです。このためライプニッツは、絶対時間と空間に対応するものを位置の秩序ないし関係の同値群として構成する道を選びました。絶対時間・空間の存在が、絶対運動の場合とは異なり、経験の裏づけをもたないことが、その企図を単なる歴史的な関心事に終わらせないと言ってよいでしょう。

## 時間の構成

[2]は観念的な時間と空間をどう位置づけるか、という問題です。その糸口が構成論にありますが、エッツィオ・ヴァイラティ（一八六三―一九〇九年）を手掛かりにします（Vailati 1997）。第四七節（Leibniz 1965, Bd. 7, S. 400）は運動の枠組みとしての抽象空間の構成、同値関係としての場所の同一性の分析、関係の観念性と個体的属性のテーゼによって特徴づけられますが、主に最初の二点を分析するヴァイラティの認識では、この節の主眼は、空間の対象とその距離関係の認識的・心理学的還元にあります。還元は現象主義による机や椅子の感覚与件への還元に準《なぞら》えられ、構成手続きは三段階に分けられます。

(1)複数の事物が存在していると考え、それらを共存の一定の秩序で観察する段階
(2)「同じ場所」の構成の段階
(3)「あらゆる場所すべてを考察する」空間の段階

段階(1)の位置ないし距離は、それ自身が空間概念を前提としているので、対象間の共存の秩序の観察で獲得されることにあまり意味はないと思われるかもしれませんが、この段階の共存の秩序はそのような秩序をもつ対象からまだ抽象されていない点で空間と同義ではありません。2＋2＝4の還元による証明（Leibniz 1926-, Reihe 6, Bd. 6, S. 413）にも同じ構造があり（松田 二〇〇五a）、この循環はライプニッツの構成論の特徴のひとつです。

(2)では反事実条件文によって事物の可能的位置関係の一致として同じ場所が構成されます。複数の

ものの相対運動を想定し、別のものが変化しなかったか、あるいは別様に変化したとしても、当のものが持つだろう位置関係、つまり当のものが別のものに対して持つだろう位置関係を決定できる、場所の同一性が導入されます。C、E、F、G等に変化の原因が無いと仮定した場合、BがC、E、F、G等と共に持つ共存関係が、Aがそれらと持つだろう共存関係と完全に一致するとき、AとBは同じ場所をもつとされます。AはBの場所にありうるのです。その結果、新しいものが最初のものがあった場所に来る変化が運動として記述されます。こうして仮に固定された諸物体に関して同じ位置関係を持つ諸物体が占めうる場所の同一性が位置関係の同値として定義されます（Vailati 1997, p. 114; Arthur 1985, p. 284; 1994, p. 237）。

(3)すべての場所を含む空間の考察で批判は頂点に達します。「場所という観念、したがって空間という観念を持つには、これらのものの関係とものの変化の規則を考察すれば十分であって、その位置が考察されている当のものどもの外に絶対的実在などというものを考え出す必要はない」（Leibniz 1965, Bd. 7, S. 400）と結論されています。この構成は《物体$X_1$……$X_n$がそれらの距離関係を維持し、他の二つの物体AとBが、時点$t_1$においてAが$X_1$……$X_n$と距離Sの関係をもつか、もつだろうとき、$t_2$にあるBがSと量的に同一のTの関係をもつか、もつだろう——そこでAがSを失う——とき、$t_2$にあるBが$t_1$にあるAと同じ場所Pを占める》と一般化されるでしょう。こうして可能的物体間の関係から場所が、場所から空間が構成されます。この固定された物体群と他の物体群のあいだの距離関係の同値集合として場所＝位置の集合を定義し、空間をその全体として導入するのです。したがって、この空間上の同一の点はものではなく、異なった瞬間の異なった存在者間の同一の共存関係の一致ないし重ね合わせの一項、一部分に過ぎません。

「場所の同一性」の構成（著者作成）

互いに不可識別である双子宇宙ＱとＲを考える。この場合、ＢとＡは同じ場所Ｐを占める。

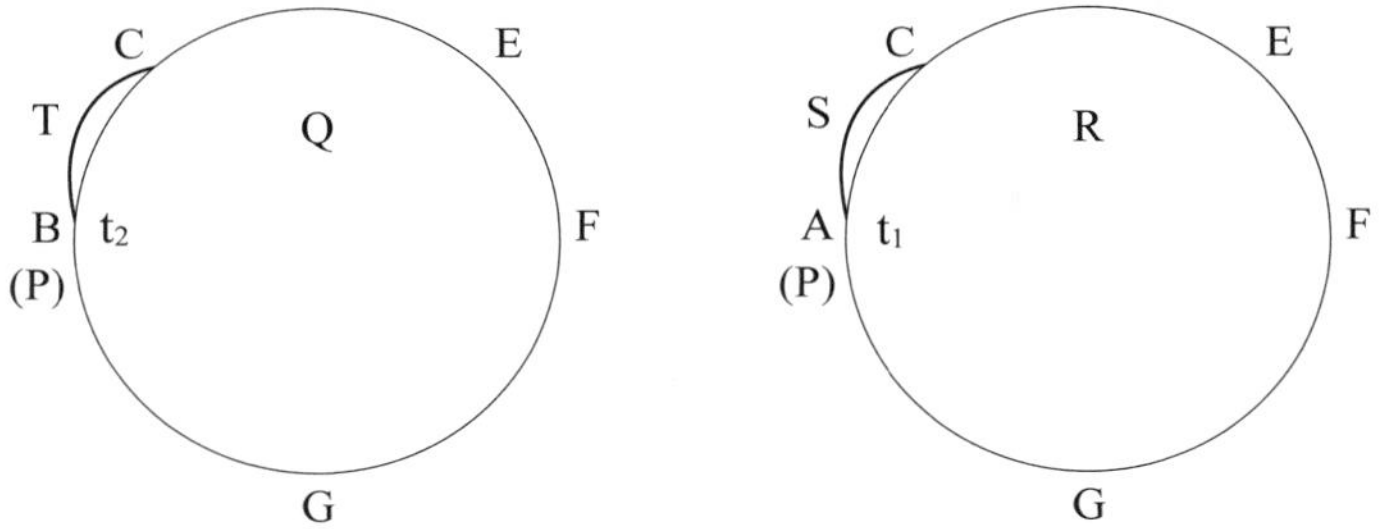


ＢからＣの等速運動ＴとＡからＣの等速運動Ｓも不可識別。

しかし、これだけでは絶対空間の数学的構成としては不十分です。(3)を補うものとして、ゼノンのパラドクス、つまり連続体合成の迷宮を念頭に、同属（homogonus）概念によって空間と時間の連続性が構成されています。同属は、瞬間と時間、点と空間を運動学的、つまり「連続的変化によって一方を他方に消失させること」（Leibniz 1971, Bd. 7, S. 20）で互いに同化可能と見なすことを許す広義の同質です。狭義の同質は同等と相似を条件に成立しますが、ライプニッツは、位置変化、運動体、軌跡、面、充満、そして絶対空間をすべて同属として構成します。境界づける終極の延長体を、大きさのない点でなく、大きさを持つ線とすることで迷宮を逃れようとするのです（Arthur 1994, p. 235）。こうして点の充満と位置の一意的規定をもつ、最も充満したあらゆる場所を含む絶対空間が導入されます。時間も全体と部分が相似で、かつ部分が全体に関係するように、或る時間が他の時間に関係し、より大きな時間に無限に連続され、分割可能と見なされます（Leibniz 1971, Bd. 7, S. 22）。こうして時間の観念性の主張も、分割不可能な実体、無限分割可能であり、部分が全体に先行する物体、これらと対照される、全体が部分に先行し、不定な仕方で無限分割可能な数学的存在、つまり観念的時間・空間の存在論の一部なのです。しかし、「観念的なものを実在的実体と混同して可能的なものどうしの秩序のうちに現実的部分を求め、〔また〕現実的なものから成る寄せ集めのうちに不定の部分を求め、連続体の迷宮や解き難い矛盾へと落ち込んで」(Leibniz 1965, Bd. 2, S. 282. 松田 二〇〇五c参照) しまうのです。

構成についてヴァイラティは二つの難点を挙げていますが、これを利用して個体的属性および認識論的観点からの考察が必要であることを示したいと思います。第一の難点は、空間を場所の集合とすると、煉瓦作りの家の集合も数の集合と同様に観念的である以上、メンバーの存在論的身分は問題にならないから場所は実在的でもよく、空間の観念性の証拠として場所の観念性に固執する理由が分からない、というものです。第二は、その解決策として、場所を寄せ集めとしての物体概念に似たものとして捉えようとすると、寄せ集めは部分が全体に先行する例であり、空間がその部分に先行することと両立しない困難に遭遇する、という点です。時間も空間と類比的に考えられる限り、同じ難点があるとされるでしょう。

第一については、同じ場所が、厳密な意味での同一と区別される同値であることに場所の観念性の明確な理由があり、同じ場所の定義が異なる時点における二つの場所の共存関係の一致であること、つまり同値であることを軽視するから困難が生じるのです。実際、同値の問題は、位置関係を、Aの場所とBの場所は同じでも、Aが固定した諸物体に対して立つ関係は(Aの場所を占めうる)Bが同じ固定した物体に対して立つ関係と正確に、また個体的には同じではないと主張する個体的属性として考えなければ、その意味が分かりません。同一の場所を観念的と規定するとき、場所を占める物体の位置関係の一致に関連して、個体的属性——異なる主語は完全に同じ諸属性を正確には持ちえず、属性が主語から主語に移行することもないと主張する説——を持ち出すなら、場所の同一性が同値にとどまることを理由にして、場所ないし位置の存在は観念的だと明言するべきだったと思われます。

個体的属性は、線分LとMの関係、つまり比が把握される例では、大きいLの小さいMに対する比、小さいMの大きいLに対する比に加えて、先後関係や主客を考えずに把握される比があり、この第三のものが、一方の足を一つの主語に、もう一方の足を別の主語に入れる点で、観念的なのです。構成された時間と空間を観念的と考える理由がここにあります。この場合、物体はより実在的ですが、それが占める位置は実在的ではなく、位置の同一性も空間も時点と時間も、それらが比の例のように、主客を考えることなく把握される位置関係の同値集合である限り、観念的です。これを同値と見なすことに満足できず、同一物と考えるとき誤謬が生じるという批判は、位置関係も個体の観点から把握し、現実の時間と空間を個体性と多様性から捉えるライプニッツの精神をよく表現しています。

観念性を貶《おとし》める意図はありません。場所、線、系列からなる家系樹は、そのツリーの場所を占める様々な人物とその個々の関係を親子や夫婦の観念として表現する十分豊かな関係をもっています。同様に、時間と空間を変数とする座標空間も、多様な運動の軌跡を写像し計算可能にします。ただ絶対時間と空間は、関係や量のように同値性の保存による置換則が成立する数学的存在ではありえても、個体ではありません。このように個体の次元を意識することで、ライプニッツは力学の基礎づけにさいしても、その背後にある現実の時間と空間の個体性と多様性を忘れないのです。「モナドが性質をもたないとすると、そもそも量に差異がないのだから、お互いに区別がつかなくなる。したがって、もし充実を仮定すると、運動においてはどの位置も、つねにいままでもっていたのと同値のものしか受けとらないことになるから、物の或る状態は他の状態から区別できなくなってしまう」と述べ、モナドにも質的個別性を要請するのです（Leibniz 1965, Bd. 6, S. 608）。

第二についても、ライプニッツが整数1から数列の全体を構成するように、場所から場所全体を構成することに問題はありません。同じことは瞬間から継起としての時間を構成する場合にも当てはまり、そこに構成の認識論的合理性が認められます。これはモデル概念によって説明されます。モデルは、可動的なものが不動なもののうちで運動し残していく軌跡が、人々の表象には絶対的には不動なものがなくても、なんらかの軌跡を残すかのように考えさせる機会を与え、なにか相対的に不動なものがあれば、そこに軌跡が示されうることを示すものです。それが場所、軌跡、空間が関係の真理に存し、絶対的実在ではないことを理解させます。モデルが必要な理由も、『人間知性新論』第二巻第一五章第一一節は、可能的存在と現実的存在双方に関わる時間と空間、両者の起源として神を措定するとき、人間精神が身体とつねに結合している点に触れて、人間には独自の身体と物体を通しての空間や時間へのアプローチが必要だと述べています（Leibniz 1926-, Reihe 6, Bd. 6, S. 155）。ここに構成の認識論上の意味があります。

現実的空間と数学的空間を区別するだけではニュートン物理学の優位が動くことはなく、時空の個体性に関する洞察が現代物理学でも意味をもちうるとしても、それを基盤にして十全な力学を構成することは容易ではないでしょう。しかし、観念性を鍵とする時間・空間論は、徹底したパースペクティヴィズムと自然の数学化に関する独自の視座を提示します。ここから個体を述語、記述の束を通して考え、抽象も個体が表現する無数の述語の関係性からの離脱と捉えるなら、モデル構成は、認識に関して権利と源泉の区別を認め、かつ源泉に関する問いも引き受けて、構成による正当化のかたちでそれを合理性の不可欠の契機として認めうる点も示しています。『人間知性新論』第二巻第一四章第二七節は、絶対の観念が、事物の本性上、つまり権利上は人間知性に接近可能な限界の概念に先立つとしても、この概念に人間知性が気づくのは容易ではなく、知性は感覚器官に衝撃を与えるものを出発点、源泉にすると述べています（Ebd., S. 154）。

次節で現実的時間の存在を考えますが、ライプニッツの時間論は、生物学や地質学、歴史も含め、時間の個体性と多様性を、視点に制約された個別性とそれを同値性によって互いに変換可能なものにする数学的時間の普遍性の対立として説明します。それは、私秘的なモナド内部の時間と公共的なモナド間の時間を対立させることや、モナドの唯名論的存在論と実体と属性の図式に従って属性間の階層性を強調し、物理学上の時間・空間を表層的なものとして位置づけて終わるよりも、豊かな解釈の可能性を秘めているのです。

## 2　現実的時間――「いつも同じところで間違うキタラー弾きは笑いものになるだろう」[1]

それでは現実的（effectif）時間に踏み込みましょう。手がかりは数学的時間との対比にあります。不可識別者同一の原理を用いて、互いに独立の瞬間が物体運動を記述する変数として無差別・均質の可逆的時間の置換可能な観念性をもつ点を特徴づけ、現実的時間の個体性が質的差異から浮き彫りにされる点を確認します。続いて、現実的時間に関してブルゲ宛書簡の瞬間と時制に関する考察

(Leibniz 1965, Bd. 3, S. 581) に注目します。ライプニッツは、モナドのあらゆる現在の状態は先行する状態の自然な帰結であり、現在は未来を孕むと述べますが、連続体合成の迷宮から逃れるため、幾何学的点と見なされる限りでの瞬間の観念的関係と、過去から未来へと質的に変化する現実的時間である限りでの瞬間の依存関係を存在論的に区別します。後者は、先行の瞬間が後続の瞬間に対して優位な非対称性をもちます。時間の矢の特徴です。以上から時制の存在論的位置づけを確認します。

最後に、現実的時間の関係と方向は前後関係としての継起の秩序と同一視できないことを『万物回帰（*Ἀποκατάστασις πάντων*）』（一七一五年）(Leibniz 1991) も含めて論じます。ライプニッツは、モナドの連続する変化と変化の方向が先行決定されていると考え、瞬間——幾何学的瞬間Gと区別して、実在的瞬間Rと呼びましょう——の系列をモナドの展開と見なしました。この過程は、人類史と生物史の紆余曲折も含みながら現実化するとされます。『弁神論』と『万物回帰』の「キタラー弾き」の隠喩の解釈も手がかりにしながら考えてみましょう。現実的時間としての瞬間Rにも不可識別者同一の原理を適用し、生物と宇宙の進化が時間的個体性を有しながら、より善なるものに導かれる、という主張に現実的時間の関係主義を見ます。

## 現実的時間の個体性と不可識別者同一の原理

時間と場所の部分は、観念的で抽象的な単位と同様、完全に同値だが、「具体的な二つの一、あるいは実際の二つの時間ないしは満たされた (remplis) 二つの空間、言い換えれば真に現実的なもの (actuels)」(Leibniz 1965, Bd. 7, S. 395. 強調は松田) はそうではない、という発言を思い出しましょう。瞬間に関しても「時間というものの、そして持続というもののうちで現実存在するものはすべて継起的であるから連続的に滅びている。だとすると厳密には現実存在しない事物が、どうして永遠に存在しうるだろうか。そのいかなる部分も現実存在していないような事物がどうして現実存在しうるだろうか。時間というもののうちで現実存在しているのは瞬間だけであり、瞬間は時間の部分でさえない。こうした観察を熟考してみる人なら誰でも、時間は観念的なものでしかありえないことがよくわかるだろう。そして時間と空間の類比でも両方とも等しく観念的であることが申し分なく判断できる」(Ebd., S. 402. 強調は原文)という文言があります。瞬間は、時間を構成するが、その部分でないものとして位置づけられているのです。

現実的時間と瞬間に関するこうした主張が時間の玄妙な存在に触れる点に注目し、現実的時間と瞬間、そして時制について考えてみましょう。時制は現実的時間や瞬間とは無関係に見えるかもしれませんが、モナドのあらゆる現在の状態は、それに先行する諸状態の自然な帰結であり、それはその現在が未来を孕み(Ebd., Bd. 6, S. 610)、過去、現在、未来は連続するものとして位置づけられています。事実、モナドの内的原理から時制の存在論を考える研究者がいます。一般に過去、現在、未来のような時制は、人間的時間――マクタガートの言うA系列の時間――として、数的に計測され、時点として記録できる事象の前後関係や継起――B系列の時間――より近しく感じられるでしょう。しかし、現実的時間は時制を表す文の真理の問題や内的時間意識と現存在の時間性に帰着させることはできません。それが不可識別者同一の原理の時間への適用であることの確認から始めましょう。

不可識別者同一の原理は時間に二通りの仕方で使用されます。文字どおりに理解すれば、それは、[1]互いに識別できない二つのものは同一であると読めますが、同一性は、紛糾と論争を避け、同値や類似として扱うのが無難です(Fichant 1998, p. 291; 松田 二〇〇五a)。ライプニッツは、記号や文の置換可能性が問題となる論理演算の場面を除けば、それを[1]ではなく、[2]「自然のうちにはただ数的にのみ異なる二つの個体的なものは存在しえない」(Leibniz 1966, p. 518) で表現します。この点に注目しなくてはなりません。[2]は[1]の対偶と見なせますが、実は、[2]が指示するものの範囲は自然内部の個体群です。肯定的に表現すれば、自然のうちにあるものはすべて、数的属性以外でも、互いに識別できる、となります。真意は、識別可能性を人間の有限な認識能力ではなく神の知性に求める限り、認識的でも論理的でもなく、存在論的で自然神学的な含意にあります。それは原理が充足根拠律から導出されることにも示されているとおりです。数的な同一と差異のモデルは或る種の例の数です。或る庭園での一つとして同じもののない葉っぱ探しの逸話のように、同種の個体もいつどこに有るか以外に、必ず質的差異を有すると言うのです。

前節で見たように論争の要所で原理は使い分けられています。[1]は絶対時間が宇宙の出来事や物体運動から独立の実在性を有する点を反駁するために使用されました (Leibniz 1965, Bd. 7, S. 404)。世界の創造が実際より数百万年早く起こっていたらという思考実験に対して、出来事間の確定した順序に言及できないなら仮定は無意味だと断じたのでした。現実の宇宙の出来事の系列と想定された宇宙の出来事の系列が区別できないなら、二つの宇宙は同じだというのです。絶対時間内部の異なる時点に有る二つの宇宙は識別可能ですが、絶対時間を認めなければ、それは不可能です。

他方、原理の肯定的使用は現実的時間の個体性を正当化します。構成された空間は、あらゆる幾何学的図形の不変項的変形を通して得られる点ないし場所の無限集合として、あらゆる具体的空間と置換可能なので、絶対空間の代替者と見なされますが (Ebd., S. 400; Vailati 1997, p. 114; 松田 二〇〇五b、六八頁)、現実的時間の存在論的個別性は示唆されただけで論拠は示されていませんでした。とはいえ、時間にも個体化の原理を適用することから絶対時間の置換可能性と対照的な現実的時間としての瞬間の個体性が際立たせられています。絶対時間は、物質とも出来事とも独立に、無差別かつ一様に流れるとされますが、この数学的時間に対して現実的時間の個体性が強調されます。私たちが二つの瞬間を識別できないことを理由にして、それらを同じものと見なすのは存在論的誤謬であり、瞬間は質的で置換不可能な個体性をもつと考えられるのです。

## モナド内部の現実的時間――関係性と不可逆性

クラーク宛の第五書簡第四九節は、瞬間が時間の「部分ではないが、基礎」であるとしています。この主張は、総和から部分と全体を考える立場にとっては逆説的なものです。物質的原子が物体を合成するのと同じように、瞬間を表示する幾何学の点も或る直線全体の部分だと考えられるからです。しかし、ライプニッツは、連続体合成の迷宮から逃れるために、物質の部分と全体と幾何学の部分と全体、両者と異なるタイプの関係を瞬間と時間に見ました。それが基礎としての瞬間です。これは瞬間Rでしかありえません。瞬間は、原子ではなく、時間の構成と世界内の出来事の継起に対してモナド的だと考えなくてはならないのです。互いに独立の無数の幾何学的「時間点」から合成される宇宙の通時的連続の理論上の困難に直面して、幾何学的点からの時間直線全体の合成が孕む難点を回避可能なメレオロジーを構想するのです。しかし、瞬間が時間の部分であることを否定する一方、瞬間がなければ時間も存在しない以上、瞬間が時間の基礎であると主張するだけでもまだ不十分です。

ここで重要なのは、現実的時間を物理学的時間論から切り離すことです。絶対時間は、内部になにもなくても有り続けるでしょうが、ライプニッツはそこに絶対時間の観念性を見て、その代替者を空間と時間の類比で構成できると想定します。とはいえ、瞬間を個体的な現実的時間として捉えるだけで、類比が保証されるわけではありません。現実的時間の連続性は絶対時間の連続性とはまったく異なるからです。瞬間Rは物体にとっての原子、線分にとっての点と類比的に表象することも概念把握することもできないからです。そこには不可識別者同一の原理に従う現実的時間の個体性ないし質的差異があるはずです。ニュートン力学の場合、速度や加速度のような運動の諸量を精確に測定するために、時間はデカルト座標の各点tのような均質性を持たなくてはなりませんが、各瞬間の現実的時間系列に対する関係は、幾何学の点と線分——単位と全体——の関係と類比的ではありません。後者の部分全体関係は同質的ないし同属的ですが、前者は違います。「瞬間と単位の比較に関して言えば、単位は単位より大きな数の一部分である〔…〕が、瞬間は本来の意味では時間の一部分ではない」(Leibniz 1965, Bd. 3, S. 591. 強調は原文)からです。

主張はライプニッツの存在論の用語で言い換えることができます。瞬間Rは独特な連続体としての現実的時間の要件です。「要件」は、存在者の依存ないし非依存の動的位相を表現する術語の一つです。それは「本性的に先行する仕方(natura prius)でなにかを依存させるもの」(Leibniz 1966, p. 471)ですが、構成するものを、点の線分に対する関係をモデルに、直接的要件として説明します。いまは、点は構成するものなので、錯綜の恐れもありますが、線分が点なしには存在しえないことが確認できます。ライプニッツはモナドを幾何学的点や物理的点と対比し、「形而上学的点」と呼ぶ(Leibniz 1965, Bd. 4, S. 483)ので、部分全体関係からの点の定義は現実的時間としての瞬間を理解する助けになりますが、幾何学の線分では全体が観念的に部分としての諸点に先行するとされたことも明らかです。これはゼノンの逆説を念頭に、線分の無限分割と点からの線分合成が抱える難点を避けるためでしたが、線の書かれたトークンをものとして見れば、作図のさい点が線に先立つことは否定できません。幾何学上の点は存在と原因の二重の観点から限定されるのです。

　厳密な意味で観念的で拡がりのない点と比較すれば、瞬間は観念的ではなく、現実的時間に対する要件です。この違いをより明確にするために、二つの存在論的概念が用いられます。一つは、それを措定しないと他のものが措定できないという仕方で「依存させるもの（suspendens）」であり、もう一つは、それが存在するためになにも必要としない「独立しているもの（independens）」です。二つの概念が、モナドが物体を自らに依存させる仕方を具体的に語るのが困難だとしても、モナドの存在を特徴づけることに間違いはありません。形而上学的点としてのモナドが、独立存在であり、かつ依存させるものであるのに対して、幾何学上の点は、トークンとして見れば部分であり、点がなければ線がないとしても、観念的である限り独立存在しません。それは観念的存在としての線分の要件にとどまります。したがって、次に問題になるのは、モナドのこの二規定を踏まえて、瞬間Rを存在論的にどう規定するかです。現時点でも明確なのは、瞬間が構成的意味で現実的時間の要件だということでしょう。

　モナドと瞬間には存在論とメレオロジー両面の類似があります。したがってモナドを、その「傑出した（eminent）有り方」（Ebd., Bd. 2, S. 263）に即して、一見矛盾した表現になりますが、あえて「現実的かつ観念的」なものとして特徴づけることもできます。要件としてのモナドの現実性は活動から理解され、これから見るように、その活動は単なる論理的可能性や潜在性と区別されるでしょう。他方、モナドの観念性は、誤解を恐れずに表現すれば、定義上、部分を持たないモナドが、その部分に先行する全体として固有の連続性を有することを意味します。もっと説明が必要ですが、重要なのは、モナドの活動性と観念的連続の部分に対する先行性です。瞬間Rも同じ特徴をもつと予想されますが、瞬間が全体として先行性を有すると述べれば、それが現実的時間に対してもつ関係がどのようなものかはまだよく分かりません。

瞬間のこの複雑性を解きほぐすために、現実的時間の連続を瞬間相互の内的結合として理解し、それを幾何学の観念的連続体と区別しましょう。ライプニッツは、前者の連続性を特徴づけるために「共同要件」(Leibniz 1926-, Reihe 6, Bd. 4, S. 1800)の概念を導入し、それを「表象活動の連鎖(nexus)」(Leibniz 1965, Bd. 2, S. 370)などと言い換えています。「襞」(Ebd., Bd. 4, S. 475)や「事物の系列(series rerum)」(Ebd., Bd. 7, S. 303; Bd. 6, S. 445)も同系統の表現です。モナドロジーの枠組みでは、瞬間のこの連続はモナド内部の関係として規定されるでしょう。モナドは、互いに因果的・存在論的に独立でも、互いに観念的に表現し合う関係を有する以上、相互の共同要件なのです(Ebd., S. 616)。このメレオロジカルな規定は、現実的時間としての瞬間相互にも妥当します。それは、瞬間の連鎖としての現実的時間には空虚が無いことを意味します。そのことをライプニッツは、時間と空間の違いを述べるときに述べていました。「時間と線分のあいだには大きな違いがある。二つの瞬間的状態のあいだにはなにも挿入されないが、〔…〕空間は、たとえば地球が内部は空虚だとすれば、そうではない。時間のなかにあるものは、そこになにも挿入されないが、接触している」(Leibniz 1926-, Reihe 6, Bd. 3, S. 584)と言うように、二つの瞬間のあいだにはなにもない、言い換えれば、どの二つの瞬間も互いに接触している、としていたのです。

ではモナド内部の関係は表象活動の連鎖で尽くされるでしょうか。相互の共同要件の規定は瞬間の連続を説明しますが、それで十分でしょうか。手がかりは、瞬間が後続する諸瞬間に対して本性上先行することが、瞬間を点から区別することにあります。ライプニッツは、宇宙の最初の瞬間を議論するさい、空間としての宇宙の諸点にはそのような関係がないと述べ、瞬間と点の違いを認めています。「宇宙の或る点は、他の点に対して本性上、優位にあることはけっしてないが、瞬間は時間に関してだけでなく、後続する瞬間の本性に関してもつねに優位にある」（Leibniz 1965, Bd. 3, S. 581）と述べています。そこでは神の世界創造について、本性上の先後関係としてのモナド内部的関係が、連鎖する限定と被限定の関係をもつことが指摘されます。どの瞬間もそれに先行する諸瞬間に限定され、後続の瞬間を限定するのです。瞬間もしくは宇宙全体の出来事の限定関係は、ニュートン物理学の時間点の可逆的順序とは対照的に不可逆なのです。

この連鎖にモナド内部の歴史を見ることは、アレクサンダー大王のような人物のこの世界での「すべての軌跡を限定する個体概念」（Ebd., Bd. 4, S. 433）の構想からすれば、違和感はないでしょう。それを「モナド内的因果性」と表現することが許されるなら、それは私たちの身体にも或る種の自己同一性を与えると考えられます。この因果性は「テセウスの船」のモデルで表現される状況、つまり身体が不断に変化流動するなかでも、その活動の連鎖によって身体に「形相」を与えるものとされるでしょう（Leibniz 1926-, Reihe 6, Bd. 4, S. 994; Bd. 6, S. 231）。この過程は、個体の観点では現象的な後退と前進があっても、不可逆です。第III章で見た完全原因の概念が或る人物の複数の傾向性の葛藤や競合状況として曲折を含む、モナド内の因果性にも妥当するでしょう。

したがって、現実的時間の存在論は、モナド内部の瞬間と連鎖の不可逆性を強調する限り、時制の実在性を主張するA理論、時制よりも前後関係の順序の優位を主張するB理論、その双方と、両理論が相容れないとしても、一定程度、両立可能だと考えられます。瞬間とその連鎖、連鎖の方向と不可逆性を、他の二つの時間の位相に存在論上先行する次元として位置づけるのです。そう理解できれば、第五書簡第四九節の「現在主義」風の見解を表層的なものと見なし、モナドロジーの時制の実在論的見解とも折り合いをつけることができます。日常生活の時制付きの文について、それが矛盾を含む点を指摘し、時制を含まない記述に書き換えられるなら、時制付きの文は約束事に過ぎず、時間は存在しないと主張する哲学者が確かにいるとしても、時制には基礎があると主張できるのです。

ライプニッツの場合、瞬間の活動性と同時にモナドの過去、現在、未来にわたる時制的な潜在性の位相が共在します。その意味で、時制の二次的実在性は、モナド内の不可逆の関係に基礎を有するとし、心理的なものでないと言うことができます。この限りでは現在主義のように、過去や未来の実在は疑われていません。過去や未来も、幻想ではなく、現象として、視点に条件づけられはするが、モナドの連続性によく基礎づけられた現象なのです。これは、人間の場合、神のように宇宙に時間的にも遍在し、時制を有さない有り方とは異なり、記憶、期待、そして微小表象のような多様なタイプの表象によって表現されます。時間の関係主義は絶対時間の数学的代替者の構成には尽きず、その存在論は、モナドを基礎とする現実的時間の「モナド内的関係主義」と呼べるものなのです。瞬間Rもそれが実現すべきものに向かう優位な傾向性によって生成し、その内実は或る瞬間の或る特定の視点から記述されるのです。

## 弁神論時間──神は「下手なキタラー弾き」ではない

現実的時間をモナド内の関係として具体化し、歴史と宇宙の「進化」を語る局面から時間の関係主義の実相に迫ることで、時間的弁神論の歴史哲学と発展的進化の生物哲学に触れたいと思います。ホラーティウスの「キタラー弾き」の隠喩的使用も手がかりにしましょう。

ブルゲ宛書簡では宇宙発展の三つの幾何学的モデルが取り上げられています。論証の目標は、世界が存在する充足根拠を示すことですが、それは事実から分析を通して与えることができると考えられています。その根拠は、世界に最初の瞬間がないとしても必ずしも矛盾はないことから、論理的には偶然的です。現実的時間の関係主義を理解するうえで重要なのは、道徳的意味でも世界の完全性が増加する発展可能性が探索されることです。まず、二つの仮説が提示されます。自然は「つねに等しく完全である」と「つねに完全性を増大させている」です。後者は「双曲線Bの縦座標」モデルと「三角形Cの縦座標」モデルに分かれます。「双曲線の仮説に従えば、始まりは存在しないし、世界の諸瞬間ないしは諸状態は、永遠につねにその完全性に関して増加する」(Leibniz 1965, Bd. 3, S. 582. 強調は原文) が、三角形の仮説では始まりが存在し、等しい完全性の仮説には長方形Aのモデルが与えられます。

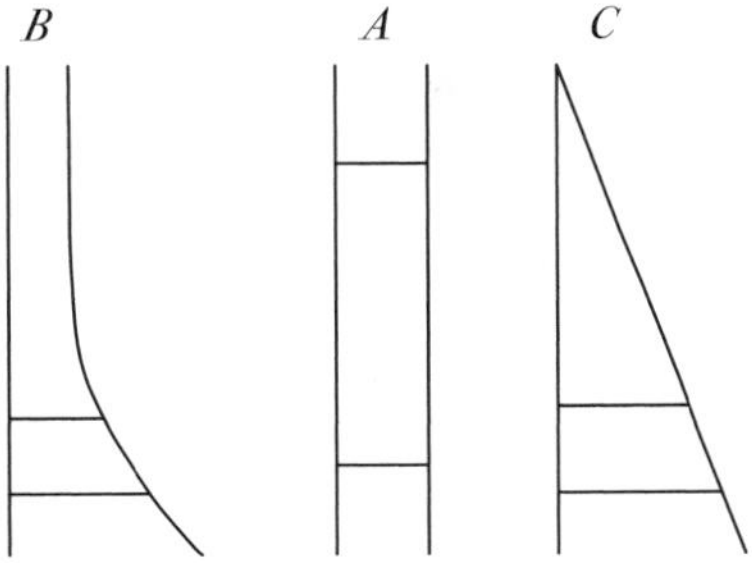

Leibniz 1965, Bd. 3, S. 582 より

無限小を含むモデルは世界が漸進的かつ無限に完全性を増加させる点を認識させやすいので、ライプニッツは曲線が漸近線に無限に近づくBを選ぶと推測するのが自然でしょう。現実的時間の軌跡をBで表して、曲線の表面が均質でないとする場合があり (Leibniz 1926-, Reihe 6, Bd. 4, S. 1642)、無限小、屈曲、飛躍は弁神論に適合的です。軌跡をサイクロイドとして捉えて、中心の大円の周囲の軌道を周転円が回るとき、二円の交点が描く軌跡が前

進後退を繰り返し、円の自発的回転と現象する点の運動の軌跡でモナドの動性を特徴づけることもできます（Leibniz 1991, p. 109）——生物を「水力・空気・火力の機械」とする渦動的生成モデルもこれに符合するでしょう（松田 二〇一八a）。自然史の途方もなく長い時間から判断すると、この過程は発展的進化の過程として先行決定されていることにもなります。実際、書簡の話題の中心の一つは、「理性的動物」の発生でした。ライプニッツは卵と精子の発生上の役割をめぐる論争の批評もして、生命の変形過程の古生物学に触れています（Leibniz 1965, Bd. 3, S. 564, 578. Cf. Matsuda 2016）。

ここで再び、生物学的個体と世界の現実的時間に不可識別者同一の原理が適用されます。それは、現実的時間の方向と事象の前後関係としての継起の順序が同一視できない以上、現実的時間である限りでの瞬間と時制は、モナドロジーと弁神論から解釈されなくてはならないことを意味しています。厳密な意味で一つ一つの瞬間は互いに類似しておらず、その唯一性ゆえに、けっして同じ内容が繰り返されることはありません。しかも、このことは価値的にもそうなのです。それが歴史の問題として論証されるのが『万物回帰』であり、自然史としても示されているのが『弁神論』です。前者の文脈は、周期的に回帰するプラトン年を認めるストア派や異端視されたオリゲネスの永遠回帰思想に対する、結合法思想による検討とその否定です。後者は、発生の不正則事例の位置づけに関わりますが、両者でキタラーの句が援用され、不可識別者同一の原理が働きます。前者の論証の前提は、結合法の着想と歴史の記述であり、人類の存続の有限性でした。

この前提のもとで、ライプニッツは国家史も個人史もいつか回帰する——「すでに語られなかったことはなにもない」——ことを論証していますが[2]、その後、議論を反転させ、結合法的計算だけでは、或る個人の歴史が正確に反復されるとは言えないとします。その理由は「他の多くが繰り返されても、必ずしもすべてが繰り返されるのではない」(Leibniz 1991, p. 72) というものです。現在が未来を孕むことは確かなので、多くの世紀が繰り返されると判断できるが、それはすべての点で完全に同じことの繰り返しではない。歴史には「たとえ感知できないとしても、どんな本も十分には記すことができない区別がつねにある」(ibid.) として、永遠回帰説を否定しています。

ライプニッツが依拠するのが「連続するものが部分に現実に無限分割されていること」(ibid. 強調は松田) です。それが、世界の物質のどの部分にも無数の被造物があり、本をどんなに長くしても、それを記述し尽くせないという主張を支えています。原子論も批判して、もし物体が原子の集まりなら、新しい原子が他の原子と混合しない限り、すべては原子の同じ集まりによって反復されるだろうが、原子論の描く世界は完全に認識可能な程度の有限な完全性しかない「機械」にとどまる以上、真の世界ではありえない、と言うのです。或る手紙で万物共感説に触れ、人間には感知できない運動が存在すること、個々の結果には無数の原因が介在していることを指摘し、連続するものの現実の無限分割をその理由に挙げます。そしてエピクロスの主張のように、世界が原子から成るとすれば、被造物も宇宙の完全な認識に到ると推論できるが、前件を受け入れられないので、結論も帰結しないと述べています (ibid., p. 114. Cf. Leibniz 1926-, Reihe 1, Bd. 9, S. 228)。回帰を繰り返しながら、たとえ私たちは感知できなくても、世界は順に少しずつより善いほうに向かうと結論します。永遠回帰の仮定のもとでは歴史や魂は「非常に似ているが、本当は異なるのかどうか」(Leibniz 1991, p. 72, note 115) という課題も、計算では決定できず、事物の調和、神の智恵に最も適うものの理論に訴えなくてはならないというのです。

この理路の末に、人類がつねに同じ状態にはとどまらない理由をホラーティウスの詩句の「いつも同じ弦を弾く〔誤る（oberro）〕ことは、神的調和に一致しないからである」を参照させ、「むしろこの調和の自然的な根拠に従えば、信じなくてはならないのは、事物は少しずつでしかなく、時には飛躍もあるとしても、より善なるものに向かわなくてはならないということである。なぜなら、物事は時にはより悪いほうに向かっているように見えるが、それが生じるのは、より善いものに向かって飛ぶために後ずさりするような仕方だからである」（ibid., p. 74）と述べています。後半には歴史の弁神論が明瞭に見られますが、ホラーティウスの詩句に寄せて不可識別者同一の原理を使用したのです。これがキタラー弾きの隠喩のライプニッツ的解釈です。

生物学的相では発生学の予先形成説が問題となりますが、それは発展的進化説として解釈されます。これに関連するライプニッツの思想は、部分的には動植物の変異に関する観察に基づくだけでなく、完全性を増加させるモデルBのように、形而上学的にも論証されます。多様な種類の動植物に関する発生の事実について、育種の経験をもとに生物学的に推論するだけでなく、『人間知性新論』ではネコ属の先行する共通種に自然的に生じた多様な種への分岐さえ論じられます（Leibniz 1926-, Reihe 6, Bd. 6, S. 317）が、推論は、理性的動物としての人間を含む、生物種の固定性に対する問題を形而上学の次元で提起します。それが存在の連鎖ないし種や個体の「時間化」（Lovejoy 1936, p. 259）です。同一の個体が種的にたえず変化している[3]（Leibniz 1926-, Reihe 6, Bd. 6, S. 308）と言うほど、この時間化は徹底的なものです。そして動植物の自然史（誌）において、いわゆる「怪物（畸形）」に出くわすことがあるとしても、一定の規則性の範囲内で、それを不正則なものとして原理的には説明する機械論的な諸根拠を持つことができ、自然法則の一般的な枠組みから逸脱することはない。つまり、そのような出来事も全体としては生物進化の長い過程の一契機として位置づけられると言います（これは後世で正確に認識されることになります。非ダーウィン主義も含む進化論の歴史はボウラー 一九八七を、ライプニッツの進化概念は松田 二〇一七を参照してください）。

こうして『弁神論』でのホラーティウスの引用の意味も読み取れるでしょう。それは、不正則なものも含めて、自然史を含む神の創造としての歴史の現実的時間の存在様態を理解させるものなのです。『弁神論』第二一一節は不正則を無意味な悪とする立場を退けています。不規則性のない神の創造における自然法則の体系統一を要求するマルブランシュに対抗して、この世界と現実的時間の建築術ないし「経済（oeconomia）」（摂理）に関するその見方の利点を述べ、「いつも同じところで間違うキタラー弾きは笑いものになるだろう」を引用します。その解釈は、一つとして同じ間違いはないこと、つまり、不正則のような変異も個体的であり、かつより善いものがそれに続く要件になるということなのです。

キタラー（イラスト：じぇふ）

隠喩を重ねれば、歴史の楽曲を作り奏でる神はそんなキタラー弾きではなく、人の眼や耳には間違いや不正則が同じだと感じられたとしても、歴史のなかでそれらはいつもどこかが異なる（はずな）のです。それは後続するより善い帰結のための「必要悪」なのです。この点でも弁神論は時間的です（Elster 1975, p. 207; 松田 二〇一八b）。連鎖する現実的時間として瞬間は繰り返されず、私たちがその真理を判明には識別できない場合も、瞬間は唯一的であると同時に、他のあらゆる瞬間と「調和的」である――これが「現実的時間の関係主義」です。

キタラーの弦の音の隠喩が世界の存在に関する本と結合法のモデルの限界を問題提起していることにも触れておきましょう。音符で書かれた楽譜とキタラーの一回ごとの演奏を対比すれば、或る瞬間の演奏――演奏者の解釈と身体的行為――は記号のタイプ的同一性には尽きないことが見えてきます。それは、弦を指で弾き、耳がその振動を聞く旋律、和声、律動の（楽器や気温などの条件が異なれば、音色も異なる）トークンの唯一個体性を示唆すると解釈できるでしょう。それもより善いもの（より美しい曲の創作や演奏）に向かうと考えられます。このことは、生物の発展的進化に向かう自然的現在としての瞬間にも妥当するでしょう。強調すべきなのは、瞬間としての現実的時間が傾向性を現実化する出来事である一方、それは或る楽曲の実現以上のものだと考えられることです。これが本の隠喩に尽きない個体と世界の時間的な有り方を示唆します。個体のこの有り様からは、主語としての個体が「無限の述語を含む」という言い方で済ませられないものを内包すると言わざるをえません。

個体のこの時間性は、キタラー弾きの演奏でも、泉のように湧き出る現実性ないし活動性として「エンテレケイア」と関係づけられます――活動は純粋に心的ではなく、水力・空気・火力によるものです。『モナドロジー』第一八節はモナドをそう呼びますが、それはモナドが自分のうちに或る種の完全性をもち、その自足性によって自らの作用の源泉となる非物体的自動機械だからです。その存在契機が瞬間なのです。この瞬間Rは他者を表現しており、デカルトやニュートンの瞬間Gとは異なるものです。

『モナドロジー』第一四節は、エンテレケイアを、形相や魂の類義語として他を表象する動物の魂の推移状態としても位置づけていますが、ライプニッツは、それをプラトン『パイドロス』の「自分で自分を動かすもの」（二四五C）や、手を離せば矢が飛ぶ弓の隠喩で、妨げられなければ発揮される自然としての力（アリストテレス『魂について』四一二a、『形而上学』一〇五〇a二二、一〇四四）と関係づけています。テロスを実現する力です。瞬間としての現実的時間をそう捉えるなら、それをπεριχώρησιςのように、同時に一切が一切に関わるものとして把握することもできるでしょう。この関係が瞬間を孤立させないのであり、モナドとその現在の先行決定、言い換えれば「完了性」——次章でこれをエネルゲイアの重要な特徴として深掘りします——は、その推移と連続の時制的位相に関して経験にも訴える説得力をもち、現在主義や時間の構成論とライプニッツの時間論を区別するのです。

## 3　カイロス的時間——大災害の時間を生きる

### 復興以前と以後——光と陰

ここでは時間の応用哲学の試みとしてカイロス的時間を論じます。現実の存在論を準備し、いまここに有ることの深部を提示するためです。端緒は、阪神・淡路大震災から二〇年後、被災と復興の現状と問題を二〇一一年に起こった東日本大震災と連関させる機会を与えられたことでした（松田 二〇一六）。二つの大震災に関連するアクション・リサーチを下敷きにして、被災が突きつける問題を時間論の観点から考察することが課題です。筆者は、二〇〇五年に尼崎市の市民のカミングアウトを契機にして認知されたアスベストによる深刻な健康被害と震災復興の問題との関連を時間の観点から論じました。

最初に、二つの被災と復興を考えるうえで手がかりとなる視点を導入します。住宅政策や都市計画が専門の塩崎賢明が「災害で運良く命を取り留めた人たちには、家を再建し生活を取り戻す「復興」という長い時間が待ち構えている。災害の発生や緊急対応は数時間から数日の勝負であるが、復興は数年から一〇年以上の長い過程である。その間に、力尽きて命を落としたり、家庭が崩壊したり、町や村が衰退したりすることがある。こうした災害後の被害を「復興災害」と呼ぶ。〔…〕減災のためには〔…〕復興災害を防ぐための取り組みが欠かせない」（塩崎 二〇一四、i頁）と述べたことから始めます。「創造的復興」の失敗に対する批判に関わるものです。

塩崎が言う「創造的復興」は、阪神・淡路大震災の復興のメインスローガンだっただけでなく、東日本大震災の復興構想会議の基本方針でもありました。一九九五年当時の兵庫県知事は、これを「単に震災前の状態に戻すのではなく、二一世紀の成熟社会にふさわしい復興を成し遂げる」という意味で用いましたが、塩崎は、実態は「開発的復興」だったとして問題点を指摘しています（同書、四頁）。具体的には空港建設、二つの副都心の再開発などに多額の予算がつぎ込まれたものの採算が取れていない状況を意味します。このインフラ整備は「結局は赤字で、当事者を苦しめる構図になっている」（同書、八頁）と言うのです。「創造的復興」には「原形復旧主義」と差異化し、新材料や新技術を用いるための国庫補助を引き出すという意味合いがありましたが、そこには復興災害が内包する「置き換え」の時間論的問題が現れています。置き換えの問題は政治経済の問題であると同時に被災者の心と時間の深層に触れることをここで論じます。

その問題に進む前に、復興の以前以後の状況を浮き彫りにするため、塩崎の著書から神戸の光と陰に関連する三つの問題を点描します。いずれも復興の陰に隠れがちで報道も限られ、社会的には見えにくい問題です。まず復興公営住宅返還問題は、被災者が一時的な仮設住宅を出て、行政が借り上げた市営住宅などに移り住んだことで生じました。旧居住地での自宅再建が困難あるいはもともと借家だったといった事情で、復興公営住宅に住む被災者が震災から二〇年たって、行政から退去を求められました。被災者が高齢化して、この間に培《つちか》われた地域や近隣の人々との繋がりを失い、行き場を無くす可能性がある一方、行政は「税の支出の公平性」を納税者から求められていました。高齢化も震災復興と時間の意味を考えるうえでは無視できない要素であることが確認できます。

「震災障がい者」の問題は社会学者の岩崎信彦が指摘し調査しました。阪神・淡路大震災では一万六八三人の重傷者があったとされていますが、そのうち障がい者としての認定を受けているものは、(報告時点で）三二八人にとどまっています。後述のように、震災被害は体にも心にも及びますが、震災後長くケアや支援が必要なことは言うまでもありません。しかし、その被害の実態も十分には把握されていない状況なのです。最後に「孤独死」の問題です。被災者医療に専心し、『孤独死』を執筆した神戸みどり病院院長を務めた医師の故・額田勲は、この問題についておおむね次のように述べています。

「孤独死」とは単なる「独居死」ではない。貧困の極みにある一人暮らしの慢性疾患罹病者（アルコール依存症も含めて）が、病苦によって就業不能に追いやられ、次いで失職によって生活崩壊という悪性の生活サイクルに陥り、最終的に持病の悪化、もしくは新たな疾病の合併が引き金となって、死に追いやられるケースがあまりにも多い。その証拠に、ほとんどの孤独死が異常死体（変死）として、死後、監察医の検視の対象となっており、そのことは死に至るほど重症の患者が医療機関の系統的な日常管理から離脱していることを意味している。このように医療も含め周囲から疎外されて死に至るという事実こそ、大災害の被災地の医療を考えるうえで看過しえない問題だと思われる（額田二〇一三、六頁から要約）。

額田は、低所得、慢性疾患、社会的孤立、劣悪住環境の四条件で病死・自死に至るケースが「孤独死」だとしています。孤独死は、震災が引き起こす公衆衛生上の深刻な課題なのです。阪神・淡路大震災被災者の（民間住宅は除く）仮設住宅と復興公営住宅での孤独死は、二〇一三年一二月末現在で一〇五七人とされ、東日本大震災の場合は、二〇一四年三月時点で一一二人とされています。額田は「孤独死」を「社会的孤立の果ての死」と呼び、コミュニティを失った中高年男性の一パターンとしています。孤独死は震災被害だけが原因でないことをどう考えるかという課題もありますが、統計的に見れば、東京のような大都市の約二倍の孤独死が被災地で生じていることが指摘されている事実は無視できないでしょう。

## 震災後も続く減災の課題

復興にはほかにも陰があります。その一つが震災時のアスベスト暴露による健康被害です。阪神・淡路大震災のさい建築物の倒壊によって、少なくとも六名の過剰な中皮腫の発症（五名が労災認定）が生じました。これらの人々は震災直後の街での解体作業・がれき処理などを通してアスベストに暴露したのです。アスベストは肉眼では見ることができない繊維状の鉱物として浮遊します。私たちの行った調査から状況を特徴づけましょう。二〇一四年に行った遺族や友人のインタビューからは、それが死なくてもすんだ死であること、当時の防護対策の不備とリスク・コミュニケーションの欠如、そして復興を急ぐことの陥穽が見えます。

Ａさんは、アスベストと無関係の自営業でしたが、震災で失業しました。そのため震災直後にアルバイトで壊れたマンションなどの解体作業に従事し、わずか二ヵ月間ですが、アスベストに暴露したのです。その後、一般に潜伏期間が十数年から五〇年とされる悪性中皮腫を発症して亡くなられました。ＮＰＯの助けもあり、通常はアスベスト関連の労災認定には一年以上の従事期間の証明が必要ですが、Ａさんは労災認定されました。また、震災直後の神戸市で解体ゴミを回収する作業を行い、その後、同じく悪性中皮腫を発症して死亡し、公務災害認定を争っている例もあります。いずれの場合も、当時アスベストに関するリスク認識はなく、防塵用マスクなどの装備をしないで作業に従事したのです。

二〇〇八年に行った建物解体・瓦礫処理業者への聞き取りでは、業者や組合には多少のリスク認識はあったものの、現場に十分には浸透せず、復興作業を急ぐなか、対策も追いつかなかった状況が語られました。解体時、アスベストの吹きつけがあるから注意しなさい、というような話はなかったか、という問いに、関係者たちは次のように答えています。

「神戸は大変な状態であるという意識が強かった。なんとか〔倒壊しかけている建物を〕早く壊すか、撤去しなくてはいけない、という先入観があった」、「復旧復興が大前提。「アスベストなんか構っていられるか」という状況。知ってはいても、実際は、復旧復興が優先されたというのが実情」、「兵庫県や神戸市が解体費用を公的に持つ申請期間があった。それが一年だった。それ以降は自費解体になり、業者に依頼しなくてはならないので、解体は、その一年間に一斉に行われた」、「アスベストどころではなかったし、マスクをしろ、と言われても、どこかで買える状態ではなかった。タオルを数枚持ってきて付けたが、三〇分もすれば〔粉塵で〕真っ黒になる。タオルを替えたいが、水が出ないので洗えない。そんな状況です」。

以上の回顧と被害の事実は、震災直後に予防的防塵対策を取ることが、困難ではあるが、必要であることをあらためて示しています。この点は、震災当時に在住していた神戸市民の不安にも現れています。研究者、NPOなどからなる研究会で二〇一四年にアンケートを行い、三万通以上をポスティング、二二六五の有効な回答を得ましたが、その約半数が将来の健康不安を訴えていました。これも復興に影を落とす時間の問題なのです。

この認識に立てば、大都市の直下型であれ、太平洋プレート・南海トラフタイプであれ、日本では震災後のアスベスト粉塵飛散に対する防護と事前のリスク・コミュニケーションが必要であることが分かります。それは作業者や住民だけでなく、震災ボランティアにもリスクの警告と防護対策が求められることを意味しています。一般的に言えば、平時にも潜在する公衆衛生のリスクに事前警戒し、最大限のリスクヘッジが求められているのです。震災災害は、日常生活に潜むリスクを暴露し、増幅させることに気づかなくてはなりません（加藤 二〇一四は、直木賞作家で芦屋市在住だった藤本義一が中皮腫で死亡した原因の探索から始め、産業の土台を支えたアスベスト問題が震災によって噴出する様を描いています）。つまり、被災者にとって本当に酷な状況が潜在するため、発災を生き延びた後に生じかねない復興災害を抑止するための中長期的観点での事前警戒的減災の課題が突きつけられているのです。

この中長期的課題が時間の存在論の問題に関わります。それは復興災害に関連する置き換えの例であると同時に、震災からの人間の復興に目立たないが希望を与える光ともなるものです。阪神・淡路大震災以降、ボランティアと心のケアが当然のものになりましたが、被災の時間と復興の時間の構造を被災者の心の傷のケアと回復の現象から記述し、活かすことができる点に注目しましょう。臨床心理士の冨永良喜が紹介する例は次のようなものです（二〇一四年九月六日、盛岡市の講演（冨永 二〇一五、一五頁以下）。トラウマケアには行動療法などもあります）。

Bさんは、中学生の時、阪神・淡路大震災を経験した。隣で寝ていた姉を亡くしたが、その後、大学で心理学を学ぶ。しかし、大学生のときに、強いPTSDの症状が出た。小さいサイレンの音でもドキドキして倒れてしまいそうになり、恐怖がよみがえって、外に出られなくなった。大学の保健管理センターに赴き、「私はPTSDだから治療してください」と頼んだが、当時はPTSDをきちんと治療できる医療機関は非常に少なかった。「こころのケアセンター」で治療をうけて回復し、その後、資格を取って、現在はカウンセラーをしている。

Cさんは幼いころ阪神・淡路大震災で父親を亡くした。小学校低学年のときに、トラウマ反応を抱える。（震災孤児の暮らす）レインボーハウスに通うなかで、親を亡くした友達と話をして、つらい気持ちを抱えているのは自分だけではないと思うようになる。（プロ野球監督の）星野仙一さんと出会い、「私と同じ境遇なのに、なんて堂々としているのだろう。温かいのだろう。自分も前を向いて歩こう」と思えるようになった。その後、小学校六年生のときの一・一七の追悼の会ではじめて自分の体験を学校で語る（その学校では児童が複数亡くなり、毎年の追悼の会を大事にしていた）。その後、環境防災を学んだ。

筆者の主張は或る意味で単純です。こうした例に被災と復興（回復）の置き換えのモデルを見る、というものです。これは、復興過程での「復興税の流用」のような悪い置き換えの例と対比されますが、このモデルには時間論の観点から見て興味深い構造が現れています。この解釈枠組みが突飛なものでないことは、精神分析を含め、哲学でもこれに類する考察が、心の病理に即して行われてきたからです。失声症患者の症状と回復を論じたのもその例です（メルロ＝ポンティ 一九六七、二六五頁）。

冨永はBさんの例に即して回復過程の心理療法を説明しています。「トラウマ・カウンセリング」と「長時間エクスポージャー療法」と呼ばれるものです。呼吸法と心の回復の仕組みを学ぶ心理教育との組み合わせのなかで、被災体験の語り尽くしと日常生活で、なお危険と感じて避け続けている安全刺激にクライエントがチャレンジするプログラムです。第Ⅰ章のライプニッツの友人の話を思い出してください。

――とてもいやなカウンセリングである。非常に苦痛である。思い出したくない記憶なので、思い出せなくて泣きながら、ぽつぽつと話す。語れるようになると、「あのとき、お父さんが大きな声で怒るのは、自分を叱っているわけじゃない。あんな時に大きな声を出すのは当然なのだ」という冷静な受け止め方に変わる。安全刺激へのチャレンジは、サイレンの音を聞くとドキドキばくばくするので、消防署の前に立ってドキドキが静まるまで待ちましょうという宿題。しだいにドキドキは消えてなくなり、完全に回復した（冨永 二〇一五、二〇頁。文体は松田が改変）。

ストレス障害の症状には二つの要因があります。強い回避と自責感です。強い回避は、被災後長いあいだ、姉や震災のことを家でも学校でも一切話せなかったことや友達のあいだで「私のお姉さんはね」といった会話が始まるとその場から退くといったことです。Bさんは長いあいだ姉の墓参りに行けませんでした。自責感とは、自分が姉を殺したと思い、自分は悪くないのに、悪かったと思い込むことです。冨永によれば、「心のなかで自分が悪かった」とつぶやいていれば、それが刺激となり、抑うつが引き起こされます。それがストレス反応、トラウマ反応を維持させるのです。

このようなトラウマ反応やＰＴＳＤ反応を侮ることはできません。それらの「過覚醒」と呼ばれる心理現象は、生体が興奮の水準を上げて危機に対応しようとするものであり、この状態はひとを怒りっぽくさせます。覚醒の水準が上がると、興奮して寝つかれず、アルコールに頼ることにもなりかねません。この悪循環によって依存症が被災地で増えることが知られています。それは、孤独死と共通し、鬱、心身症、ギャンブル依存、暴力のストレス関連障害とも連動します。

心理療法とその概念が、被災と復興の時間論を考える参照軸となるのは、その時間構造とそれに呼応する、カウンセラーとクライエント双方の交流関係が見られるからです。次章では、それを「相互関係と自己関係」として論じます。典型は再体験、フラッシュバックの時間性です。辛いことが思い出されて苦しくなる、怖い夢をみる。逆に、よく思い出せないほど心が「マヒ」する。こうした時間経験のなかで特に印象的なのは「凍りついた記憶の箱」です。トラウマ体験の記憶は、記憶の蓋を開けようとしても、なかなか開かないが、関連刺激に出会うと、氷が一瞬のうちに溶けて記憶の箱に吸い込まれ、苦しくなるというものです。冨永は「その仕組みを理解して、どうすれば、それが、徐々に受け止められる記憶に変えていけるのか」がカウンセリングの課題だと説明します（同書、二二頁）。上記の療法もその一部です。ＰＴＳＤは、出現頻度は非常に少ないが、家族を亡くした場合、長期的リスクがあると付け加えられています。

被災と復興の時間を考えるうえで、この課題は避けて通れません。これに関して『災害の襲うとき』は、カウンセリングの目標が、依頼者が体験について考えることも考えないことも自由にできるようになるよう助力すること、その意味でカウンセラーが「感情の解除」の手助けをすることである（ラファエル 一九八九、四〇〇頁以下）としています。筆者は、それを被災者が自分の被災体験に目を背けるのでも囚われるのでもなく、それを自分の人生に位置づけることができるようになることを意味すると解釈します。被災に犯罪被害や家族の突然死などを含めることも重要です（同書、四七四頁以下）。この作業は容易ではありませんが、強調しておきましょう。

## 被災と復興の時間論

私たちの考察は、復興の陰と光から被災者の心の傷へと進みました。しかし、被災と復興の時間の位相を主題化するのは容易ではありません。とはいえ、手がかりがないわけではありません。さしあたり地震・津波の自然史的時間と記憶と忘却の人間的時間の交錯を以下のように区分けしてみましょう。

[1]「クロノス的」時間。水害や地震のような自然災害は、日本列島に住む者には、線系列と不可逆性、しかし周期的反復で特徴づけられる時間性によって現象します。同時に私たちの物理的身体もこの自然的時間に帰属する点も重要であることを指摘しておきます。永遠回帰と現実的時間を論じたライプニッツの時間論は、この種の反復を含む自然的時間と歴史的時間の交錯を捉えようとするものだった、と言ってもよいでしょう。

[2]「カイロス的」時間。「カイロス（καιρός）」は、新約聖書（『マルコによる福音書』一・一五）にも登場するように、古代ギリシア語で、到来する時、満ちた時を意味します。それはまたすぐに消え去ってしまう時間です。被災と復興は、ふだん見えないものが見え、再び見えなくなるという意味で、

カイロス的時間の様相を帯びます。大地震と津波が、快適な近代の日常生活の奥底に「忘却されていた地獄」を――ハイデガー風に表現することが許されるとすれば――露開させたのは間違いありません。[4]問題は人間の時間経験では到来した時にとどまろうとするベクトルとそこから離れようとするベクトルが絶えずせめぎ合う点にあります。

[3]「人間的」時間。被災と復興の時間を考えるとき、到来した時にとどまろうとするベクトルに突き動かされる被災者の記憶と、到来した時から離れようとするベクトルによる復興する社会の変化する速度のあいだにずれが生じえます。災害心理学も、非日常から日常的現実に被災者が回帰するにつれて被災者の直面する課題が変容する点を指摘します。孤独死でも問題になることですが、それは取り残されることです。被災と復興の現状をめぐって実際には被災者一人一人の状況が異なるなかで、様々な機会と出来事によって、被災と復興の気分的な「間主観的融合」と苦境のただなかにある被災者の「乖離と孤立」が経験されるのです。それは象徴的出来事の共有感と被災の事実的個別性の溝とも言えます。報道や画像、歌や物語が見えないものを見えるように感じさせることには両価性があります。漠然とした融合感とそれと正反対の孤立感が同時に経験されうるのです。

この条件のもとで人間はどのようにして復興するのかを記述し、時間論の観点から、中長期的な復興災害を未然に防ぐ時間論を構築することを応用哲学の課題の一つとしてもよいのではないでしょうか。特に深刻な問題は、被災当事者が被災を忘却できない危機と（他者に）忘却される危機であり、また、置き換えに関連する、被災と復興の意味づけと価値づけをめぐる「脱構築」と「再構築」の課題です。[5]以下では三つの時間位相に即して考えていきます。

まず、[2]のカイロス的時間に関して言えば、慰霊やモニュメントには、死者を悼み、被災を昇華する希望と将来への警告がある反面、被災者に昇華し切れない現在の苦境、取り戻せず終わらない過去(虚無や絶望)がありうる以上、復興の時間論には災害による被災の痕跡を復興によって「抹消」し、あるべき現在と将来によって苦境の過去と現在を抑圧しかねない危険が潜むことに注意する必要があります。デリダによる形而上学の脱構築やスピヴァクの文芸批評・政治的言説の分析から批判的態度を学ぶことができます。ここで先鋭化するのが、復興予算の流用が典型的に示した事態です。それは、本来、求められているはずのものが、なにか別のものにすり替えられる構造をもっています。

その反面、すべての置き換えが悪いわけではありません。また、なんらかの置き換えをすることは、被災以後を生きるひとの心の有り様に適うとも思われます。むしろ、私たちは悪い置き換えを批判して、よい置き換えから学ぶべきであり、現にそれは可能なのです。心理療法の例のような置き換え、つまり再構築の例から学び、被災と復興を生きる技法を身につけるほうが、よりよいのではないでしょうか。創造的復興の失敗と被災者の回復が、[3]人間的時間の構築と再構築が含む置き換えの二側面として把握できる以上、様々な運命共有の言説――復興増税の正当化から無条件のボランティア称揚まで――の脱構築と被災と復興を生きる技法が求められます。私たちが人間的時間を生き、取り戻すことができないものをなにかに置き換えて埋める営為から逃れられないとすれば、なんらかの解釈的構築は不可避なのです。カフェ・デ・モンクの僧侶の被災者慰霊の儀礼に関する報告も、そのような面を含んでいました。

以上の問題はカイロス的時間に翻弄されながら人間的時間を生きるひとの心に関わるものでした。ではクロノス的時間についてはどうでしょうか。最後に、この問題を記憶と忘却の時間と記録と痕跡の時間の観点から述べて、双方に跨がる私たちの存在の二つの自己同一性を統合する努力が必要であることを述べます。この努力は、震災と復興の一連の事象生起のあいだにあるタイムラグに注目し、リスクヘッジを行うことが社会倫理的に重要であるという点に関わります。被災と復興に関連して、曖昧で多様で不確定な解釈を含みがちな、ひとの記憶を、より確定的でありうる記録によって補完しなくてはならない事案が存在するからです。このようなタイムラグは、欧米から遅れて日本社会が被災した、薬害、BSE、アスベスト、原発事故などの科学技術がもたらすハザードにも見られました。つまり、[1]クロノス的時間は、本源的には、記憶や経験の（再）構築による、私たちの自己同一性をめぐる[3]の人間的時間とは異なる次元に位置するのです。

例示しましょう。被災証明と補償認定には被災者の自己同一性を証明するという難題が時に立ちふさがります。この点で、職業上のアスベスト暴露による労災保険の認定のさいに求められる就労証明の例は印象的です。証明が思いのほか困難だったことを語るアスベスト被災者がいますが、同じ問題はボランティアにも起こりえます。結婚前にアスベストを扱う職業からアスベストと無関係の仕事に転職した夫が、数十年を経て中皮腫を発症して亡くなった例では、妻が夫の労災補償を受けようとして、夫がどの期間にどの職場で暴露したかを裏づける証拠の提出が求められたが、たまたま阪神・淡路大震災時にボランティアが倒壊家屋から持ち出したアルバム写真が職歴を示した、というエピソードがあります。その時間はまさにクロノス的時間に帰着します。また法廷で当人の生前の記憶が消えた後、解剖によって患者の肺に見いだされた一定以上のアスベスト繊維数が患者の生前の石綿暴露の痕跡を物理的に証拠づけていると見なされることもあるのです。

以上の例が事象の時系列に即した記録の意義を物語るのは言うまでもありません。記録を活かすことで人間も活かされますが、記録がなければ記憶も否定されかねないのです。また、補償や労災認定が被災者や遺族にとって置き換えに当たることを強調してもよいでしょう。逆に言えば、申請が否認され、退けられることは、被災から生じる二次災害として被災者にさらに傷を与えるのです。被災の認定（社会的承認）を巡る司法と行政上の係争は、クロノス的な時間の社会への投射とその人間的構築という側面をもちます。この点で私たちの社会は、時計の針を巻き戻すことはできないことになんとか折り合いをつけようとしているのです。

しかし、被災後の現在と将来について、生活上の様々な困難や心の不安を抱えながらも、被災に由来するリスクに向き合い、備える態度を取ることは、アスベスト暴露の事例であれば、医療者への相談を早めに行うこと、意思決定に必要な判断材料や記録を提供することに繋がるはずです。あるいは私たちは、被災とその後の復興災害のリスクのなかでも、可能な限りよい置き換えの例を提示できるに違いありません。阪神・淡路大震災のＰＴＳＤも震災時のアスベスト被災の事例も、そのようなモデルと見なされるべきです。その作業は、置かれた条件を考慮すれば、被災者が単独で容易に行いうるものではない以上、震災からの人間の復興には、カウンセラーとクライエント、被災者と支援者のように、なんらかのかたちでの時間の共有が求められるのです。その哲学的基礎についても次章で論じます。

社会倫理の問題として考えるなら、人間の復興には、国や行政、公的機関以外に、ボランティア、ＮＰＯ、地域などの社会資本の活用によるケアやサービスが不可欠です。この点は、二つの大震災の場合も、震災によるアスベスト疾患の患者や家族のサポート（たとえば、労災認定の手続き援助）の場合も共通しています。そのような時間と時間論の構築が必要です。しかし、特に強調しなくてはならないのは、そのような構築も様々な社会制度や法、言説、人間の置かれた諸関係の不断の脱構築と再構築の過程のなかにあることです。サポートを行う者も、被災と復興（および復興災害）の意味づけと価値づけを本質的に制約している、自分の視点とその視点の被災者を前にした両価性を自覚しなくてはなりません。被災者、支援者、研究者の語り、コミュニケーション、そして活動にも様々な「とらわれ」（フレームやバイアス）があるからです。

災害復興の事業や様々な言説の正当化と象徴的な時間共有が孕む或る曖昧さを様々な場面で自覚し、その両価性の内実を検証することがつねに求められています。筆者はこれまでの考察の最後に、カイロス的時間を被災経験に特有の時間の存在論の問題として描くように努めました。それは、計測され、記録されるクロノス的な時間と重なり合いつつ、現実的時間として人間的時間を形作るのです。最後に、この現実的時間をよく生きることを存在論の問題として考えましょう。

**課題7**　時間とはなにかについて誰か一人の哲学者に即して論じてみましょう。

**課題8**　あなた自身の経験からカイロス的時間について論じてみましょう。

第Ⅴ章

# 現実の存在論

ここからは、いま、ここ、をよく生きることを存在論の問題として考えていきます。まず社会的現実に焦点を当て、現実の構造を分析します。そして現実が現象する諸相を記述し、現実をよく生きるために求められる「物語る力」を「エネルゲイア」として特徴づけます。また現実の現象学的存在論位相を浮き彫りにするため、想像的現象と実在的現象の識別基準をめぐるフッサールとライプニッツの考察を比較し、可能性と現実性の存在論的差異に迫ります。さらに現実世界の存在論に間主観性と関係主義的存在論から切り込み、フッサールのモナド論とライプニッツの間主観性の存在論（逆ではありません！）を突き合わせ、その交錯地点を探査します。最後に、現実をよく生きる存在論の基礎として、相互関係と自己関係、そして世界の唯一性の問題を論じ、この問題をマルクス・ガブリエルの「無世界論」にぶつけてみたいと思います。

## 1　現実の逆説を生きる

### 現実は分裂的ないし複数的か[1]

一九九五年にオウム真理教による地下鉄サリン事件が起きました。その記憶は、その時代を生きた者にはいまも生々しいものです。当時、その集団を「ばかばかしい」と一蹴した人々があった一方で、恐怖を感じたひとも少なくありませんでした。それほど極端ではなくても、私たちが類似の事態に遭遇することは今後もありえないことではないでしょう。自分が当事者になって、その渦中を生きなくてはならないとしたらどうでしょうか。その場合、私たちは現実と虚構の区別が曖昧になったと感じることもあるのではないでしょうか。虚構を現実世界に投影した結果、他者を傷つける事件が起きたと言われることがあります。セクト的宗教や妄想が絶対的価値を与えられた「神」を作り出し、その命に従って暴力を振るうのを儀式として意味づけ、正当化することを可能にするかもしれません。この種の出来事は私たちの社会だけのものではありません。ミシェル・ド・モンテーニュ（一五三三―九二年）の『エセー』（初版一五八〇年）第一巻第三一章「人食い」で語られる、敬虔の名の下に行われた魔女狩りや異端審問に関する批判も参照できるでしょう。そうした事態と原因、特定の宗教や妄想の関係をそう記述できるかどうかにも疑問が残ります。

　ここでは、こうした極端で痛ましい場合にも、つねに問題になる現実性ないし現実の本質構造あるいは現実を成立させる条件とはなにかを考えます。私たちの生きる現実に含まれる或る逆説がそうした考察を求めるからです。もし私がそこに居合わせたなら、妄想にとらわれた他者から、私が理解し生きる現実とは異質な彼らの現実、彼らの現実理解がまざまざと現れてくるのを感じるでしょう。しかし、私はその一方で、現に彼らも私も同様に、結局そこに帰属する「一つの現実」、「唯一の世界」があるに違いないと信じもします。その場合、彼らは単に妄想や虚構を現実と取り違えたか、歪んだ現実理解のために取り返しのつかない罪を犯してしまったと考えるのが、確かに分かりやすいでしょう。ハサンが本当のカリフに欺かれ、悪戯されたことを思い出してください。実際、その可能性も排除できません（薬物の影響や脳の器質的障害も除外できません）が、そう考えるだけでは済ませられない錯綜した状況に私たちはあるのではないかとも感じられます。その意味で問題の出発点は、分裂した複数の現実――一歩譲って、両立不可能な複数の現実理解でもよいです――が存在すると思われるなかで、私と他者が一つの現実で嫌でも出会わざるをえない点にあります。この事態をどう理解し、どのようによく生きるか、その手がかりを得ることが目標です。

問題の逆説を簡単なモデルを通して記述しておきましょう。第一のモデルは、[1]私と他者をこの世界に居合わせる「同床異妄」の者どもとして把握します。私も彼らも同じ空気を吸い、互いに言葉を交わしますが、実は私は彼らの妄想のなかで一定の性格をもった人物、たとえば憎い敵役として登場しているのかもしれず、逆に、私は自分のとんでもない妄想に他者を巻き込んで生きているのかもしれないのです。その場合、私たちのあいだには同床異夢ならぬ同床異妄が生じています。ここでは、現実を理解することは一種の妄想をもつことと見なされ、それを推し進めれば、その一つの系として、客観的現実を反映する理解を、或る共通の妄想として解釈することにもなります。しかし、それは人々が根本的には独我論的状況にあるという思いと表裏一体であることにほかなりません。

第二に、妄想の含意する非合理性を嫌い、かつ現実の複数性を強調して、[2]一つの現実世界を、互いに無関係な幾つもの物語や劇場の並立というモデルで考えることもできます。ちょうど大都市の多くの劇場で毎夜、複数の出し物が同時に上演されるように、生きている現実そのものが、しばしば両立不可能な仕方で多数的だと考えるのです。この場合、妄想と比較すれば、現実の複数性あるいは分裂が強調され、しかも一定の整合性が認められる物語には、それぞれ平等に権利が認められやすいという利点があります。同時に、個人を複数の物語の交錯地帯ととらえることで、人々のあいだで生じる軋轢や摩擦、調和と合意などから現実の構造を解明することも可能になります。このモデルが示唆に富むのは、多重人格の現象と社会的現実の構造を比較する場合です。

この二つのモデルが、現代に生きる私たちの実感に一定程度対応することは否定できません。とはいえ、どのようにそれを理解しようが、現にそこで彼らと私が出会い、ぶつかりあう、紛れもない一つの現実があることも確かであるように思われます。たとえ妄想を共有する人々が遠い海の無人島にコロニーを作って暮らしたとしても、このことは変わりません。彼らと同じ妄想を持たない人々との出会いや衝突がなくなることはなく、彼らはただ遠くに行っただけです。これまでアクセスのなかったアルファ星のエイリアンと人類が遭遇するとき、相互に共通の現実理解があるかどうかを確認する確実な手段はないでしょうが、その場合も彼らと私たちが一つの世界に帰属することは否定できません。そうでなければ、彼らは地球人を襲撃することもできないでしょう。その意味で、[3]人々はあくまで一つの現実世界に帰属するという厳然たる事実があります。これが「世界の唯一性」のテーゼとして妥当か否かは本書の最後に論じましょう。

しかし、こうして一つの現実世界に言及する結果、幾つかの問いが生じます。つまり、そもそも一つの世界、異星人と地球人に共通の一つの現実世界とはどのようなものでしょうか。その世界が存在するとすれば、どのように存在し、どのように知られるのでしょうか。いずれも簡単には答えられません。そのため一つの現実世界は約束事や要請に過ぎず、実際には個々の現実があるだけではないのか、という疑いも湧き上がってきます。理解の食い違う現実を定義することは実際、困難ですし、誰かが現実を決定的に定義できるとも思えないからです。それは私あるいはほぼ同じ現実理解を共有する健全な多数派でしょうか。また誰が現実を定義する権限・権力、さらには現実理解の妥当性の基準の決定権限をもつのかをめぐってすら争いが生じうるでしょう。これは無限進行を招きます。その場合、妄想を抱く人は、現実を私とはまったく別様に定義するかもしれません。したがって、なるほど一つの現実がなくてはならないにしても、それは「物自体」のように、考えることはできるが、認識できないものに過ぎず、むしろ思い切って異なる定義をもつ複数の現実が有ると認める方が、それこそ現実に適うとも思えてきます。この結論はガブリエルの「無世界論」に通じています。
こうした逆説のために私たちは悪循環に陥ってしまうのでしょうか。確かにそうなのです。しかし、彼らも私もしばしばそれぞれの（妄想的）世界に完全に棲み分けることはできずに出会ってしまい、しかも現実を自分が定義しきれると言えないまま、生きる事実が残ります。その場合、深刻な問題も解消しません。命を捨てることも惜しまない原理主義者や殉教者は、自分の受難を死後の彼岸も含め、その（妄想的）現実に回収し意味づける「強さ」をもってしまうからです。現実をひたすら自分流の定義に従って生きるか、あるいは複数ないし分裂した現実のあいだに架橋可能な理解があると信じて手探りで生きるか、さらにこの問題に無頓着でいるかは、各自の選択の問題ですが、妄想的現実であろうとなかろうと、私も彼らもそれぞれ現実を生きることに変わりはありません。そして、よく生きるためには、現実の理解——それは裏切られたり、誤解であったりするので、一部は妄想と区別できませんが——を欠くことは致命的と思われます。現実を十分理解することは、よく生きるために必要ですが、分裂が兆すことによって、現実理解は混乱に陥ったり、攪乱されたりしてしまうのです。

したがって、まずは一つの現実世界に対する疑いの深さと同じ一つの現実世界に対する信念の強さのあいだで、事態を見極めなくてはなりません。これが現実の存在論の先行理解です。こうして現実の逆説を自覚し、それを見失わないことによって、現代の世界をどのようによく生きるか、という問いに対する糸口をつかむことができないでしょうか。この問題は相対主義と接点をもちますが、事態が多様性や相対性という価値中立的な言い方では済ませられないところに立ち至っているとすれば、つまり正常と異常の枠組みで考えることも要求する病理が生じているとすれば、あえて人間の健全さ

――「最適化」――に関する哲学的反省を行うことが必要になっていると言えます（組織や集団の集合的意思決定過程に着目した「現実の定義」の事例研究も必要です）。

## 問題の論理・存在論的位相と現実性の現象学の方法論

現実性問題にも哲学史があります。現実性は可能性や必然性と並ぶ様相として論じられてきましたが、二点だけ言及します。第一が論理学の存在範疇の問題です。ヘルマン・シュミッツによれば、限量記号（∃と∀）によって束縛された個体変項の値、つまり「述語的に解釈された或るもの」という存在概念で捉え切れない現実の位相が存在します（Schmitz 1995, S. 43）。特定の述語や記述のもとで存在するという観点では把握できず、「非対象的様態」として現象する現実性の位相があると言うのです。筆者は、それを個々に理解される対象的（ノエマ的）現実というより、その現実を生きる私たちが「ロゴス」――物語る力――によって参加・共有する（ノエシス的）機能だと考えます。その機能が失われたり障害を受けたりすることで病的現象が生じるという仮説に立ちます。

確かに可能世界意味論以後、可能性や必然性の様相論理的分析が進んだのに対して、現実の様相は「命題Pがこの世界で現に真である」という意味に絞られ、認識論の問題として扱われる傾向がありますが、現実性をその枠に収めることはできません。また、偶然性や仮定的必然性だけで現実性が十分に解明されるかどうかも疑問です。この文脈では、事実としての現実は、ライプニッツ風に言えば、偶然的だが、現に生起する限り、動かし難い仮定的必然性の相で現象し、先行状態によって決定されることが浮き彫りになりましたが、複数の現実理解の同時並立が差し迫った問題を突きつけることを踏まえれば、現実の空間性、社会性、物語性を主題化する必要があるのです。

第二に、現実性に関してはアリストテレスの「エネルゲイア」概念に学ぶところがあります。個人の優れた能力（機能）としての徳が社会生活と接点をもつ限り、この能力に対応し相関する契機が現実存在にも内包されるはずです。第Ⅲ章の傾向性と第Ⅳ章のエンテレケイアでも見たように、エネルゲイア概念がライプニッツの力概念に継承される点に着目します。

考察方法はこうです。ここでは現実の本質構造の叙述のために、例となる対象の自由変更から本質直観を行う方法を踏襲します。範例としてロマーン・ヤコブソン（一八九六―一九八二年）の音韻構造論（Holenstein 1975）――失語症患者の言語崩壊と幼児の言語獲得の比較――や熊倉徹雄による幼児の自己鏡像認知の発生と重度の認知症の自己鏡像認知の崩壊の比較方法を挙げることができます。後者は、医学では陰性症状と呼ばれ、ドッペルゲンガー現象のような「身体図式」の陽性症状と対になるものです。これらから学び、現実の対象的現前と喪失に注目することで、現実の本質構造解明に有効な現実現象の局面に注目します。分裂的現実の隠喩として「多重人格」を取り上げた後、現実性の言わば陽性症状と陰性症状を取りだします。

### 分裂的現実の隠喩としての多重人格

最初のモデルは多重人格です。社会的現実の分裂に対応する事態が個人に多重人格として出現するとすれば、社会的現実と人格的現実のあいだに相互の構造を照射する類比的関係を認めることができるからです。多重人格ないし「解離性同一性障害」を取り上げることには二重の意味があります。まず分裂的・複数的現実の隠喩、つまり社会的現実の本質構造を解明する発見法的鍵があります。また、解離性同一性障害自体が、現代社会の分裂した現実の一部を構成する点にも意味があります。イアン・ハッキングの『魂を書き直す』(Hacking 1995) を手引きに、人格の解離状況と社会的現実の分裂を比較します。ただ、多重人格は主題ではないので、双方の違いにも留意し、社会的現実の複数性と病理をあぶり出すように努めます。

多重人格に関連して取り上げるのは、記憶障害（喪失）の側面、家庭内での幼児期の虐待のトラウマが主たる原因とされた仮説、「ホスト」と呼ばれる媒介的人格の役割など、この現象に特有と考えられる契機相互の連関です。思考が「論理的に混乱した」統合失調症[2]や、心身の象徴関連に問題が生じたり、強迫観念に囚われたりする神経症との違いも含め、その病像が疾患全体に占める位置は未確定のようです。症例が多く報告されたアメリカでは幼児虐待問題と関連する患者運動も存在し、そのことが事態をいっそう複雑にしました。

第一に記憶障害の面です。それはテレヴィのチャンネルを次々と替えるように、転換する複数の人格相互間にしばしば疎通が欠如し、或る場面で登場した特定の人格が行ったことに関する記憶が通常ないし元来の人格に失われることに示されます。これは催眠術による暗示や夢遊病にも共通する現象と考えられるものですが、それが犯罪や行動異常に関係することが問題となりました。当然、個人として見た場合、行為者の性格の一貫性――個々の場面の言動の両立可能性――も顕著に失われ、現実について両立しない理解や評価をもった複数の人格が一つの肉体に宿るように見えます。そこでは或る固有名の人格が、別の固有名をもつ人格を非難したり、その人格が知らないことを知っていたりするのです。この状態では、両立しない複数の現実理解が並立する結果、行為者がディレンマに陥ることもありえます。通常は自分がその状態にあるのを自覚・記憶することができますし、ディレンマをディレンマとして意識することもできるはずです。ところが、解離性同一性障害の場合、対立する人格への転換によって、あたかもそうした危機的現実から逃避し、都合の悪い（不快や苦痛な）場面の記憶を忘却したり、他人格のせいにしたりすることで自己防衛を図っているとも解釈できます。

こうして犯罪が生じたとすれば、それと符合して社会的現実の分裂も逸脱行為を引き起こしうると考えられます。確かに、人々や集団のあいだの意思疎通の困難や価値と規範の葛藤・軋轢によって、そうした行為は説明されるように見えます。セクトの起こした事件がその典型です。実際、その場合、個人の人格統合の欠如に似た社会統合の機能不全があると見なせます。セクトと人々のあいだに非和解的敵対や抑圧があり、事件を忘却する傾向もあります。しかし、その忘却は人格や社会全体の完璧な忘却を意味しません。多重人格の場合、犯罪を記憶する一部の人格が存在しますし、被害者に刻み込まれた記憶にも深刻な傷が含まれるからです。この限りでは、解離性同一性障害を軸にした個人と社会の類比は、不完全であるとはいえ、抑圧や忘却の結果、現実理解に不整合や葛藤が生じるなら、個人や社会の統合が危機にさらされうることが否定できないことを推論させるでしょう。

第二に、解離性同一性障害の原因としてのトラウマ、家庭内での幼児虐待の仮説が問題になります。この点を病理現象として示すのが、人格が幼児期に退行したり、ジェンダーに関して男性が女性に、あるいは逆に変容したりする事態です。これが人格の同一性障害の現象です。そこでは場面ごとに登場する人格役割の寸断によって、個人の生活場面の連続性が失われるとともに、社会的役柄である限りでの現実的自己の「定義」――「私は誰か」の定義――に深い亀裂が走っており、その意味で自己認知が混乱していると考えられるからです。実年齢と異なる人格の登場もこれと関連すると推定されます。

ハッキングは、アメリカ社会特有の背景やこの仮説によって幼児期の記憶が再構成される結果として生じる過去の不確定性に言及し、上記の仮説を疑いました（ibid., p. 113）。実際、原因を家庭内の幼児虐待としなくてはならない必然性があるとは思えません。むしろ人格統合に亀裂を生む、なんらかの事態が、家族のように幼児にとって根本的に重要な関係に生じたと考えるのが妥当ではないでしょうか。問題は、家族が子どもをどう定義するかに関わっており、子どもの「私は誰か」というまだ言葉にならない問いにどう答えるかに集約されるからです。その答えは情緒の（不）安定と相関し、付随するに違いありません。スピノザ的に表現すれば、それは受動感情の位相であり、個体としての幼児を構成する複数の個体群は協同を失う危機にあるのです。家族が子どもに破綻のない肯定的役割を与えることができるかどうかが問題なのです。それを欠く場合、葛藤や不安、苛立ちや怒りが生じ、それがひいては自己と他者への反動的な敵対感や自己の無力感といった否定的感情に発展すると考えられます。そこに自己や他者に対する信頼・共感を育むのを阻む要因の一つがあります。

社会にも自己同一性の機能障害の原因となるトラウマがあるでしょう。敗戦や経済崩壊など、深刻な精神的傷を負うことで世代が全体として退行し、新たな変化に対応できないという事態があっても不思議ではありません。時代の終わりと始まりもそこにあります。このことは、政治体制、文化的価値体系など、社会の同一性の正当化に関する物語の世代間の継承や再構築に深く関わると考えられます。この場合も、記憶や歴史の理解をめぐる分裂があるとすれば、なんらかの統合が求められることは間違いありません。

その意味で第三に注目されるのは、解離性同一性障害の場合、ホスト（内的助力者）と呼ばれる人格が登場して疎通のない複数の人格を媒介する役割を果たすことがある点です。ここで統合された現実理解の道が開ける可能性があります。引き裂かれた現実理解の調停――人格相互の統合――が行われ、一つの人格が生じることで現実理解も一つになると考えることができます。実際は別人格が出現しているに過ぎないこともあり、いつもそうなるとは限らない点も含め（ibid., p. 234）、解離性同一性障害の予後や治療に関する確言はできません。しかし、そこに人格・現実理解の統合への要求が反映していると見ることはできるでしょう。

では社会にもこれに類似した事態があるでしょうか。社会が個人や様々な集団の寄せ集めだとすれば、現実理解について個人内部ほどの強い統合力はないと考えられ、その理解は個人以上に複雑で多様だと思われます。個人と比較すれば、社会の内包、外延はともに大きいため、社会の個別的状況的な現実理解の細かい差異は消去不可能ですし、通常、独裁体制でもなければ、消去の必要もありません。しかし、ある基本点――私たちの社会がどのような価値による制度から成り立ち、そこにたとえば個人の権利としての信仰の自由がどのように位置づけられるかなど――について、理解の収斂・収束はありえますし、それは現に必要です。実際、それがないと軋轢が生じますから、その欠如を補おうとするなら、ホスト的視点とそれに相関する現実理解がなくてはなりません。しかし、その場合も、そのような視点と現実理解がどのようなものであり、どのように構成されるかという問題が生じます。そして簡単に一つの現実理解が手に入ることはない以上、予定調和は想定できないのです。

「カリフの夢」に関連して論じたことから、二重人格者や夢遊病者のような、自分が置かれている状況を理解（記憶）しない人物が、本人の理解のいかんにかかわらず、第三者の証言に基づいて、私たちと同じ現実に帰属する人物として法的に裁かれうるという点（Leibniz 1926-, Reihe 6, Bd. 6, S. 237）に注意しましょう。この場合も、ファシズムや宗教的熱狂のなかで判事や世論のような裁き手自身が集団ヒステリーに取り憑かれる可能性は排除できませんし、その裁きを後世がどう評価するかとなれば、再び無限進行が生じてしまうとはいえ、その場合でも個々の行為の動機およびその正当化の根拠の理解も最終的にはそこに帰趨する一つの現実が想定されていることは否定できません。

## 現実の現前と喪失——現実感の現象学試論

現実をよく生きるという目標があっても、解離性同一性障害は簡単に克服でき、人格と現実理解の同一性を容易に回復できるものではないかもしれません。その点でも以上の考察は社会的現実の本質構造把握のための発見法的鍵以外のものではありません。しかし、そのような病態が克服される条件が考えられないわけではないのです。その条件を考えることは、基本的なところで現実との関係が他者との関わりであり、そこにロゴスが介在するという直観と結びつきます。解離性同一性障害の原因に関する仮説とホストの役割をめぐる考察にはその端緒がありました。とはいえ、その直観はまだ十分に解明されていません。そこで、さらに現実に関する「陽性」と「陰性」の症状と呼べるものを比較し、現実の本質構造の解明のためのもう一つの切り口にしたいと思います。

### (1)迫り来る現実——現実の対象化的現前（陽性症状として）

現実は、確かに日常的理解でも、期待や予想を裏切り、意味志向あるいは欲望充足を阻むものとして現象する面をもちます。したがって、かりに一つの現実に帰属していたとしても、そう感じられず、現実との隔たりを感じてしまう意識の記述が与えられなくてはなりません。その意味で私が自分の置かれている現実を現実的なものとして意識する、あるいは私に現実が差し迫ったものとして現象してくるという事態に注目しましょう。そのみぢかな経験の一つは、顕在的であれ、潜在的であれ、私が他人と関係することで生じる軋轢、葛藤あるいは齟齬ではないでしょうか。逆に言えば、私と他者のそうした関係を通して自他が関わり、切り結ぶ現実が、私の行く手を阻むように立ちはだかると思われます。この事態は、なにかや誰かを奪い合う激しい競合、利害の対立する争い、ものの見方のずれ、あるいは単なる趣味の違い、うまがあう、あわないの感情的いき違いからも起こりえます。私の意志で動かせない、あるいは意志に逆らう他者、そしてその他者とともに現象し、私を威嚇する現実があります。私の感じる無力さは、その現象の一面です。

そのようなとき、私は、私と現象する現実のあいだに隔たりを感じます。行為する私とそれを意識する私とのあいだの隔たりも、そのとき同時に意識されるでしょう。これについても、抵抗体験からの現実性導出や世界内存在の死の不安の分析が参照可能ですし、シュミッツが、まどろむ人が夢見る状態から突然なにかに襲われて目覚めさせられるときに現実が現象する、という身体性に密着した分析を与えていることも参考になります（Schmitz 1995, S. 51）。しかし、現実を生きることの社会的性格からすれば、このような現実の迫り来る現象、対象化的現前については、他者の存在が有形無形に決定的に作用する点を強調したいと思います。

いずれにしても、私はそうした現実を前に自分が立ち尽くしている、あるいはエア・ポケットに落ちこんでしまったような状態であることに気づきます。さらに反省すれば、そのように自分と現実の隔たりにとまどっているときも、私はその対象化してきた現実の外に立っているはずはないですから、やはりいぜんとして「一つの現実のなかにいる」と言えますが、それでもそう感じることのできない現実との隔たりを意識せざるをえません。そのとき私はどのように振る舞い、対応することで、この事態に対処するでしょうか。その幾つかの類型は後述します。

## (2)薄れゆく現実——現実感の喪失（陰性症状として）

(1)と表裏の関係にあるのが現実感の喪失体験です。(1)が病理的な場合には陽性症状の状態を呈するとすれば、ここでは陰性症状、つまり現実が夢のようにはかない、あるいは希薄なものに感じられる意識の記述が問題になります。この経験は、或る点では、解離性同一性障害の記憶障害の面に関連し、夢論証もそれを主題としました。この現実感の喪失体験の例として、自分の過去やその記憶が夢のように感じられることが挙げられます。これは記憶障害とは呼べませんが、何十年も前、遠い外国で数年間暮らしたが、現在はその地の友人知人と往来がなくなり、そこで暮らしたことが現実的でなく感じられる例です。この薄れゆく現実の現象は、時間的経過だけに由来するものではありません。似たことは、家族が亡くなり、建物しか残っていない古い家に戻ったときも起こるかもしれません。そのときも自分の過去と過去の記憶が夢のように感じられることがあります。私は現実の、したがって私自身の存在の連続について頼りなげな状態に陥っていると感じます。場面の断絶に伴って、過去の現実が失われ、取り残されたように、いまある自分の存在が意識されるのです。

逆に、このいまの現実が夢のように感じられるということも起こりえます。夢のような生活も悪夢のような出来事もたったいま生じたばかりなのに、それが夢のように現実感に欠けるという経験を私たちはもつのです。（妄想かもしれませんが）理想の人と結ばれ、始まったばかりの新婚生活がとても信じられないということもありうるでしょうし、反対に、事故などで突然、親しい人が死んだり、友人に裏切られたりしたとき、衝撃を受けるような場合です。そこにも現実感喪失や欠如がありえます。

夢と記憶の場合、しばしばその内密な性格によって自他の現実が合理化され、美化もされやすいのですが、それを言葉に出して他者に同意を求めれば、すぐに訂正を迫られ、その真偽を確認しなくてはならなくなり、夢想から覚めることを余儀なくされる場合もあります。記憶ないし過去には、本質的に不確定性が伴います。ハッキングは、それを「偽なる記憶」として取り上げ、過去が新しく獲得された概念枠組みのもとで再記述されるとき、もとの行為者本人、子どもにとっての親がまったく意図しなかったと思われる仕方で記述されてしまうことがあることを指摘しています（Hacking 1995, p. 243）。

以上の例から、知覚、記憶、夢に関係する現実感喪失の特徴として、現在の知覚の曖昧さ――生々しく鮮明な夢にも知覚の不整合や奇妙さが見いだされるでしょう――、次に知覚相互間の不整合、さらに知覚、記憶、夢における他者との意思疎通の遮断などの契機が取り出されます。また、この特徴は、夢や記憶の不確定性や現実感喪失の場合だけでなく、実際に起こった出来事に現実感が伴わない場合にも見られます。夢のような生活も悪夢のような出来事もいずれも現に生じたことであるにもかかわらず、現実感の喪失欠如がありうるのです。これらは、現実の対象化的現前とは正反対に、目の前に生じた出来事が、それまでの現実の一定の傾向をもった繰り返しや連続、少なくとも当事者に意識、予期される限りでの事の成り行きからの飛躍やなんらかの手段による突然の、あるいは緩慢な断絶によって、不意打ちをくらったり、夢見心地やトランス状態に入ったりすることで生じます。

この両義性から現実感と現実の構造のなにが浮き彫りになるでしょうか。もう一度ありふれた例で考えてみましょう。深夜にひとりテレヴィでサッカーの試合を興奮して見ているとします。それが、突然、途切れます。そこにしーんと静まりかえる瞬間が生まれるでしょう。このとき、ふと熱が冷めたように、観戦していたゲームは本当に現実のものだったのか、という疑いにとらわれることがあるかもしれません。そんなとき読者はどうするでしょうか。故障を直し、テレヴィの電源が入るのを待ち続けるか、あるいは友人に電話をかけて試合の続きを確認するかもしれませんね。それによって断ち切られた連続の裂け目は埋められるでしょう。そこでも放送がなくなっていたり、スコアが以前と逆になっていたりという奇妙な状況を考えることができますが、そうした事態になれば、私たちは再び混乱に陥ります。新しい事態に説明がつくまで納得のゆく解答を見つけようとするひともいるでしょう。

この点で示唆的なのは、或る記憶喪失者の現実への復帰過程の記録です。それは、交通事故による記憶喪失と新しい記憶獲得の経験の過程をインタビューしたものですが、放送の範囲内では、予後のよい例でした。青年は、交通事故の結果、頭部を強打し、事故以前の多くの記憶——自分の名前、自分や家族の過去のエピソード記憶のすべて——を失います。そのため記憶について言えば、赤ん坊の意識状態になったとされます。「自動販売機でジュースを買う経験が非常に新鮮なものだった」と回想されています。お金もジュースも自動販売機もすべてが初体験でした。この点で青年の過去の現実は、周囲の人から見れば、完全に失われてしまったように見えます。もちろん、自分の写真を見ても自分であるとは分かりません。また、周囲の現実が未知のものとなったために街を歩くときに感じられた恐怖感や不安も克明に語っています——ただし青年には染色技術の身体的記憶が残っていました。

この青年が事故から回復していくとき、家族の「じわっとした」温かさを契機として社会的現実に復帰する道を歩み始めた事態は記述に値するものです。これを解離性同一性障害の場合と比較するなら、自分を定義してくれる家族などの他者の存在が決定的に重要であることを示唆していると考えてよいでしょう。その力によって「あたかも自分が彼らと共にそこにあったかのように」見なす、つまり記憶を書き直すことによって自分の過去から現在への連続を信じる態度が生まれたのです。その結果、現在に続く過去の現実性も確保されます。これに類することは、個人の現実理解にも社会の現実理解にも重要ではないでしょうか。

こうして私たちは、過去の現実性の確保について、現実との関わりが、まさに他者との絆にほかならず、その絆こそがロゴス、つまり、相互に共有可能な言葉や規範的価値、いまは共有された記憶など、一言で言えば、物語る力として介在するという主張に至る道筋の一つを見いだすことができます。私は確かにそのとき生きていた。いま私は夢を見ているのではなく、ここに確かに生きて有る。そうした自明なことが自明でなくなっているとき、それを私はどのようにして知り、確認できるか、という問いに答えるのが、このテーゼです。同時にこの絆は一つの現実に関する問いにも或る道筋を示しています。ここから現実を生きること、特によく生きることが、なにを条件とするかを導くことができるでしょう。

しかし、それは「現実を生きる」という言葉が連想させる現実主義とは異なり、「可能性や想像力を排除しません。現実を生きることは、或る種の演劇的な生き方、言い換えれば、ある役割を社会生活のなかで担うことを要件とします。私は駆け出しの役者のように、自分に振り当てられた役の振る舞い、感じ方、語り口をいつの間にか身につけ、しかも他者ともすでにそれを分かちもっている、とでも表現できるかもしれません。もちろんどんな役でもよいとは言えませんが、分裂した現実と一つの現実のあいだで考えるなら、現実をよく生きることは、糸のように交錯する複数の物語の一員として、糸に引き裂かれることのない織物を織ることができるかどうかにかかっていると言えるでしょう。この隠喩が具体的になにを意味するかは、この条件を充たさない類型の考察から明らかにできますが、それは、人が本来の意味で正常であるとはどのようなことなのかを考えることにほかなりません。

[1]から[3]の選択に関する解答は、現段階では[2]と[3]の中間に位置します。私たちはあくまで一つの現実世界に帰属するという信念のもとで交錯する複数の物語を生き、また他者とともに整合的な理解を得ようと努力することによって社会的現実を生きるからですし、それが正常なことでもあるからです。現実との絆は、他者との絆であり、そこにロゴス、言い換えれば、物語る力が介在しているというテーゼを、そのように敷衍したいと思います。

## 2　エネルゲイアとしての物語る力

### 物語る力の類型

問いは「現実成立の条件とはなにか」でした。それは、現実が分裂的ないし複数的に見えることがある一方、真実には私も他者も帰属する一つの現実があるに違いないという信念も根強いことを確認したうえで、私と他者が嫌でも会わざるをえない場合にも、どのようによく生きることができるかという問いに導かれていました。現実との絆が他者との絆であり、そこにロゴスが介在するという直観は、ライプニッツの夢論証や περιχώρησις の存在論も踏まえれば、言語だけの問題ではなく、私たちが身体的に因果の網の目と存在の時間的連鎖のなかにあることに根拠をもつことも分かるでしょう。

しかし、課題があります。第一は現実世界の複数性と唯一性の存在論的問題です。私たちは自己も他者も同一世界に帰属すると信じて、交錯する複数の物語を生き、他者とともに整合的な理解をえようと努力することで社会的現実を生きる選択をするだろう、としましたが、これは態度ではあっても、現実世界の存在論的決定ではありません。第二は、この態度を正常健全とする場合、そもそも「正常」とはなにかに関する考察が必要です。第三は、そのような態度を選択するとき、現実を生きることを「現実主義」と異なる或る種の演劇的な生き方、或る役割を生活のなかで担うこととした点です。それはつねに善いとは限りません。どんな役でもよいとは言えないからです。多重人格に苦しむ人は、いつの間にか或る役柄にはまり込んだのであり、その現実は苦しいものです。ハサンにとって現実は迷宮となったに違いありません。ライプニッツに準《なぞら》えて、この迷宮脱出の糸を探さなくてはなりません。

まず第三の課題に関連して「物語の一員として、糸に引き裂かれることのない織物を織る」という譬喩の意味を、この条件の（非）充実に関わる複数の類型の考察から明らかにし、現実を可能にする物語の両義性と両価性の構造を鮮明にします。それは、現実理解の欠如や歪みに注目する方法、陽性陰性の現象やそれに類する経験を際立てる方法です。世界の複数性モデルの基礎にある物語現象の構造解明にも役立つでしょう。これを踏まえた類型の比較考察から物語る力を特徴づけ、その構造が「人や社会が正常であること」とどのように関連するかを考えます。それは現実を物語る力を最適化の観点から把握することを意味しますが、そこに現実感に対応し、それを支える健全の根拠が見いだされると観測されます（松田 一九九九）。

どんな役でもよいとは言えないという点から始めましょう。死に追い込まれるほど虐《しいた》げられる者の役を想起すれば、問題は明白です。悪夢のような物語に封じ込められた者には現実は耐え難いものです。物語には両義性と両価性があり、個人や社会の自己同一性を肯定的に形成し助ける一方で、個人や人々を搦め捕り、自己同一性を否定的に捏造・破壊することで窮地に陥れもします。「助ける」や「窮地に陥れる」という評価は、行為や振る舞いの直感的に見た健全さを前提にしたいと思います。いじめを考えてください。これは規範の妥当性を素朴に前提することですから、問題を正常と病理の観点から考察するときに、その妥当性の意味や機能、そして権利根拠を検討します。

以下では四つの類型を考察しますが、選択される物語は現実の両義性、両価性に関わるものに絞りました。①子どもが「現実を知らない」ことに現象する愚かさや無知、および、②心を病む人が「現実をとらえそこなう」ことに現象する「狂気」の物語は、そこに含まれる登場人物が物語の一員として糸に引き裂かれ、糸を紡ぐことができない構造を示します。他方、③しばしば社会から「正常でない」などとして除外されてきたものの自己回復の努力も物語として展開されることに注目します。最後に、④現実が伸縮したり分裂したりする現象を扱います。以上の類型は現代の社会的現実の位相を形作っているので、私たちに無縁のものはありません。これらの類型は「物語として語られる現実」とそれを支える「物語る者の生きる現実」との二重の関係も示しており、現実の存在論を整理する枠組みとして物語る力の概念を与えてくれます（ここでは「ストーリィ」、「ナラティヴ」、「物語」という用語の区別に関わる考察はしません）。

### 類型①　子どもの嘘——物語の不整合と自己同一性の欠如

浜田寿美男が論じる「ラーシュ事件」（浜田 一九九八、四〇頁）に注目します。五歳の活発な男の子ラーシュが語った話があまりに迫真的だったため、たまたま彼が出会った人物Sが幼児に性的いたずらをしたとして警察に逮捕されてしまったが、それは男の子が母親に禁じられた悪友とのつきあいを隠すための嘘だった、というものです。事件の経過は省きますが、子どもの嘘が母親や取り調べをした警察を巻き込み、「ちょっとした思いつきで自分の口をついて出た言い逃れが、周囲を動かし、一つの物語にふくれあがって、そのなかに自ら巻き込まれ、もはや自分ではどうしようもなくなってしまった」（同書、四九頁）構造に着目します。幸い逮捕された人物Sの身元調査ではSに不利なものがなく、子どもの供述と捜査記録に大きな食い違いがあることから、供述分析の専門家による再鑑定が行われて、Sの冤罪が晴らされました。

発達心理学者として著名な浜田は、数多くの冤罪事件を論じ、「精神的遅滞者」の関わる冤罪事件である可能性を否定しきれない自白の例も挙げつつ、子どもの証言から子どもの語る物語と子どもが置かれた現実およびその現実構成能力の構造連関を浮き彫りにします。子どもの語る人物Sが幼児にいたずらをしたという表層の供述の背後には子どもと悪友とのつきあい、日常的現実の陰の物語が隠されており、大人の注意を陰の物語から逸らすために子どもはとっさに嘘をついたのです。その子は悪友とのつきあいを隠そうとして嘘を言うのですが、両親に嘘をつくことを厳格に禁じられていたため、その場面の供述を繰り返すのを避けようとしたことも報告されています。これは、子どもが物語によって他者に或る役柄を担わせようとした例ですが、逆に、他者の誘導によって、いつのまにか子どもが或る役柄を担わされてしまう場合もあります。

浜田はそれを「「私」のなかに他者の物語がこびりつく」（同書、一三八頁）ことと呼び、心理学者ピアジェのエピソードを挙げています。それは、ピアジェが二歳のとき誘拐されそうになったという出来事に関する記憶が、実はベビーシッターによる作り話であったことが後に判明した、という例です。ラーシュの例でも、他者に役柄を担わせることは、同時に自分がその物語のなかで或る役を演じることを意味しますから、かえって供述における役柄と日常的現実の陰の物語における役柄との齟齬、整合的一貫性の欠如とその背後にある嘘をつく子どもの動機や欲望が供述分析の専門家によって示されることになったのです。

この事態が意味しているのは、子どもの物語に含まれうる話の不整合性と自己同一性――役柄の一貫性やアリバイ――の欠如との相関であり、認知的・規範的合理性の観点から見て、子どもが語り、語られる物語に含まれる破綻、場合によっては登場人物がそこに封じ込められてしまう、嘘から滲み出る愚かさや無知、狡猾さです。浜田はそれをラーシュが「二つの相いれないコミュニケーション領域」を生きていると表現します（同書、一七九頁）。問題は、二重の意味での合理性の観点における子どもの物語る力の弱さですが、子どもが大人になる、つまり成熟するためには、少なくともその必要条件として、物語る力と自分を語る物語に関わる力を身につけることが求められます。大人になることとは「現実を知る」ことだと言われるときにも、そのような構造的契機が注目されます。子どもは、自分の物語が自分と周囲の行動や状況を左右することを知り、物語の周囲への反響も考慮しなくてはならないことに気づいて、そのうえで物語ろうとするとき、物語の一貫性に対する意識的態度が生まれうるのです。この事態から、物語る力を構成する条件として、陰に陽に、[1]自己関係の能力として、自分の語る物語に対する反省を含む、整合性産出の能力が取り出されるでしょう。そこに他者との相互関係が含まれるのはすでに見たとおりです。

類型② 狂気の物語——現実をとらえそこなうことと物語る力の衰退[3]

物語る力の衰退のために、語り手自身が自分の物語に縛られ、底無し沼や蟻地獄のような物語のなかで身動きが取れなくなる場合があるとすれば、その典型は、心病む人が現実をとらえそこなう「狂気」の物語ではないでしょうか。それは歪みが生じた信念や見方に囚われ続けるところから生じる物語です。これは類型①と異なり、前提となる一点を除けば、全体として終始一貫して見えることすらあります。そのため完全に現実と信念ないし妄想とが取り違えられ、主客や自他あるいは肯定否定関係が転倒した物語になったりします。その場合、自己認知と他者認知に混乱が生じ、自分の思考が他人の声に聞こえる幻聴を含むような古典的症例も生じるのです。子どもが語る物語が、口から出まかせを言って嘘に嘘を継ぎ穂する、或る柔軟性をもつのとは対照的に、以下の例は極端なので慎重に扱う必要がありますが、その物語は硬直化し、「石化」する傾向をもつとされます。メルロ＝ポンティも患者の思考のステレオタイプ化と恣意性の繋がりに触れていますが（メルロ＝ポンティ 一九六四、七七頁）、記号論の有馬道子はクラウス・コンラート（一九〇五―六一年）の『精神分裂病』（一九五八年）を題材に「統合力の衰退」（有馬 一九八六、一二四頁）した統合失調症の言語と物語を分析しています。解釈は三点に整理されますが、それは本書にとって示唆に富むものです。

(1)統合失調症者の意味解釈は基本的には一般的な意味解釈と同じものである。
(2)統合失調症の特徴は意味解釈における統合力の単一要因によって統一的に説明される。

(3)統合失調症の正常と異常は統合力の衰退の程度に連続的相対的に関係づけられる。

心病む人の認知や行動に関わる物語の機能と構造を考えるために、(2)と(3)を見ていきます。それは、社会的習慣的連想と私的連想の統合が失われた状態が先鋭化する、統合失調症に特徴的な現象としての「妄想的知覚と万能体験」、「メタファーと構文の衰退」です。

妄想的知覚と万能体験の場合、問題の統合が失われる結果、イコン、インデックス、シンボルの記号作用と不可分の知覚も影響を受けざるをえないことが指摘されます。そのとき、記号が私的に突出し、社会的記号と統合されないため、知覚が妄想と化しうるのです。それは、知覚の解釈者である心病む人が、特定のイコン解釈の視点に固着し、それと類似や近接関係にあるものをすべてそこから読み取ってしまう傾向があるからです。聞き覚えのある声の主が、自分の知らない人でも、それが「自分に分かられたくないから変装している」と不自然な推測をしてしまう例です（同書、一三七頁）。これは、しばしば妄想的知覚と連動する被害妄想と表裏一体の万能体験の現象にも関連します（同書、一四二頁）。両者を他者との距離・抵抗感に関する陽性と陰性の症状として性格づけることができるでしょう。統合が失われる結果、記号の社会的連想の枠組みを脱した私的突出が押さえ切れない状態になり、あらゆる記号が自分を迫害するものとして機能する場合と、逆に同じ社会的連想の枠組みからの逸脱が、自分をすべての記号に意味付与する万能の神の位置におく場合があります。

有馬によれば、迫害者と万能の神は同じ構造の対極的視点の固着であり、「同じ構造」とは、解釈者と世界がつねに直接的に関係づけられている構造、つまり、世界のなかの記号がそれら相互のあいだで自分とは無関係に関係づけられて動いていく側面があることの認識が欠落していることを意味します。これは意外に重要な指摘です。したがって、物語る力は、[2]知覚も含む記号解釈として共同性ないし共有性を支えとすることが導き出せるでしょう。知覚される記号解釈の歪みと患者の物語る力の衰退は構造的に対応します。コンラートの患者は、第三者の視点を交えて自分の視点の特異性に気づき、それを修正したり抑制したりすることはできません。自分のまわりに生じることがすべて自分に関係すると思うのをやめられないのです。それは、私的領域と社会的領域の区別の喪失を意味し、誰かにいつも監視されている切迫感とも関連します(同書、一四四頁)。有馬の説明は説得的です。

メタファーと構文の「衰退」にも同様の問題が見いだされます。メタファーは、有馬の定義では「関係づけられるべき複数の連辞の視点が連合の軸における社会的習慣的連想との統合によって結ばれることによって生ずる奥行きのあるテクストの解釈」(同書、一四六頁)ですが、或る患者は「一石二鳥」の意味を理解できません。一つの石で二羽の鳥を落とすことなどできず、よほど運がよければ両方に当たるかもしれないなどと考えてしまうのです。これが示唆するのは「一石二鳥」を文字どおりにしか理解できない言語理解の硬直性と視点を切り換える能力の不全です。社会的習慣的連想との統合から乖離した重症の患者は、一から意味を解釈し、作り直さなくてはなりません(同書、一四三頁以下、同書の中井久夫による序文参照)。その結果、患者の言葉とその意味との関係は理解困難になるのです。

統合力の衰退がさらに進むと、多くの語彙をもちながらも、語を繋ぐ構文——典型的には、名詞のような「内容語」と区別される「文法語」である接続詞——に問題が生じ、文が構造的に熟さずに「朦朧」(有馬 一九八六、一七一頁)となる事態も生じます。それが顕著なのが、「逆さ言葉」、つまり、言葉を後ろから前へ逆に言う言語の錯乱です。それは、相手の言葉を聞いたとき、最後に聞いた近い言葉から始めて、遠いものに向かって相手の発話をなぞる「反響語」のような事例と関連します。或る患者のドイツ語 »Tsrarebo rehgat netug« は »Guten Tag, Herr Oberarzt« の逆さ言葉でした。こうした記号・言語の統合力の衰退は、迫害者と万能の神の場合と同様、感覚や感情、身体も含めた自己認知にも反映せざるをえず、私的連想＝思いつきが、患者本人には霊感のように感じられてしまうということも起こります。有馬は、統合力が衰退すると、解釈者は自分の解釈が自分に帰属する十分な現実感をもちえないことを指摘し（同書、一八八頁）、自分の身体の異常感覚や身のこなし、楽器の演奏のぎこちなさのような自己身体の統合力の問題がこれに連動する点も示唆しています。

こうして、②の場合、自己と他者、社会、さらに自己自身（身体）との絆が細り、あるいは捩《ねじ》れ、断たれていることが明らかになります。絆となるロゴスは、或る意味で自他を仕切る障壁なのですが、言葉や身振り、行為というボールを投げると、反面ではそれを反射し返す相互関係としての壁であるからこそ、他者に通じる媒体ともなり、自己の姿を映し出す鏡ともなるのです。[1]の自己言及・関係はここに基底をもちますが（同書、一九五頁）、それが不全状態に陥っているのです。存在論的に見れば、フィードバックを可能にする抵抗として現象する現実の一面がここにあります。

ボールの隠喩を拡張して表現すれば、心病む人は、同じ壁に向かってボールを打ち合うスカッシュのように、リズミカルにボールを打ち返し続けることができません。この隠喩は、物語る力が、そのやり取りを行う他者の存在を含む以上、単純に個人の能力に還元できないことを示唆すると同時に、抵抗現象の一部として、現実が一枚岩ではなく、そのうちに秘密や不透明な部分をも隠し持つことを含むものです。ゲームの競技者は互いに手の内を推測しあい、相手の裏を掻いたり掻かれたりしますが、駆け引きも現実の本質的要素なのです。患者はしばしば秘密を守ることができないとされます

（同書、一五〇頁。熊倉 一九八三参照）。そこに患者の現実があります。こうして物語るための条件として、[3]現実が自他の共有を可能にする場所をもたなくてはならないこと、また、[4]物語られる現実の多極性ないし多中心性が導出されますが、時としてこの空間論的二条件は両立せず、現実を迷宮化させるのです。

有馬は過去－現在－未来の心理的時間と記憶の変容の問題も取り上げています。ここにも私的な心理的時間を社会的慣習的記号関係に統合できない不安定状態があります。この不安定性は、一方では統合力の欠如から生じる時間感覚の硬直性に（有馬 一九八六、二一一頁）、他方では時間解釈に関する逸脱した私的連想に現れます。前者は、未来が単なる過去の繰り返し、「死んだような」平板な時間として現象する様相であり（同書、二一二頁）、後者は、過去が「未整理な印象の万華鏡的な倉庫」となって、未来を予測するための時間系列の一貫した整合性を欠くため、未来や現在の出来事を意味づけるとき、それがなにか特別なことの兆しとして位置づけられてしまう現象で、そこに恣意性があるものです（同書、二一三頁）。もちろん自己の現実の物語も、この時間性の構造に左右されます。被害妄想や霊感的特性を反映するステレオタイプ化した物語が生まれる理由がそこにあります。この限りで、[5]物語られる現実の時間論的条件として出来事の変化と多様性が付け加えられてもよいでしょう。患者は①とは異なる意味で物語に縛られ、閉じ込められ、そこに「狂気」の苦しさがあると思われます――苦しさは絆の名残とも言えるかもしれませんが。

子どもが成長し、嘘を悔い、規範を身につけた大人に変貌する可能性をもつ一方、患者にはどのような回復がありうるでしょうか。それは、[1]から[5]の条件が示唆するように、広い意味での物語る力の回復・獲得の問題として考察しなくてはならないでしょう。自分自身の存在に対して時間的・空間的、そして規範的に見て整合的な位置を与えうることと物語る力は本質的相関関係にあります。絵画療法（中井久夫）や箱庭療法（河合隼雄）のように、自己言及を含む自分の位置づけのための、分節化された言語以前の物語る力の可能性も考慮しなくてはならないでしょう。

### 類型③　回復の物語——自分を現実のなかに肯定的に埋め直す

その点で参考になるのが少数者の物語行為です。「正常でない」として社会の中心から除外された「少数者の自己回復」の努力の過程で、物語る力が彼らの現実理解と現実にどのように関係するかを見てみましょう。ケン・プラマーは、日々の活動と日常生活の戦略から、社会的に埋め込まれた「苦難を受け、切り抜け、克服した」個人の物語に注目し（プラマー　一九九八、三〇頁）、この種の物語行為を社会的行為として、また「物語を語ったり黙ったりする能力」ないし力の問題として位置づけています（同書、三二頁）。苦難を受け、切り抜け、克服する構造は同性愛者のカミングアウトやレイプ・サバイバーの回復の物語から分析されますが、そこでは物語の社会的役割が問題となります。このパターンの典型的な物語に集中しましょう。

プラマーは、マスコミに登場するアルコール依存者や幼児虐待からの回復者の物語を取り上げています。それは子ども時代の機能不全の家族が原因で心にトラウマを抱え、酒飲みになったが、その後、家庭を出て子どもの時からの過去を振り返ることなどでそれを克服し、「本当の自己を発見する」（同書、二二〇頁）に至る過程を描き出す物語です。このタイプの物語は、自助グループのなかでしばしば同時に幾つかの段階のプログラムをもった課題を与えることで、同じ状態に苦しむ人々を助けるための模範として推奨されます。

プラマーも指摘するように、否定、自己探求と回復によって特徴づけられるパターンは、新しいものではなく、伝統宗教にも見られますが、注意しなくてはならないのは、それが②の患者の物語の私的連想と社会的慣習との不統合とは対照的な社会的類型性をもつ点です。ある点では陳腐なこの類型性が物語に共有可能な現実性を付与することは否定できません。この構造が重要ですが、その状況は次のように言い表すことができます。抑圧された人々が異議申し立てをするのは、自分を主体として認めることによってであるが、現実を定義し、新しい自己同一性を形成し、自分の歴史に名前をつけ、自分の物語を語ることによってである、と。プラマーは、この現実の定義と新しい自己同一性形成のために「時機を得た」物語が成功するための必要条件を分析しています（同書、二六三頁）。それは私的な物語が公的世界に移行するための必要条件、物語が言説として力をもち是認されるために充実しなくてはならない構造的条件です。なかでも個人が問題を感じ、それを言葉にして公表するなかで物語の語り手が自己同一性を生み出す点が重要です。それは、自分の生活を私たちの人生の物語として提示し、自分が誰かを、その過去‐現在‐未来の時間的統一と他者との差異も含めて語ることで公共性、つまり社会的世界を創造します（同書、二六八頁）。このことは、物語行為が、物語を聞き、それを自分の物語の一部として共鳴できる聴衆の存在を要求することを意味します。プラマーは、そのコミュニティが物語を共有するだけでなく、一定の政治力、物語の語りを促進する「協調と忠誠からなる可視的で公的なコミュニティ」（同書、二六九頁）でなくてはならないことも指摘しています。誰が現実を定義するかをめぐるアポリアに触れましたが、社会的現実を問題にする限り、この共同体の可視的かつ政治的な有り様は看過できません。

こうして物語が公的に定着することは、現実の定義と自己同一性を形成する物語の問題が、様々な程度はあっても敵と味方に分かれて闘う手段、その意味での政治――修辞や権利論も含めた語りの政治――問題であることを意味します。プラマーの分析は、現実の定義が力関係で決定されるという印象を与えます。しかし、現代社会では、彼の分析から二〇年以上が過ぎたのですが、それは、しだいに「内的自己の線形的追求」の形式が崩れて多様化し、たえず視点を移しながら書き換えられていく断片化傾向の物語形式が登場して、画一化した回復の物語に変化の兆しが見える点も指摘していました。物語の政治が個別化・差異化の度合いを深めると予測し、物語のステレオタイプ化に関連して、セイラ・ベンハビブが硬直した自己理解の弱さを問題にした点も確認しています（Benhabib 1992）。

彼女は物語の自己言及的構造に注目し、「話の語り手であるとともに話によって語られる人そのものである」という「自己の二重性」を強調しています。自己言及する自己の二重性を踏まえ、語られる自己の同一性が語る自己と他者のパースペクティヴを統合したものであることの重要性が指摘されています。人生の物語が他者の観点からだけ語られうるなら、自己は自分の存在を統御する力のない犠牲者であり被害者である一方、人生の物語が個人の観点からのみ語られるなら、自己は連帯性のない自律性だけのナルシスト、一匹狼になってしまうからです。確かに、自己の物語における他者の観点と自己の観点のこの統合の重要性は、それが自己の自律性と他者との連帯、自己の公正と他者への配慮の統合の相補的関係を意味するなら、「現実をよく生きることは糸のように交錯する複数の物語の一員として糸に引き裂かれることのない織物を織ることができるかどうかにかかっている」という隠喩と重なり合うところがあります。

ベンハビブによれば、自己が一貫しているという意識は、自律性と連帯性の統合がうまくいった場合か、公正と配慮が適正に混ざり合っている場合に得られ、公正や自律性だけでは、個性をもった人間の意識を明らかにする物語の網目を維持し、豊かにすることはできません。また連帯性と配慮だけでは、主体としてだけでなく、一貫したライフ・ヒストリーの書き手の水準に自己をひきあげることもできないのです（同書、三〇九頁）。プラマーは、個人が産出する物語と物語を聞いてサポートを与える共同体との互いに必要としあう関係を強調しています。この関係は、それが嘘を信じることに暗に機能していた①や、聞かれたとしても物語として成立せず、支持の欠如する②の場合にも暗に確認できます。その限りでは、二つの例でも、その構造に対応した物語る力の条件が問題になっています。物語の社会性の分析は、[6]物語行為の条件として、聞き手の存在の共同性を要請し、この条件に相関して定義・構成され、物語られる現実の社会性を浮き彫りにするのです。

しかし、ここで現実の定義をめぐって、[2]劇場並立モデルの問題点が再燃します。語り手とそれに聞き入り、それを会話やSNSで広める聴衆からなる幾つもの物語が存在し、なかにはそれらが両立しない場合もあるからです。プラマーも対立し、競い合う物語が「将来の政治的論点」（同書、三四五頁）になることを認め、それにどのような対処方法がありうるかを論述しましたが、物語の多元性のモデルを優先することで終わりました。これは満足できる結論ではありません。同じ不満は、プラマーが物語の真実の問題を、結局、物語の結果、物語の社会的プラグマティクスに置き換える点にも妥当します（同書、三六九頁）。

セラピーにおける物語が生活に一貫性を貸し与え、「癒しの過程で鍵となる役割を果たす」ことに言及して、そこでは物語が真実であるかどうかは問題ではなく、生活に一貫性を与える機能をもつだけで十分である点を認めるプラマー自身も物語の危険性に触れています。その理由は「見いだされた自己が標準化されてしまうことがあまりにも多いから」（同書、三七三頁）というものですが、物語の真実の問題は変わらず残ります。それは、物語が個人や人々を助ける一方、搦め捕り、自己同一性を捏造・破壊することで窮地に陥れる可能性、両義性・両価性をもつからにほかなりません。誤った物語を信じ込んだ人々が「救われる」と思うこと、逆に正しい物語を知っている人が余計に苦しい状況に陥ることもあるのです。ハッキングも、フロイトの患者が「統合された大人の女性」になる過程を描いた『イブの三つの顔』（コーベット・H・シグペンとハーヴェイ・M・クレックレイの小説（一九五七年）。同年にナナリー・ジョンソン監督によって映画化）の物語のモデルである一方、ドラマが描かなかった彼女の激しい政治的遍歴に触れています。カウンセリングを考えると、聞き手は共同体ではなく、秘密を守る心理士や医師であり、物語は限りなく個別化される可能性がありますが、その真理性の担保の問題も解消されないのです。このことは、物語への判断停止が必要な場合も含め、語られた物語が与える回復の可能性と限界を考える必要を示唆しています。

### 類型④　断片化・伸縮する現実の物語——私と身体の輪郭の不確定性

最後に、物語られる現実の分裂と伸縮の類型を検討しましょう。これまで発達心理学、記号学、社会学から物語る力との関連で現実の構成条件を抜き出すように努めてきましたが、人格の同一性をめぐる精神医学や神経学からの考察を現実性の解明に転用します。ジョナサン・グラバーは「ひとりの人物は一つの不可分な統一性をもつという自然な信念は誤っている」（Glover 1988, p. 14）と主張し、人格を分割するように見える意識の断片化を考察しているからです。意識の可分性は意識される現実の可分性を含意しうる点で発見法的意味をもつと言えます。しかも意識の分割仕方を理解することは、逆に人々が意識を共有する方法をどうすれば発展させることができるかを示唆するともされるからです。この点で、④を夢や虹、幻肢を例にした自然哲学から現実存在論の社会哲学への転換点として位置づけることができるのです。

グラバーの第二の主張は、人格であることは自己意識を必要とし、自己意識は一定の統一性に依存するが、病理的事例を除けば、我々はこの統一性をかなり高い程度でもっている、というものです。第三の主張は、自分自身の統一性がなにに本質的に依存しているかに関する自分の自然な信念は誤っている、ということです。物語る力と相関する現実現象の解明を行う方法論からすれば、考察を振り返る意味でも人格、身体、自我の分割、縮小拡大の現象に注目し、相関する現実性の分割、縮小拡大を規定する力の構造を浮き彫りにすることが適切です。多重人格の解釈、脳の損傷が引き起こす特異な症候群、そして指標詞「私」の指示の固着・曖昧さ・文脈依存に関わる現実性、特に「私の現実」の構造の問題を取り上げることにします。

解離性同一性障害の解釈で問題となるのは人格の分割の理解です。グラバーは、関連する諸説——意識的演技、作話、自己欺瞞、ダブリング（ibid., p. 23）——を検討したうえで、幼児期にひどい虐待を受けた子供が自分の力で解決できない問題に無意識に対処する戦略が、両立困難で一貫した整合性を持たせるのが難しい生活の各場面と役柄を、客車の個室のように、互いに無関係なものとして区切ることで中心的意識から切り離し、場面毎に対応する人格間の記憶の繋がりを断つ「コンパートメント化」であるという仮説を提出しています（ibid., p. 24）——実は完全な分断はないのではないか、といった問題がこの仮説には認められます。

この場合、複数の人格が物語る、それぞれの現実は、容易に調停統一することが難しいものです。ここから物語る力と語られる現実に条件として要求されるのは、[7]語られる物語の個々の場面相互間の、特に登場人物に関する一貫した統合・両立可能性であることが導けるでしょう。多重人格ではラーシュの場合以上に、その能力が不全に陥っていると言えます。この条件が欠けると、一つの物語、一人の人物の同定も不可能になりえるでしょうし、逆に、或る犯罪者の二四の人格も、謎が解けてみれば、一つの肉体をもつ人物のきわめて稀な物語として統合されます。

第二に問題となるのは、てんかん治療の過程で発見されて神経学で話題になり、哲学者も論じた分離脳、脳の或る部位の損傷が引き起こす特異な症候群です。幻肢の例を思い出してください。ここでは主に脳や神経系の統合の衰退から自分の意志で動かすこと、制御できなくなった自分の身体や人格の部分を意識が外部化断片化する現象が注目されます。たとえば、オリヴァー・サックスのパーキンソン病患者が、歩いたり、体を動かしたりする場合に、自分の身体を自分の意志でうまく制御できないため、自分の体が言わば外在化されて操作の対象となるような現象です。患者は歩いてから途中で止まろうとすると体の震えをどうしようもできないので、そのまま速度を上げて歩き続ける習慣をもちます（ibid., p. 75）。

脳卒中の発作で倒れ、言葉も発することができなくなった思想家レイモン・アロンの意識には自分の身体が純然たる「もの」として現れ、身体は自分の意のままにならない状態で、それを外から見物人のように観察した、という話も挙げられています（ibid., p. 76）。自分の身体が「自分の住処」のように感じられなくなる事態です。そこでは自分の身体やその境界の表象に変容が生じていると考えられます。類似の事態は自分の身体を実感できない自己受容感覚の変容でも指摘されています。デカルトも同じ事態を語りましたが（ibid., p. 47）、自己の身体存在の実感喪失という仕方で現実感の変容が生じているのです。

一人称的・主観的に内から感じられる自分の身体の境界と、他者の視点から見るような外から見た自分の身体の境界との不一致は、頭頂葉に損傷を受けた患者の身体像の障害では特に著しいとされます。「半側無視」の現象では、患者は「両手を置いてください」と言われたとき、筋肉には障害がなく、左右の手を振り歩くこともできるにもかかわらず、片手しか動かせないし、髪も髭も片側しか剃ることができず、鏡を見てもそれを直すことができない状態になります。身体の半分が自分の一部として認知されていないのです。同様の混乱は、存在しない第三の手が有るように感じたり、逆に身体全体が消えたり根絶させられたりする感覚をもつこと、麻痺した自分の手が他人の手のように感じられたりすることにも見られます（ibid., p. 80）。

これらの神経学的説明には立ち入りませんが、自己身体像の不全から、自己の身体の現実感・自己身体把握に限っても、脳、神経系も含めた、[8]身体の統合力と身体現象の相関関係を見ることができるでしょう。頭頂葉に損傷を受けた患者の自己の身体的現実に関する物語は、そのような「収縮」を示しています。グラバーは、こうした自己身体像に自己の身体の大きさ、形、姿勢などに関する気づきも含めます。それはバスの運転者が自分の車にそのような知覚をもち、山間の曲がりくねった狭い路を縫うように車を走らせることを可能にします。車体があたかも自分の身体の一部のようになるのです。例は野球選手のバットやグラブ、体の不自由な人の車イスや補助具でも構いません。これは収縮に対して身体の「拡張」と呼べる現象です。この伸縮に応じて「私の現実」も伸縮すると言えるでしょう。

第三にグラバーは、人格の分割や身体像の伸縮と指標詞「私」の指示の問題を結び付けます。ライルの『心の概念』が指摘した「私」の指示の固着、曖昧さ、還元不可能性の特徴を踏まえ（ibid., p.

62)、「私」という語が、時や場所を指示する「いま」や「ここ」に似た振る舞いをする限りで、自我概念には柔軟な場所的性格があることを指摘しています。指標詞「私」の三つの特徴は、事実、現実の存在論的特徴を解釈するさいの手がかりになるのです。「固着」は、私が、前節で見た青年の場合のように、交通事故に遭って記憶喪失になり、自分の名前や過去を忘却してしまったとしても、「頭が痛い」というように、自分について語る場合、私が私に影のように付きまとって離れない事実を言います。「曖昧さ」とは、その一方で、「私」がなにを指示するのかについて、内省でも物理的場所指定でも、指示の曖昧さが付きまとうことを意味します。「私が指示する私はどこにあるのか」と問われれば、通常「自分の身体のある場所」と答えればよいのですが、特定困難な場合があることを述べているのです。

「還元不可能性」は「私」の指示対象の汲み尽くし難さを意味します。或る犯罪の犯人がこの私であることを公開する指名手配の人相書の例が挙げられています。それは、私の外見の記述やモンタージュ写真をいくら詳細にしても埋められない溝があると感じる、自己の個別性の感覚に対応しているとされます。しかし、グラバーは「私」が指示を行う点を強調します。その理由は、人物Tが「自分を主語としてある決意を表明する文」と他人Sが「その人物Tを主語にして同じ決意を報告する文」の主語が同一人物を指示しないと主張するのは不合理だから、というものです。二つの文の主語は同一人物Tを指示しますが、指標詞「私」は、私を或る類の個別例として指示しないと主張します（ibid., p. 68）（「私」という指標詞を真理関数的と見る立場もあります（野本 一九八八））。「私」という語は、時や場所を指示する「いま」や「ここ」と類似した仕方で指示に関して柔軟に働くと見なすのです。これは古語の「こなた」や「そなた」に関するフンボルトの説明とも共通しています。

グラバーは「私」の指示を論じましたが、語としての「私」が「いま」と「ここ」に似ていることは、現実の存在論にとって重要です。指標詞「いま」、「ここ」は仮想されるだけに過ぎない可能性と区別される様相、現実性の不可欠の契機であり、私の存在もその意味の現実から切り離せないからです。いまここが客観的で精密な物理法則に登場しない主観的自我的性格を強く帯びていることは誰もが知るところです。[4] 物語る私の自己関係・言及の基底にあるのも、私のこの時間空間的な有り方です。こうして物語る私と相関的に時と場所の決まる文脈依存性の含意として、[9]「現実」の指示項も語り手に固着し、曖昧で還元不可能になります。「私」と「現実」の指示の柔軟性を決定する物語る力への考察の通路は、[8]と[9]を加えなくては開かれないでしょう。

現実の収縮現象については、身近な多元中継、「リアルタイム」の報道を自宅で見ている場面を想定してみましょう。台風の襲来で押し寄せる波浪や暴風雨の様子を記者とカメラマンが岸壁や川沿いあるいは土砂崩れの現場から伝えている状況です。そこには少なくとも三者の視点が見いだされます。現場のカメラの複数の視点、それを局で集約し、切り替え、一つの場面にする製作者の視点、そしてその様子を画面を通して眺める私の視点です。これらの視点は、いずれも強い風や降りしきる雨の様子を眺める側に立っています。それは、川の中洲に取り残されて救出を待つ人も映し出すかもしれません。救出を待つ人のなかにスマホから直接、画像を送る人がいてもおかしくないでしょう。そうすると、この事件を見る視点は、救出を待つ側とそれを川岸から映す側に、さらには局の多元中継とそれを見る視聴者に分かれていきますが、救出を待つ人が携帯電話で番組を見るという仮定を付け加えると、見る側と見られる側は実体的には区別できないことになるでしょう。問題はこの場合、現実の境界が非常に流動的であり、曖昧である点です。

危機に見舞われている人の恐怖や不安を自分の現実として感じるかどうかを考えると、もちろん安全な場所でそれを見る人、報道する人、そして報道されていて、しかもその状況を身をもって直接に感じ見る者とでは違いがあって当然です。その光景を通じてあたかも中洲の人に自分が乗り移ったかのように不安に感じ、雨に打たれる冷たさを感じる場合もあるでしょうし、画面に映し出された中洲にいる自分を冷めた傍観者の目で見ることもありうるでしょう。私を含む現実は、目まぐるしく換わる場面のように、多元的であるだけでなく、「集合離散」するとも言えます。テレヴィのスイッチを切ったり画面がCMに替わったりすると光景は一変し、人々のことは忘れられるかもしれません。そのとき、いまここの意味の現実についてなにを確定的に言うことができるでしょうか。画面のそことここは簡単に離散するように見えます。

現実の流動的不確定性は、別の場面に目を移せば、スポーツ観戦やコンサートを通じての一体的高揚感、膨れ上がるような現実感と、その対極として、子どもの時、たとえば友達にいじめられたり、親に叱られたりして、惨めさや悲しみに圧迫され、クローゼットや暗い部屋に一人で籠もる時のような孤立した、あたかも一点に自分が閉じ込められたような非情な現実感、それ以外になにも考えることができないような状況に追い込まれた現実感との対照としても現象しうるでしょう。これらの場合の私、いまここにはずいぶんと大きな隔たりがあるに違いありません。しかし、いずれも私の現実として生きられていることに変わりはないのです。震災復興の時間の融合と孤立を思い出してください。

なぜそのような現実現象の変容が生じるのでしょうか。それが次に問題となります。以下では、この問いに答えるために、現実性との関連で①から④の事例が含む諸条件を整理する概念枠組みとして、エネルゲイアとしての物語る力を導入します。

## エネルゲイアとしての物語る力——現実を伸縮分裂させるもの

次は四類型から物語る力をエネルゲイアとして特徴づける課題です。俯瞰すると、現実の物語の構造と物語る力の構成条件はフッサール現象学の言う「基底づけ関係（Fundierung）」として整理できます。その定義は「本質法則的にあるAそのものが、あるMと結合しているようなある包括的な統一においてだけ存在することができるなら、あるAそのものはあるMによる基底づけを必要としている、あるいはあるAそのものはあるMによる補完が必要であるといってもよい」（Husserl 1913-21, Bd. 2-1, S. 261. 松田 二〇一四a参照）という抽象的なものですが、この基底づけ関係の観点に立って、物語の諸類型に示されている欠如や噴出、障害や抑圧の現象から、力の階層存在論へと進みます。特に、物語の現実性と物語る力の関係を解明するために「デュナミス（δύναμις）とエネルゲイア（ἐνέργεια）」概念を手がかりにしましょう。

概念化の第一近似として、マルティン・ハイデガー（一八八九―一九七六年）の或る講義（Heidegger 1981）から始めましょう。その第二〇節が認識論の文脈で知覚される現実と知覚能力を論じています。読者は、ハイデガーの解釈が『テアイテトス』でのプロタゴラス説の批判を端緒に、時間論的な「現前（Anwesen）」から「自然（φύσις）」、「性起（Ereignis）」に移行するのを目にすることができます。つまり、力の遂行と現前性が取り出された後、デュナミスとエネルゲイアの現前様態の違いに注目しているのです。デュナミスの現前は、ἔχειν ないし ἕξις、一定の状態に求められ、エネルゲイアとは違って、遂行にはないとされます（Ebd., S. 183）。デュナミスも遂行と無縁ではありませんが、遂行はなにかが立ち現れることを要求せず、なにも現れていない場合も、ないとは言えないものです。ハイデガーもその意味を明らかにするために、非遂行の意味を指摘しようとして、両腕を事故で失い、焼き物を作れなくなった陶工を例に、陶工が能力（δύναμις）を失ったとは言えないとしたうえで、能力の最も固有な現実性が「実行中」の意味での現前であるとします。その場合、能力の現前は遂行と遂行によって制作されるものの双方から独立なのです。このように、思索はまだデュナミスにこだわり、現存在の可能性から遂行としての現実性への途上にあるとはいえ、「力」が現実存在論の問題として主題化されます。

通常の解釈では、力の非対象的な遂行様態と生物心理的な自然性がエネルゲイアを特徴づけますが、現代では力をこの二点で特徴づけることに消極的な立場もあります。その理由の一つは、「力」を量化可能な自然科学以外の仕方で把握することが躊躇される点にあるでしょう。ハイデガーのアリストテレス解釈がデュナミスを強調するのも、意図の相違はあるにしても、その点に関連しています。また、フーコーに典型的なように、自然を規範化し、そこに入らないものを「異常」として排除するのを忌避する傾向も一役買っています。それは、私の現実と他者の現実の葛藤や障害が生じない限り、調整や妥協のような統合を目指す動機は生じず、暴力的・差別的でありうる悪しき統合を可能な限り避ける傾向が強い現代の状況、価値の多元性、ひいては現実の多元性に対応しています。しかし、両立しない物語が競合し、分裂した現実が先鋭化するとき、どう生きるか、という問いが本書の出発点にはありました。この問いに答えることを目指して、エネルゲイア概念の特徴とリクールによる解釈に触れましょう。

リクールによれば、鍵となるアリストテレス『形而上学』第九巻、第五巻第一二章に関して、まず確認しなくてはならないのは、なぜエネルゲイアの概念が問題なのかということです。第一にデュナミスが潜在能力および可能性に関与するのに対して、エネルゲイアが現に活動が行われ、力が働き、なにか或る質料をもつ存在者の形相が実現している事態とその意味での現実を指示する点が重要だからです。このことは、通常は目立たないが、力がなんらかの原因で欠如したり、十分に機能が発現したりしていないさいに、あるいはそれまで発現が妨げられていても堰《せき》を切って勢いよく一気に噴出する場合に、はっきりと気づかれ、目立つ事実を説明します。これが、対象的には現象しないが、或る機能が遂行されている、[10]「非対象的機能遂行」の意味での現実というエネルゲイア概念――「現実活動態」(藤澤 二〇〇〇、二五三頁以下)――の核心なのです。

ハイデガーが『存在と時間』(一九二七年)で「欠如」概念を用い、世界内存在の世界帰属からの剝奪の契機に注目したことはよく知られています。「手もとにある(Zuhandensein)」道具の分析では、それが「目の前にあるもの(Vorhandensein)」として観察される事物となり、対象的存在者として認識されるようになる様態との関連でこの概念が登場します(Heidegger 1976, S. 61, 222)。先に言及した講義は、存在者の性格によって異なる現前性のうちデュナミスの現前が「エルゴン(ἔργον)」とは異なる状態として、その非遂行状態がデュナミスの完全な不在を意味しない独自の遂行様態である点を強調しています。しかし、本書の現実の存在論は、エネルゲイアの直接現象しないが、働き、或る状態を維持する事態を強調します。ハイデガーは「デュナミスの現実化」――道具が適切な場面に置かれると、遂行可能なものとして現にその能力を発揮する存在様態――に関する「アリストテレス的認識」がその後、思惟されずに終わったと述べ[5]、現実の本質をめぐる問いを、ものの存在やものの本質とは区別される能力の問題としています。しかし、筆者は身体、時間、現実の関係的存在論のなかに力、特に物語る力をエネルゲイアとして埋め込む道を探索します。

この点で注目されるのは、ライプニッツが、能動的な「原始力」の概念を説明するとき、いっぱいに張られた弓から矢が発射されるときに手を放すと、障害が無くなり、力が一気に発揮されるという隠喩を用いたことです（松田 二〇〇三、第一〇節）。そこにはアリストテレスの「自然」概念の精髄が含まれていますが、張られた弓に働く力概念は、現象的には見えないが、実は力が働いて均衡状態が維持されているものとして、より積極的な意味を与えることができます。機能の障害やその逆の抑圧されていた機能の横溢をそのように把握できるでしょう。現実活動態の意味の現実が重要な理由もそこにあります。ライプニッツのエンテレケイア論は、世界を表現し、自己展開するモナドの存在論の枠組みのなかで、生物心理現象だけでなく、均衡と関連する数学・力学・光学の最大最小原理を目的論に組み込む点でも、自然主義的です。以下では「エネルゲイア」の用語で通しますが、それは意志決定の隠喩として力の合成モデルを用い、心的な連合作用と相関する脳の痕跡に言及して、生物心理現象にも力の均衡の契機を認めるのと類比的に、複数の物語と物語る力の複数の力関係にも均衡の要因を発見する手がかりになるのではないかと期待されます。

第二に重要な点は、アリストテレスが、この概念を人間の幸福や正義を問う倫理学の文脈で取り上げて存在論的位置づけを与えたことを受け、[11]エネルゲイアを生物・心理・社会の領域での自然な力として解釈する可能性に関わります。『エウデモス倫理学』第二巻第一章の幸福の定義は、「完全な徳に即した完全な生のエネルゲイア」でした。それは自然本性からの逸脱状態――生物、心、社会の「本性」に反する、ないしはそこに至らない状態――を認識的・規範的に区別する可能性を提供します。エネルゲイアは、生物の身体＝質料に備わる、形相＝機能の実現に向かう生長も含む概念であ[6]

り、倫理の文脈では、「中庸の徳」のように、個人の欲求と社会における正義の双方にわたって、過多と過少の均衡・統合の力として主題化されるのです。「節制」は放埒と無神経の中、「勇敢」は大胆と恐怖過多の臆病の中です。その意味で、エネルゲイアの系譜を引く現実性の概念には、[12]非対象的な遂行状態での力の均衡が含まれます。これは均衡が意識的に行われることを意味しません。統合失調症の患者は均衡を取ること自体に膨大なエネルギーを必要とすると言われますが（中井 一九九八、六五頁）、エネルゲイアには、心病む者の苦痛、それと対照的な快、自己肯定感の契機が付随します。このようにエネルゲイアは行為や規範に関わる優れた社会的機能としての徳も意味しています。そこに個体に備わる機能の意味での自然的能力への方向づけを読み取ることができるのです。反面、それは条件を充たさない者を「不自然」、「反自然」として意味づける危険を含み、「自然」をうさん臭く感じさせもしますので、厄介な問題も潜んでいます。

第三に、ヴィルヘルム・フォン・フンボルト（一七六七―一八三五年）がエネルゲイアを言語に関係づけた点を指摘しておきましょう。彼は、純粋思考に代わる精神の生産的言語能力をエネルゲイアとして解釈しました。言語がこの意味で人間の自然である限り、彼も自然主義者だと言ってよいでしょう。言語は、感覚可能な外的分節音や文字、文のような「エルゴン」と、それを生み出すエネルゲイアの二面から把握されます（Humboldt 1994b, S. 418）が、生産能力が重視されます。しかも文法能力や音韻構造だけでなく、個別の自然言語に注目して、「民族性」や歴史性を含む多様性、文学や歴史と密接に関わる「性格」、さらには文学作品の個性まで考察しています。こうして物語る力をエネルゲイアとして考察する見通しのよい地平が開かれるのです。そうだとすれば、この局面にも力の均衡・統合の問題が見いだされるはずです。事実、『歴史記述者の課題』では、機械的な自然的力、生理学的力、心理的力などを理念の自由な根源的力が統合する観点を押し出す一方、『アルファベット書字とその言語構造との連関』では自然言語の多様な差異――神話的な「バベルの塔」の崩壊後の意思疎通の混乱――を前提として、互いに競いあうことで、それぞれの言語の力も内容も発展することが指摘されています（Humboldt 1994a, S. 46, 118）。個人の能力に尽きない、物語る力に媒介された、現実の場所性も示唆されています。

フンボルト

最後に、アリストテレス＝ライプニッツ＝フンボルトの系譜に、ポール・リクール（一九一三―二〇〇五年）の実践哲学的物語論としてのエネルゲイア解釈を重ね合わせましょう。『他人のような自己自身』（一九九〇年）のリクールは、自己認識の条件を物語による人格の自己同一性の構成として展開する一方、それをアリストテレス解釈に結合して、存在論的解明を試みているからです。第一〇研究は自己性と存在論を関係づける視点として（Ricœur 1990, pp. 351ff.）、行為する人間を焦点に、語る行為も含む「活動・行為の類比的統一」を目指します。[7] そのさい、リクールは、エネルゲイアの構造を明らかにするうえで障害となる概念的困難に触れています（ibid., p. 352）。

第一に、この概念は、運動だけでなく、実践と制作という互いに密接に関連した概念にも用いられること、第二に論理的意味での現実性と潜在性ないしは可能性の概念に対して、現に活動する力と潜在力との概念対の関連が存在すること、第三にデュナミスに対する優位も含め、エネルゲイアは存在・実体概念と強い関連があることです。彼の解釈はオーソドクスです。それは活動・実践の例——見る、よく生きる、作る——がエネルゲイア概念の例だとする点、「エルゴン」がその結果である点にはっきりと現れています（ibid., p. 355. アリストテレス『形而上学』一〇四五b三三参照）。そのことはエネルゲイア概念が、物体運動＝場所移動と切り離され、行為・実践に適合する例で顕著になります（同書、一〇五〇a九）が、動詞の時制を含む文法的基準にしたがって、この分離が行われることが注目されます。運動と行為・実践の意味での活動は、動詞の現在分詞形と現在完了形が同時に成立するか否かを基準に区別されますが、[8] 物体運動はこの基準を充たしません。いずれにしても、そこでは幸福がエネルゲイアの典型であり、この例が示すように、エネルゲイアはすでに目的が達成されている点で運動と区別されます。こうして行為の根拠の解明を目指し、行為する自己の存在論が展開可能だとリクールは考えるのです。この文法的基準に含まれる完了時間性の様態は、本書の「駆け出しの役者」の隠喩にも含まれています。それは、現実が壁のように立ちはだかるのではなく、或る手ごたえ、抵抗感を感じさせながらも、すでに生きられている遂行様態を特徴づけるのです。世界内存在の世界帰属の様態を表現する「いつもすでに」も、実はこの点でエネルゲイアの存在様態と時間性に対応しています。

次にリクールは、エネルゲイアの時間性に含まれる同時に潜在性であり現実性である性格をハイデガーの『存在と時間』の良心論から説明します。良心論が自己の存在論的分析に役立つからです。ここで自己性と同一性の区別にエネルゲイア論の観点から存在論的意味が与えられます。人格の自己性と同一性の区別（ibid., p. 146）に関して、約束、証言（ibid., p. 92）や自己保存（ibid., p. 195）の現象に見られる自己性の反省的性格が強調されています。私の自己性が、約束の言語行為が特徴づける一貫した道徳的恒常性だとすれば、私の同一性は物語られる私の同定可能な諸性格を意味しますが、この区別は私の二つの存在様態の区別に関わると考えられます。ラーシュも嘘をつくことで母親との約束を破った疚《やま》しさを感じる一方、嘘を隠して一貫性は保とうとしました。リクールは自己・良心の問題から、ハイデガーの現存在と目の前にある事物の存在論的区別に進みます。

この論点は、現実性の存在様態と事物の存在様態の区別に一致します。現実と自己の関連がそこにあるのです。この現存在の存在様態を特徴づけるために「気遣い」――「本来的自己」への決意を促す限り良心の呼び声の源でもあります――が取り上げられます。この概念は、ものへの配慮と他人に対する心遣いを含み、行為と関連します。自己はこの行為を通して世界内存在なのです。世界内存在として、この二面をもつ自己、良心、行為の構造連関に即して、リクールは「自己の解釈学」を展開するため、ハイデガーの概念をアリストテレスの実践概念に関連づけます（ibid., p. 361, n. 2)。しかも、この意味での実践を、記述、物語、指令の言語行為を含む、より認知的な「第二段階の概念のレベル」に拡張します。ここに物語行為が含まれることは重要です。リクールは、拡張された行為・実践の存在論の潜在性と現実性の緊張関係を強調しますが（ibid., p. 364)、それは当然、第二段階の実践である自己の物語にも妥当するからです。

さらにこのような解釈のために、スピノザの「コナトゥス」概念が援用されます。中心となるのが、スピノザの「活動力」の概念から見られた生命概念です。コナトゥスはただの潜在力ではなく、活動性・現実化と対立しない生産性を意味し、力の大きさに比例して、ものの実在性（完全性）にも程度が認められます。その帰結は、リクールの解釈では、精神を「個体的に現に存在し活動しているもの」（『エチカ』第二部定理一一）の観念として定義し、精神の力を、他の個体にも人間にも同様に存在論的に妥当させます（第二部定理一三備考）。この意味での力は、自己保存の力であり、ものの現実的本質にほかなりません（第三部定理七）。この自己保存の力には、自己の観念を受動的で判明でない状態から能動的で判明な十全な観念へと動かす、知性の力も含まれます。ここに第二段階の実践概念の場所があります。以上がリクールの解釈ですが、コナトゥスの政治哲学的含意も注記しておきましょう。物語る力の緊張関係の源の一つも明らかになるからです。それは、ホッブズやニーチェとその影響を受けた哲学者が自己保存と力の対立、作用と反作用を主題化したことを意味します（ibid., p. 186）。こうして人間の広義の実践をモデルにした現実性が、[13]現実の完了時制的時間性と潜在性の緊張を含む均衡状態にあることも指摘できます。物語る力をエネルゲイア概念の系譜におくなら、それが、人が人とともに現実を生きる条件、つまりロゴス――物語と関係しますが、ミュトスではありません――のコンセプトを特徴づけると考えることが許されるでしょう。

## 物語る力と現実の発生論――〈最適化〉とはなにか

物語の両義性を意識し、「物語の一員として糸に引き裂かれることのない織物を織る」という隠喩の意味を類型論的に解明すると同時に、複数世界のモデルの基礎にある現象と現実の構造に接近して、物語る力をエネルゲイアとして特徴づけ、現実性の条件制約を取り出すことで物語る力を働かせ、現実をよく生きる根拠を発見できるのではないか、という観測が本書にはあります。現実を伸縮分裂させる力の欠如や噴出は、行為や物語が（非）現実的、正常（病的）とされる基準と不可分です。エネルゲイア論から〈最適化〉に向かう自然主義の道筋がここで開かれます。なんらかの仕方で正常と病理を区別しようとする限り、そのような想定を認めざるをえません。その結果として取り出される、現実性とエネルゲイアとしての物語る力の構成条件を一三個取り出しましたが、条件として、[1]から[9]を第一グループ、[10]から[13]を第二グループに括ることができます。しかし、[9]は現実の個体性を含意するように、現実の十分条件を、幾何の作図や最適化概念が示唆する工学のような数学的解として与えることは原理的に不可能です。

第一グループはエネルゲイアの過少過多の類型に、第二グループは存在論の系譜に関わります。後者では力の均衡状態が現象しますが、前者ではしばしばそうでない現象が現れます。これは幸福概念に顕著でした。以上を基準にして自然本性からの逸脱を認識的・規範的に語り、「自然」を規範化すれば、確かにそこに入らないものを「異常」として排除する危険性もあるでしょう。しかし、自然をすべて消去することも困難です。したがって、最適化の概念は忌まわしい（排除や差別の）歴史を繰り返すことなく、人が人とともに現実をよく生きるための条件として、ロゴスの概念を明確にしなくてはなりません。清水博の「生命知」モデルを参考に、最適化の概念を特徴づけていきましょう。

その種のアプローチは現実を物語論の視角で論じることからシステム論の「他の類へ移行」する誤謬を犯すように見えるかもしれません。アリストテレスの徳論とライプニッツの目的論にもその色彩があるのは確かですが、それらは過少と過多への傾向を均衡状態にもたらすことで自己保存して発展する生命や人格の働きをシステムの構造の働きとして読み取る可能性を提示しています。しかし、均衡を物理学や経済学の数学的モデルによる最適解のように、確定した一義的状態と見なせない点が、現実性の考察に物語る力の観点を導入する試みには特に重要です。清水の生命知モデルも、この認識を含みます。最適化は語り手に対して絶えず流動的に現象する内外の環境変化に対応可能な仕方で自己と現実を物語ることが求められる柔軟性や開放性の次元に関わるからです。一度語られた物語に固執し、新しい物語、物語の書き直しができないとき、現実を把握し損ない、いつの間にか物語に搦め捕られて閉じ込められてしまう恐れがあります。このアプローチが自然主義的なのは、物語る力が最終的には生命知の柔軟性・開放性の次元に基底づけられると予想されるからです（生命知の柔軟性と開放性については、清水 一九九九、二五八頁を参照してください）。

最適化のもう一つの面は、個人と社会の正常、健全を構想するさい、均衡を固定的平均的に考えない点にあります。現実の複数性や分裂を容認前提しつつも、各人の生き物語る現実を多数派の正常対少数派の異常の枠組みで平均化したり、無理に唯一の現実に回収したりしない方向を志すとき、この概念が有効です。子ども、心病む者、社会的少数者の最適化を問題にしましたが、最適化の概念は現象学でも或る役割を果たします。それは、子どもが特定の歴史を担う共同体、「故郷的世界」に生まれ、その文化的地平で集団の大人になる過程を明らかにするために、生活世界の類型的知識や規範、価値の習得、世代的伝承を問題にします。

フッサールの正常に関する考察がジョルジュ・カンギレム（一九〇四—九五年）の医学生理学的正常－病理論と接合する可能性も示唆されていますが（Steinbock 1995, p. 142; カンギレム 一九八七、一五七頁）、彼らも正常の意味の均衡を固定化・平均化として理解することを退けます。最適化は各人の置かれた状況でそのつどの生に見合った規範を自ら作りだすことに向けられると理解し、それぞれの力に応じて個人や社会の均衡がありうると考えるのです——個人の場合、心身の欲求と他者や周囲の圧力が、社会であれば逸脱行動や語りの場を同じくする他者の物語が、揺らぎや攪乱要因となります。興味深いことにデカルトも制限付きでではあれ、正常の意味での自然と最適化の本質連関を認めました。「第六省察」では、それ自体として有るもの全体、「本来の意味での自然」と、正常と異常の対と考えられる日常的正常の意味の自然を区別し、後者の機能分析を行っています。後者は明らかに目的論的なので、派生的意味の自然という制限をつけます。派生的と位置づけられるにせよ、水を口にすれば病気が悪化しかねないのに、どうしても喉が渇く水腫病の位置づけのために、自然の誤謬を弁護して、患者の喉の渇きという自然記号を解釈したのです。

その答えは、ほとんどの場合、喉の渇きに従って水分摂取することが生命体の維持にとって必要かつ有利であるから誤謬が生じる、です。これは心身関係の問題群であり、自然そのものには属しませんが、情動が情報として生命システムに対してもつ意味解釈が問題になります（心身合一の問題との連関は、小林 一九九五、二八八頁、山田 一九九四、三八四頁を参照してください）。機械論の代表者も、心身関係では目的を実現する機能システムへの言及を避けることができなかったのです。それは、自然記号の揺らぎを生命体の文脈で合目的的に説明したと言えますが、正常には通常の機能に反する異常の対概念と同時に、異常をシステムの機能として説明する合目的性の意義があり、最適化は後者に関係します。生存のための機能の適合です。

水腫病の病理に正常なもの、生存に適うものが含まれるとすれば、幻肢にも同じことが言えるでしょうか。当事者による身体把握の特異現象は、認知科学の場合、脳や神経系の欠損や病変による統合と相関すると言うべきですが、身体像や自我像の変容・異化を伴う疾病の場合も、患者にはそれに呼応した生き方が可能であるなら、物語る力にも同じことが言えるのではないでしょうか。オリヴァー・サックスのパーキンソン病患者の工夫したメガネや信号無視の例（サックス 一九九二）もそれを示唆しています。様々な「障がいをもち」ながら生きる場合、一般化困難でも、最適化として正常な目的に適った生き方が考えられます。この課題が、個人の能力や努力に還元できる問題ではないことを強調しておきたいと思います。

最適化の判定基準を考えておきましょう。数学、物理学、経済学では或るモデルでの或る問題の解決のために最適解の決定が行われますが、数学的に扱い難く曖昧なエネルゲイアや現実性の類型に関してはどうでしょうか。まず考えられるのは、或る人物の言動やその存在が上記の諸条件を充たすかどうかですが、実際にはそれだけでは十分ではありません。幸福をモデルとする場合も、外部から決定しきれない要因が含まれます。快の要素も無視できないでしょう。したがって、この限界に留意し、自分の能力を発揮すること、他者と共有・共同しながら自己を物語る力を有すること、さらにそれに固執せず、事態を把握し直して修正する柔軟さをもつことなどを条件として導くことができます。病人には病人の最適化が許されなくてはなりませんが、医療や技術、経済や社会の要因がその最適化を左右することも確かです。ここには規範的制約と現実の多中心性も含まれます。他者への危害は、個人に快や利益をもたらすとしても、公共の福祉の要件を侵す限り、最適化と両立しません。こうして正常、自然、さらには目的適合性を最適化の観点から見るとき、目的達成に向けて、一続きの行為と物語も含めた自己理解を整合的に結びあわせようとしてロゴスを求める人間の姿が浮かび上がってきます。

正常・自然を最適化の観点から把握する場合、注目したいのは、そこで現実の抵抗・拘束が肯定的な役割を果たす点です。このことは、エネルゲイアが完了時制的時間性と潜在性の緊張を含んだ均衡状態にあることに暗示されていました。活動を行い、力を発揮するとき、活動に抵抗する要因がせめぎあい、潜在的緊張関係にあるのは否定的なことではありません。物語る力に関して言えば、他者の物語と物語られる現実の多様性も抵抗や拘束の一端です。その限りでどんな物語でも可能というわけではないことが、逆に現実の物語を可能にする条件なのです。それが所与の物語を変形し、整合性をもつ新しい物語を通して意思疎通を生み出すことも可能にします。
清水の生命知モデルが本書と触れ合うのはこの点です。物語の生成と生命知モデルに類比が認められるからです。その一つが脳内のホロニックな情報生成です（清水 一九九九、三〇〇頁）。それは、多くの発生源が集まって、システムを作り、循環的な関係によって相互に複雑に絡みあっているため、情報の発生源を因果的に遡っても特定できず、「場」で生じたとしか言いようのない情報です。清水の目標は物語論ではありませんが、生命知のこの場所的・関係的構造を考察する手がかりとして、モナドロジーと華厳教、西田哲学の関係的秩序の創出の論理まで問題にしています。集合離散する粘菌の振る舞いと細胞の自己組織化も示唆されています（同書、一六一頁）。

ところで拘束条件とはなんでしょうか。生命システムは「関係子という特殊な性質をもつ要素からなるネットワーク」であり、その内部で構成要素である関係子の創出活動のあいだに整合的関係を成立させる働きをもつ操作情報が時々刻々と自己組織されます。この場合、生命システムの内部状態は無限定なので、関係子単独では内部状態を限定して特定の状態を選択したり、創出したりすることはできません。選択や創出のためには、関係子間に整合的関係が成立し、その関係によって内部状態が限定される必要があります。この限定条件が拘束条件ですが、それは要素の性質に還元できないので、「場所」なのです（同書、一二八頁）。そこに自己に関する二重の知識が含まれ、それは自己言及性と現実の場所性にほぼ対応します。自分がどこにどうあるかを自分の状況から整合的に語ることが含まれます。問題は「有限サイズの人間が、無限サイズの環境をどこまでどのように認識することができるか」（同書、一四六頁）という、現実世界の知識の成立という認識論にとって重要な問題として言い換えられています。

こうした生命知の拘束条件が問題なのは、その内部関係を数学的に一義的解として決定できない不良設定問題があるからです。その不確定性は確率論的不確定性と区別されます。関係子の内部状態に関して無数の整合的関係が存在可能であり、なにを選ぶべきかが決定できないことが問題だからです。これは、フレーム問題や結合法と関わりますが、清水は「解釈学的循環という原理的不可知問題」、敷衍して表現すると、全体の意味がわからなければ部分の意味がわからず、また部分の意味がわからなければ全体の意味がわからない問題と関係づけています。

理解の構造である解釈学的循環と不良設定問題を関係づけ、生命の情報とその生成、物語とその構成の条件制約との関係を解明しようとする卓抜な着想です。ノエシスとノエマとしての現実の発生論にほかなりません。解釈学的循環でテクストと自己の存在の先行理解がテクストや自己の部分の意味理解を可能にするのと同様に、システム全体の状態を限定する拘束条件をその要素、関係子の集合体に与えることで、解の決定可能な良設定問題が生じると考えるのです。可能世界からの神の選択では最善律が拘束条件の一つであることに着目すれば、システムに目的を与えることとも言い換えられます。ただし、自律的創出システムでは、拘束条件がシステム内部から生まれます（同書、八七、二二五、二七五頁）。あえて言えば、ヌースなき περιχώρησις です。これは解釈学的循環を構成する先行理解が、自己言及や整合性などの条件を内在的に充実し、そこから解釈や物語行為が可能になるというのに等しいことです。

着想の基盤は脳科学も含む生物学にありますが、清水は物語や武道のモデルも用いて理論を洗練させています。免疫システムの研究などがその土台ですが、拘束条件の創出をわかりやすく示すのが、カクテルパーティ効果（同書、一八五頁）に準《なぞら》えられる、脳の細胞レベルや神経系の非線形振動子のリズム同調ないし引き込み現象です。パーティでも特定の人とはノイズレベルより物理的に小さな音声で不自由なく会話ができるこの効果は、相手の話の意味を追い、他の音は情報処理の過程で分離して、聞きたいことだけ取り出して認識する脳による外界の情報の意味づけを示しています。これらの現象では、関係項が自発的に一定の振動状態に歩調を揃えて引き込みあうことで、整合的関係が生まれると見なされます。

清水はそのようなシステムの生成を柔軟な創造的システムの「ルール生成ルール」問題と呼んでいます（同書、一九五頁）。生命を、個々の情報生成の拘束条件＝ルールを作っては壊し、また作ることで環境の変化に対応できるルール＝自己言及的なルール生成ルールをもちうるシステムとして捉え、そのような自己言及的自己保存のシステムを解明するのです。これは、現実を生きるために柔軟性を求められる物語る力の問題が最終的にどこに至るかを展望するうえでも示唆に富んでいます。「自己の安定性を保ち、自己の内部で過去に創出した拘束条件の記憶のネットワークを発展させながら、他方で自己を不完結に保ち続けるには、自己の内部の自由度を大きくしていく以外にはなく、このことは、異質な関係を包含するグローバルな「場所」に向かって自己を開くことによって可能になる」（同書、九〇頁）からです。

清水は、ルール生成ルールに関わる自己言及的自己保存の過程を、用意した脚本のないまま俳優が観客と舞台の雰囲気を察しながら、その場で台詞や振りをつけ、互いの反応を手探りで確かめながら劇を作り上げる即興演劇のモデル（同書、一六八、一九四頁）の臨機応変なリアルタイムの生成と関連づけて説明しています。最適化と物語の両義性に関する例もあります。対面的コミュニケーションで生じる身振りの引き込み関係です。コミュニケーションが行われるとき、目、指、手、首などが無意識に同調し、互いに引き込み合って動く現象は、校庭で遊ぶ子どもたちにも見られるものです。引き込みによって言語外の情報も伝達されます。自閉症の言語獲得に課題がある子どもの場合には引き込み能力がないこと、赤ん坊にも言語に先行するコミュニケーション過程があることをウィリアム・コンドンが指摘し、話者相互間の脳波リズムの引き込みの実験も行いましたが（同書、二〇四頁）、それは要素が全体的秩序を共有できるように変化します。万物共感を彷彿させる現象です。

このような物語る力と現実を構成する最適化のモデルがシステムの構成要素間の動的均衡状態を示唆します。その結果、生命知のシステムでは全体と要素間に整合的関係が生まれ、図と地、自己と非自己が分離されると清水は付け加えています。こうした推論の積み重ねから、現実の構造契機であるエネルゲイアの条件として、潜在性を内含しながらも、力を発揮することに伴う抵抗の様態も明らかになります。抵抗は、或る要素と（少なくとも初めは）歩調の合わない異なるリズムの別要素との同調が現実感ある手応えに変容することを意味すると考えられます。それは或る役柄を知らないうちに身につける事態に符合すると同時に、現実の存在論的次元を指示しています。物語の両義性と両価性の概念にも危惧はなくなるのです。

物理的抵抗感に関わる視覚と触覚の対比や物語に要求される両立可能性、行動を阻止する他者、羞恥や苦悩を生む価値規範の要因など、抵抗と拘束には考察すべき点が多いのですが、現実感の現象学が示した夢のなかの抵抗感欠如や壁のような圧迫感も説明可能になります。抵抗や拘束が強すぎれば、現実は硬い障害物として現象する一方、リズム同調やスカッシュのモデルでは、現実は手ごたえや重みのある充実として現象します。そこに自然さや正常の本質があり、快感も伴います。現象学でも、直観的充実と物の射映、運動感覚に即した知覚の現実性条件に関する障害概念が議論されることがありますが、抵抗や拘束の現象は、たんに否定的なのではなく、むしろ認識や行為の現実性確保の必要条件であること、そして他者や環境とのあいだに均衡した抵抗感をもち、行為や認識の交換を通じて絶えず自己に言及し、自己を保存しながら修正できるかどうかが、健全の不可欠の条件であることが分かります。

この修正能力に現象学の自由な想像変更や類比を含めてもよいでしょう。それは、自分を或る物語に埋め込み、他者と見なして語ること、模範としての他者と自己を同一視する力を意味するからです。逆説的に響くかもしれませんが、この力は、物語の要素である限り、人間的自由の条件の一つですらあるのです。箱庭や絵画療法でもクライエントが表現する物語は、十分に言語化されなくても、現実を分節化し、病の袋小路、物語の負の面から抜け出る契機を与えうると考えられます（中井 一九九八、一〇頁、河合 一九九三、第二章）。

**課題9**　なにか一つの主題について類型論的な現象学を試みてみましょう。

## 3　可能性と現実性の存在論的差異

世界の唯一性と複数性の認識論と存在論に向かいましょう。フッサールの超越論哲学的な世界概念を位置づけ、ライプニッツによる現実世界の唯一性論証を解明して、世界の唯一性と複数性の連関を独我論的でも客観主義的でもない仕方で捉えます。その前に可能性と現実性の差異に迫るため、想像的現象と現実的現象の識別基準をめぐる二人のアプローチを比較して準備とします。

### 想像的現象と現実的現象の現象学的識別基準

知覚体験と想像体験の現象学的分析に注目しましょう。それは想像の有意味性基準と言い換えられます。想像されるものは、実在的個体とも心理的出来事とも区別される志向的対象性ですが、或る話を聞いても現実には対応する事実がない場合も、それが真とか偽とか言うのとは別に、理解できるもの、やことが問題になります。そこには個体性の拘束から自由な意識様態が出現しています。一般にその領域は、言葉が紡ぐ「話の世界（universe of discourse）」として、その発話の真理は固有の前提や規則の受容によって条件づけられると考えられますが、想像体験は話の世界とどう関係するのでしょうか。考察方法は、ゼウスやペガサスの与えられ方を目前に有って知覚されるコップの例と対比することです。複数の違いがあります（Husserl 1980）。

想像経験には現実性意識がない。想像には個体に関する現実性意識に当たるものがない。つまり、想像的対象性は現実に存在する個体ではないことが、たいていの場合、意識されている。しかし、想像は対象化機能を含む。つまり想像も或るものをなにかとして対象化する志向的働きである。それは、感情や痛み、欲望や意志、価値判断などの類と区別され、知覚と同じ「客観化作用」＝対象化機能の類に属する。とはいえ、想像される対象性になにが関連するかには随意性がある。或る想像に恣意的に別の想像が割り込むことができるが、想像はその対象の現在の統一に不連続性を孕みうる。これは対象に即して言えば、想像される事態の無連関を意味する。想像は、白昼夢のように、自由に想像から想像に移行できるし、想像的対象は互いになんの繋がりもないまま浮かんでくることがある。個々の想像体験は独立である。したがって、一連の知覚が相互に関連し、統一的であるのに対して、一連の想像は自立性をもつ。これは想像体験が現実世界の経過から離れていく局面や傾向を表す。想像が現実から遊離した夢想になる側面である。また想像は想像的対象に無媒介に関わる。この点で図像の知覚と異なる。写真、映画、肖像画や蠟人形のような図像や模造の知覚は、事物と表象される像との類似に依拠し、表象以外の他の実物を指示する図像などの個物の知覚を媒介として、見る者を実物に差し向けるのに対して、想像は想像者を対象に直接に差し向ける。この特徴は、芸術作品のほとんどすべてが、なんらかの意味で図像や模造のような個体性をもち、模倣の契機をもつ点に関わる。この点で図像の知覚は、個体の知覚と想像の中間に位置する――実物、図像、想像の様態の違いは人物画を例に追体験してみてください。

想起経験と想像の区別。近世哲学ではしばしば想像と同一視された想起――想像は過去の感覚印象の再現ないし組み替えと見なされました――は、実在する個体との結び付きをもつ限り、想像と区別される。その理由は、想起が、ある感覚的経験に基底づけられた印象との関わりをもち、知覚のいまここに関連して、過去に遡源する志向をもつからである。しかし、想像にはこの特性はない。

以上の記述からゼウスの存在を考えてみましょう。ゼウスは確かに知覚対象のように「有るもの」として措定できませんが、それを想像的対象として対象化し、活き活きと想像することはできます。想像者は個体としてのゼウスに端的に向かい合いはしませんが、疑似知覚の仕方でゼウスの属する世界に結び付けられるとは言えます。同じことは、或る図像や楽音が指示する意味の領域にも言えます。風景画やベートーヴェンのソナタの演奏が例に挙げられます。疑似対象性から始めて、疑似世界

フッサール

を構成する道が開かれます。ゼウスのように現前しないものへの志向も生じます。この想像的対象の時間性も次のように考えることができます。ゼウスの登場する神話劇が何度も上演されると、ゼウスはイコンとして感性化され、或る熟知された同一性をもつようになって、物語としての疑似時間性をもち、繰り返し登場でき、疑似世界を構成するのです。「疑似時間」(Husserl 1954a, S. 196) も構成されるでしょう。

とはいえ、その世界は疑似世界に過ぎません。ゼウスは現実世界に確定した時間位置やユニークな軌跡をもたないからです。したがって、「ゼウス」が登場する疑似世界相互の異同に言及して個々のゼウスが同じ神を指示し、同じ述語をもつかどうかは問えません——これは可能世界意味論の世界交差同定の問題に対応します。この点は「ファンタジーには果てがなく、新しく規定するという意味で自由な形成を行う余地のないものはない」(Ebd., S. 202) とも表現できます。想像のこの自由は想像的対象の不確定性の裏返しですが、童話の登場人物の着る服は自由に思い描けるのです。物語られるものを疑似的なもの、虚構以上のものと感じさせたければ、魔術的リアリズムのように、対象や人物、出来事にも知覚対象に似た連続する因果的変化をもたせなくてはなりません。ハサンやラーシュの物語、記憶の回復の物語もそうでした。

想像体験を動機づける代理的志向の充実がここで問題となります。想像体験も志向的体験である以上、意味志向と意味充実の構造があります。構造は、想像の場合、知覚的に与えられる個体性の拘束から一定自由な点も述べましたが、そこに想像が含む表象の自由の起源があります。この自由な想像の享受が欲望と関連することも言うまでもないでしょう。本来目の前にないものを浮かび上がらせ、想像者は喜び悲しみます。性的夢想、ポルノグラフィーあるいは正反対の宗教的イコンには眼前にないものを現前させる機能がありますが、像やイコンは、想像力に働きかけ、性的欲望を掻き立て、神聖なものを想像者の眼前に引き寄せ、代理的に充実させる機能をもちます。この機能は、欲望され想像される対象性を現実化しようとする制作や設計に繋がるとともに、代理的充実によって現実から逃避させる二面性、両義性と両価性をもっています。デリダの「代補（supplément）」です。それは現実を相対化し、本来あるべき社会の想像を掻き立てもします。「独裁者はファンタジーを嫌う」と語るミヒャエル・エンデ（一九二九―九五年）の『はてしない物語』（一九七九年）では「ファンタージエン」が主人公にとってこの両義性と両価性を発揮します。

想像的対象の有り方とその実在性についてもう少し述べましょう。それは虚構がどのようにしてリアリティをもつのか、という問いと繋がるからです。まず、想像を知覚と明確に区別する特徴として、想像に反事実的仮定が含まれる点が挙げられます。想像体験は眼前にないものを現前させる点だけでも反事実的ですが、その場合も対象はあたかもやいわばの様態で志向されます。この反事実性は現象学的判断中止の「中立性変様」とも呼ばれますが、その特徴は経験に与えられる対象が存在するかどうか、その判断を未決定のまま保留することです。現象学はこれを自覚的方法として、経験される対象の様態や体験の構造を主題化するのです。

想像的対象の実在性を考えるときに重要なのは、判断中止がフィクションの制作や鑑賞の前提となり、美的態度に通じる点です。美的態度では、そこに有るものが本当に有るのかどうか、あるいはそれがなんであるか以上に、それがどのように描かれ、現象するのかが重要であることが判断中止に通じています。『芸術作品の起源』のハイデガーによるゴッホの絵の解釈の場合のように、農婦の靴が描かれていると述べるだけでは十分ではありません。それがどう描かれているかが決定的であり、リアリティもその現象仕方に潜んでいます。フッサールは、一九〇五年の講義で鑑賞者が作品世界に引き込まれる様子を想像との関連で「ファンタジーの戯れが動き出すと、我々は主題の世界に入り込み、そこに生き、あたかもパオロ・ベロネーゼの図像を垣間見ることから一六世紀の上流ベネチア人のきらびやかでぜいたくな生活に感じ入るようである」と記しています。逆に、そうした効果を生み出すように、芸術家は想像を探索し、最も美しい形態を見て取ろうとすることにも触れています。想像のこの機能が制作と鑑賞の双方で作品世界の理解に要求されるのであり、作品に関して理解されるべきは、その意味の芸術活動だと述べて、作品の客観的表現となる、その現象仕方と主題の独特の関係が問題になることも避けられないと付け加えるのです (Husserl 1980, S. 540)。

本質直観の過程としての自由変更がこれと構造的に同型的である点にも触れましょう。それは、想像の反事実性と判断中止の二契機を活かし、想像的対象の様相を自由に変えて、当の対象性の不変項(Invarianz) として形相を直観する意識様態です。フッサールの例は無味乾燥な、物体の不変項としての延長ですが、現実的にも想像的にも多種多様な物体が表象可能ななかで、どのように自由に変様させても空間的広がりや形態を持たないものを考えることはできないという意味で延長は物体の不変項、本質ですが、これが「直観される」と主張するのです。人間の姿形を多様に変え、或る契機を否定したり、他の契機に置き換えたりする操作を繰り返すと、偶然的契機が脱落し、破壊できない同一的なものが残るのを見る、という着想です。それはシルエットが描く人体の平均的サイズ、プロポーションの形態かもしれません。この不変項がぴったり妥当する人物がいるかどうかは問題ではないのです。自然をそうした形態や色彩の集まりに分解し、自由に構成する手法を採用する画家がいますが、その態度は現象学的なものとして解釈されます（近年「イコン的転回」のなかで図像知覚の現象学的研究が盛んになっています（ベーム 二〇一七））。この操作は具象的作品の制作の場合でも、芸術家が構想を練ることに含まれていると思われます。

想像の現象学を続けましょう。判断中止と美的態度の共通性は現象学の動機に光をあて、現実性の問題にも関わるからです。フェルディナン・フェルマンの『現象学と表現主義』（一九八二年）によれば、フッサールは一九〇六年にフーゴ・フォン・ホーフマンスタール（一八七四―一九二九年）の講演『詩人と現代』を聞き、感激して手紙を書き送り、講義でその作品に触れるほど影響を受けました。フェルマンは『チャンドス卿の手紙』（一九〇二年）の主人公の意識変化を四点にまとめていますが、主題は「現代人の現実経験が破綻してゆく次第」と詩人の「世界と自己に対する自然的態度から

ホーフマンスタール

ある新たな技巧的態度への移行過程」（フェルマン 一九八四、五八頁）の描出です。

日常生活を支配し、通常そこに埋没している自然的態度――目の前の身のまわりにある事物が素朴な仕方で自明なものとして有るものと受け取られている状態――の維持が書き手には不可能になるのに伴って、新しい状態が生じることが不可避となる。この自明性の喪失体験は主体に新しい現実経験をもたらします。それは、周囲の環境に対し

て、正常な態度がもつ事物に対するほどよい距離を奪い、あらゆる物を不気味なほど間近にします。世界とのこの新しい関係は日常の営みに対する関心を喪失させ、主人公に独自の孤独をもたらします。その孤独は言語的コミュニケーションの放棄を迫り、彼は手紙を書くのもやめてしまいます。その言語不信は「なにかを別の物と関連づけて考えたり話したりする能力がまったく失われてしまった」状況です。「ある話題をじっくり話すことが、そしてそのとき、誰もがいつもためらうことすらなくすらすらと口にする言葉を使うことが、しだいにできなくなりました。〈精神〉〈魂〉あるいは〈肉体〉という言葉を口にするだけで、なんとも言い表しようもなく不快になるのでした。〔…〕ある判断を表明するためにはいずれ口にせざるをえない抽象的な言葉が、腐れ茸のように口のなかで崩れてしまうせいでした」（ホフマンスタール 一九九一、一〇九頁）とこの事態は記述されています。それまで自明だった通常の事物の繋がりが解消された状態は言語崩壊の状態です。そこでは事物の通常のまとまりも解体され、その部分がさらに細分化されて、なに一つとして概念で覆いつくすことができなくなった状態が生じるのです（同書、一一〇頁）。

詩人の現実意識と日常言語のこの危機と判断中止による現象学的体験には触れあうところがあるでしょう。この点は、現実と言語の網の目、つまり現実世界の意味の妥当性喪失の否定的経験が、肯定的相貌で登場することで鮮明に示されます。現実世界の素朴な妥当性が崩壊すると同時に事物への新しい通路が開かれ、日常的判断が「欺瞞的で隙間だらけ」のものとして現象し、これまでにない事物の経験が生じる可能性があるのです。回復は希望的観測であり、僥倖かもしれませんが、次のように表現されます。

> とはいえ活気あるうれしい瞬間がまったくないわけではありません。またしても言葉が私を見放すのです。というのも、そうした瞬間にあって、身辺の日常的な出来事を、いちだんと高くあふれんばかりの生命で満たしながら立ち現れてくるもの、それはまったく名のないもの、いやおそらく名づけえないものだからです。例を挙げないでは御理解いただけないとは思いますが、その例がばかげているのは大目にみていただく必要があります。たとえば、一個のじょろ、畑に置きっぱなしの馬鍬、日なたに寝そべる犬、みすぼらしい墓地、不具者、小さな農家、こうしたものすべてが私の霊感の器となりうるのです。ふだんはあたりまえのものとして眼をとめることなく通りすぎてしまうのですが、ある瞬間、突然に、心を動かす崇高なしるしを帯び、いかなる言葉もそれを言い表すには貧しすぎると見えてくるのです。(同書、一一二頁。適宜短縮、訳語は引用元のまま)

この経験は恍惚とした心理状況、事物が「無言の真理」を語りかけてくる状態として描かれています。それは、自己がエネルゲイアとしての物語る力のもとで相互関係と自己関係以外に自然的世界と或る直接的関係を意識的に持とうとする状況を活写しています。そこには、身体性を軸にした複雑性として表現される因果関係と万物共感的 περιχώρησις の位相が開かれているはずです。ホーフマンスタールの講演は、詩人には人間も物も思想も夢想も同じで、ただ現象だけしかないとし、現実と表象が相対化されるとき、彼は「あらゆる物の傍観者、その隠れた同志であり、無口な兄弟」(フェルマン一九八四、六四頁)になるとしています。傍観者とは、事物の成り行きに無理やり手を加えたりせず、その本質的顕現を見守って観照する存在者を意味します。本書も自然に現実が失われ、現実が壁のように現れて、分裂したり回復されたりする様を記述しましたが、それは、その過程を夢論証の袋小路や現実の迷宮から逃れ、よく生きるための道筋として位置づけることを願ってのことでした。

フッサールは詩人の作品に、真理を写真のように描くのではない反リアリズムの芸術を見ます。所与の現実を遮断した後、直観を通して事物の本質に進む芸術活動です。このことは、芸術活動の根本動機として、つねに新しく世界を見て表現する意志と個性的表現の源を語るでしょう。芸術のスタイルが革新される理由も疎外的経験に現れる現実がそれを要求するからです。自明性を喪失した現実世界が芸術によって意味を回復し、新しいスタイルを獲得するのは、本質直観の場合と同じく、芸術活動を通じて自由な構想力が不可欠な仕方で働くからなのです。これも物語る力の機能に属するものと言えます。

最後に、現実の現象学と想像する自由の関連に触れます。自由と想像力の繋がりは、フッサールが判断中止を人間の自由と関連づける点に見いだされます。判断中止が「良心の決断」(Husserl 1956, S. 154) であることは芸術活動と共通していますが、芸術活動の始まりを判断中止のような態度に求めるとき、その活動は独我的存在や孤独を浮き彫りにします。経験のユニークさと作品の他者による受容可能性の葛藤が生じるのです。これが、エネルゲイアとしての物語る力の課題です。判断中止から様々なヴァリアントを自由に変更することを経て、不変項を獲得する過程には、個体的事実性からの解放と現実性から可能性への移行、可能性の領域での本質必然性把握の道筋を見ることができるからです。

逆に辿れば、この過程は想像的対象性が間主観的拘束を受け取る道として記述可能です。それは、想像経験が言葉や図像などの媒体を通して個体的な現実性を得て、第三者にも自由に接近できる表現となり、妥当性を要求する過程として描けます。特定の伝統や文化の積み重ねを背負った表現や表現の意味理解の様式、技法の重層構造を踏まえて、鑑賞者の受容も生じます。この表現活動のなかで、図像は素材として複数の主観のあいだにあり、それらを繋ぎもすれば隔てもしますが、他者に向かって開け放たれています。カンバス、大理石、フィルムや画像あるいは音も、それ自体がトークンとして個体的であり同時に意味づけられるものです。現象学者のオイゲン・フィンク（一九〇五―七五年）は、図像のこのような有り方を、ルネサンス芸術論に因んで図像の「窓」的性格と呼びました。

窓の外の景色と室内空間は一つの世界統一にあるが、図像世界と素材の空間性のあいだに統一はない。しかし、図像の窓的性格で際立たせたいのは、各々の図像世界が本質的に現実世界に入り込むように開かれている点である。この開かれた場所が図像である。図像の現象のこの窓的性格に他に類のない〈自我分裂〉が根拠づけられる。一方で私は実在世界の主体であるが、その世界には全体としての図像が単に（意味の）担い手としてではなく、ある媒介的作用の相関項として帰属する。しかし、他方で、図像世界は〈窓〉を通して鑑賞者に方向づけられ、或る視点を通して鑑賞者に差し向けられる。図像を鑑賞する者は、図像世界の中心として機能すると同時に、この図像世界の主体としても機能する。（Fink 1966, S. 78）

フィンクは図像の二重性を、図像を見るものの二重性に対応させます。図像世界は実在世界から独立に、想像が活気づける意味の自律的世界であると同時に、媒体として実在世界に属して、その窓を開き見るものにリアルに働きかけてきます。私も実在世界と想像が活性化する世界の双方に帰属する二重の有り方をしているのです。これら二つの存在論的二重性は、「カリフの夢」や子どもの嘘から浮き彫りになったように、物語の語り手と物語られる者の存在論的二重性に帰着するでしょう。制作者の想像を超えて作品が表現となるとき、表現媒体自体の実在性と、それに纏わる多様な歴史文化的な意味妥当性の拘束条件が問題になることは、これまでの考察から理解していただけるでしょう。

想像力を働かせ、作品の制作・鑑賞を行うことで「なに」が経験されるのかと問うなら、特に反模倣の活動では、現実世界とその意味、その把握仕方に対する対案がつねに問題になることが分かります。アリストテレス『詩学』に悲劇の快について述べる箇所がありますが、主張は反模倣活動にも妥当します。カタルシスの快は、同情と恐怖を引き起こす筋を介して、この感情を浄化する機能をもつとされます。『オイディプス王』は、結末のどんでん返しと真実の発見──無知から知への転化──によって、見るものを浄化させます。浄化の宗教性は失われかけていても、作品が或る真理を経験させ、見る者に変化を生む可能性が消えたわけではありません。どんでん返しと発見的再認は、多様な芸術作品でこれからも機能するでしょう。この特徴は、それが作品の筋にない場合も、様式や切り口に込められ、現実世界や芸術制度の自明性を揺るがして、私と世界の認識、存在の更新を促すのです。私の存在の二重性の制約条件を仮定するとき、相互関係と自己関係を結節させるのが、物語る力と相関する様々な媒体なのです。

## ライプニッツの現象学的心理学

可能性と現実性の違いに関するライプニッツの考察（松田 二〇〇五c）を取り上げましょう。これまでモナドの世界帰属と自然的性格を語り、現象学の記述的観点と両立可能なかたちでモナドロジーの自然化の道筋を模索してきましたが、ライプニッツが「心理学」を根源的実体としてのモナドの学と定義し（Leibniz 1966, p. 526）、二つの課題を挙げた点の確認から始めましょう。表象する生物一般の探究 psychologia と知性をもつ人間の pneumatologia です。彼は全面的な反自然主義者ではなく、ジョン・ヒューリングス・ジャクソン（一八三五―一九一一年）や分離脳研究のロジャー・スペリー（一九一三―九四年）などの神経生理学者が「ライプニッツ主義者」と呼ばれることもあります（Chazaud 1997, p. 84）。この点で問題なのが、風車小屋モデルが登場する『モナドロジー』第一七節以降です。ここではじめて、モナドが現象学的意味での心的存在として姿を現すことに着目しなくてはなりません。

　そこでは表象が機械論的に説明できないことと「単純実体のなかに見出すことができるのは、表象とその変化のみであり、それのみが単純実体の内的作用の全てである」（Leibniz 1965, Bd. 6, S. 609. 強調は原文）ことが述べられています。この後、ライプニッツはモナドを「非物体的自動機械」、「魂」、「広い意味での表象と欲求をもつものすべて」として、魂は判明な表象をもち、記憶をもつ人間精神であるとします。この点でモナドロジーが現象学的心理学の記述主義に通じるのは一目瞭然です。その基礎は一人称の志向的経験の領域を開示する現象学と変わりません（松田二〇〇三、第一四節）。しかし、コギトを事実の第一真理として、表象活動、我々が感覚し、表象することを挙げ、自我を能動的に物体に向かい「感覚するもの」（Leibniz 1926-, Reihe 6, Bd. 2, S. 283）と表現する点には注意が必要です。表象活動に懐疑主義者も否定できない「それ自身明証的」（Leibniz 1966, p. 183）という性格が妥当することは変わりませんが、感覚する身体の存在も疑うデカルト的コギトとライプニッツ的コギトは同じではないからです。

モナドの存在が第一真理だとすれば、表象活動にはモナド特有の規定が妥当しなくてはなりません。それは、部分なき全体、単純実体として複合的実体に対して名目的に定義されますが、表象活動にこそこの規定が妥当するとすれば、モナドは心であると主張されるのです。しかし、その場合も、神以外のモナドは感覚する身体的存在ですから、個人を念頭において無条件に心的存在が部分なき全体であるとは主張できません。とはいえ連続体合成の迷宮からの脱出を企図してモナドが構想されたとすれば、心的存在こそ部分なき全体ないし総体でなくてはならないのです——再びメレオロジーの課題です！

手がかりは、風車小屋内部の機械仕掛けのモデルでは把握できない、心的活動の分割不可能性にあります。しかし、この分割不可能性は、分析不可能を意味せず、表象活動の単一性を認識させる自己意識の直観性も自己認識の分節的反省的性格から区別されます（Leibniz 1965, Bd. 4, S. 123）。概念分析と概念に対応する現象の観察を組み合わせることはライプニッツの方法の特徴の一つですが、「単純性」の概念にもそれが見られます。私の存在と単一性は同じである、という主張には個体の論理と自己意識の経験がともに働いています（Ebd., Bd. 2, S. 97）。表象から出発して心を分析し、現象する実在を探究する限り、表象は表象自身を含む、あらゆる現象の説明に記述的に先立たなくてはなりません。脳と意識活動の相関性の研究も、心的現象を経験して記述する当事者の意識の統一を前提にして初めて可能になるわけです。この地点でモナドロジーは意識の記述学に最接近します。

また、第一真理が対象への関連を含むことが、現象学の発見、志向性との関連で重要です。この点は同時代の論争を反映しています。「一切を神のうちに見る」マルブランシュを批判する懐疑主義者が、観念が心の様態とならなければ認識は成立しないと述べた点、つまり、観念が内的作用とならなければ認識は機能しないと指摘した点にライプニッツは同意します。同時に表象活動を作用と対象に分離することは抽象であるとして（Ebd., Bd. 4, S. 293）、二面の等根源性を示唆していますが、表象の対象志向性への注目は見逃すことができません。デカルトがコギトだけを必然真理とした点を批判し、事実の第一真理を「私は考え、かつ多様なもの（varia）が私によって考えられる」（Ebd., S. 357）とする理由もあります。それはフッサールが意識に与えられる多様なものの統一から対象構成の超越論哲学に進んだことと対応するでしょう。

しかし、この交差点に立って見ると、モナドロジーには現象学的記述主義を超える点があることも指摘しなくてはなりません。その最たるものが微小表象論です。それが表象活動の延長線上で、モナドの自然性を重視することを要求します。人格の同一性問題はその点を鮮明にし、三人称の観点からモナドロジーの規範的・形而上学的次元を示唆します。モナドが原理的に表象と欲求の用語法で解明され、その構造が心的存在の自己反省的記述として展開されるとすれば、その記述が自己意識や記憶に依拠する限り、不可避の限界があるからです。この点が「カリフの夢」のモデルの考察の重要な論点であり、それはロックの『人間知性論』の心理主義との対決場面でも先鋭化します。ライプニッツは一人称的には意識できない存在の次元を承認し、私について証言する他者――ハサンと周囲の人々――の関係とモナドの身体的世界帰属を容認します。

この点は人格の同一性問題（Leibniz 1926-, Reihe 6, Bd. 6, S. 254）でも指摘できます。「同じ意識こそが隔たった行動を同一人物に合一する」（ロック 一九七二―七七、(2)三一四頁）として、人格とその実在的基体を分離するロックは、一人称の記憶だけに依拠し、一つの肉体に二人格が宿る可能性や、逆に一つの人格が二つの肉体を移動する可能性まで主張しました。これに対して、他者の目撃する自分の身体の振る舞いを基礎に、他者の観点を前提とする仕方で人格の同一性を論じるライプニッツの対応は常識的ですらあります。自分が意識できない自分の有り様――泥酔時の言動でもかまいません――を自分のものと認めるのは心理主義的コギトの哲学には受け入れ難いことですが、表象活動が事実の第一真理であるにしても、私の表象に無意識の不透明な位相が潜在することは否定できないからです。私は感覚する身体と一つであり、意識的表象の顕在性と潜在性の溝を埋めるのが微小表象の理論なのです。[9] モナドロジーは、身体の個体性の奥深くに分け入り、人格の存在論上の基礎を求めます。

ライプニッツは「表象の透明性のテーゼ」(Chazaud 1997, p. 41) に与《くみ》しません。表象活動が第一真理であることは、表象内容の確実性を保証しないし、心が実在することは心が純粋なコギトであることも意味しないからです。私は身体的に存在し、自己を認識するため他者の恩恵に与《あずか》ります。私の自己認識はそれを必要条件とするでしょう。その無意識の理論は、神経学の知見を先取りするだけでなく、感覚できない微小表象が身体に帰属する同一性の痕跡を表現するという発言によって、遺伝子レベルに組み込まれた行動の個体性の説明を試み、ゲノムの名の下に細胞レベルでの個体の自己同一性を話題にする生物学を想起させます (Leibniz 1926-, Reihe 6, Bd. 6, S. 55)。魂の進化論的仮説すら含む『モナドロジー』の生命論を見る限り、彼がいま生きていたなら個体論をそのように展開することも厭わないはずです。痕跡は身体と περιχώρησις 的因果関係、アスベストのような繊維や粒子の暴露とその結果として生じる身体組織の病変にまで拡張できそうです。

心的存在としてのモナドの一人称的主観性と三人称的自然性の二重性から想像的現象と現実的現象の識別基準に進みましょう。その鍵はモナドロジーの間主観的現象学の契機です。以上の考察からモナドを「世界内存在」と呼んでよいでしょうが、私の身体は認知的に不透明な仕方で世界に帰属し、モナドはこの有限性から逃れることができません。微小表象がその認知様態であり、その原理は事実真理の適合性として特徴づけられます。身体の世界帰属によって表象と行為の連関——習慣や技術——に自然的基礎を与え、判明でない観念も有用に機能することを認める「プラグマティックな合理性」（Olaso 1980, p. 159）もライプニッツは容認します。この承認は、他者認識に纏わる懐疑を避けるためでもありますが、同じ問題構制は方法的独我論を採用するフッサールの現象学にも認められます。知識の客観的妥当性を保証するために他者認識を介して間主観的世界を構成するからです。

「実在的現象と想像的現象の区別」（Leibniz 1965, Bd. 7, S. 319）に間主観的次元が見出されます。眠り、夢、幻覚、妄想の記述とその病理学的説明可能性を示し、その特異性を確認する一方、実在的表象と想像的表象の区別を行うために一人称の心的現象から出発し、現象に内在する仕方で確保される区別の基準を示して、表象＝夢の仮定を退けます。現象学的心理学的アプローチによって、外部世界の実在性の論証ではなく、その識別基準を示すのです。基準は、現象を幻覚や仮象から区別する、表象の生動性、多様性、整合性です。本当のカリフに翻弄されたハサンの心理状態をもう一度想い起こしてください。ライプニッツは、この時点では夢論証を退けるため、他者に助けを求めず、諸表象を内的に区別するものとして、実在的表象が将来の出来事を帰納的に予測させるのに十分な規則性をもつことを確認しています。それは、夢論証の決定的反駁ではありませんが、自然な説得力の否定も困難だという程度の確実性をもっています。ライプニッツはこの規則性を心の外の原因と結びつけますが、原因の存在主張を許すのは、世界を構造的に表現する表象と内的に決定された欲求の合理性です。それらは表現と決定の形而上学が懐疑主義や主意主義に優ると考えることに帰着します。

ライプニッツ流の構成を現象学的と呼ぶのは躊躇されるところがありますが、上記三基準に他者との相互関係とその結果としての一致を加えることで、客観的世界の構成論と比較可能な点があることは確かです。しかし、一致ないし間主観性が客観的世界を構成すると主張するのはライプニッツでは間違いです。モナドの観点から見た唯一の世界の眺望という都市の隠喩や神にとっての物体の現われを表現する平面図法のモデルは、モナドが各々の観点からではあれ、同一物、同一世界を見ることを、モナド共同体に先んじる現実世界の唯一性として語るからです。「遠近図法が観察者の位置によって違ったものとなるのに対して、平面図法は一通りしかなく、神は事物を幾何学的真理に従って正確に見る」(Ebd., Bd. 2, S. 438 =ライプニッツ 一九八八—九九、(9)一六一頁)のです。図法の違いは、知覚を基盤とする現象学と表現を強調するモナドロジーの看過できない差異を示しています。これは最後に現実世界の唯一性問題として論じます。

ライプニッツも他者認識の懐疑を解除しますが、それはモナドロジーを寛容の原理の規範的制約下に置くことを意味します(Dascal 2000, p. 27)。ひとは、他人の身になってみることで、他者の表象と欲求を自分のものと見なす心理と論理の二重の課題を充たし、他人の表象する世界の知識に与《あずか》るのです。記号や言語を介在させ、他者に対して燻《くすぶ》り続ける懐疑に関しては、同一世界への帰属に訴え、事実真理の有用な合理性からの類推の妥当性を認めるモナドロジーでは、他者認識と共同体の構成論は深刻ではありません。むしろ世界の存在を承認し、自然言語の普遍的翻訳や普遍記号学の構築を目指します。根拠が完全に判明な程度まで解明されていないあいだも、観念が合理性をもつ限り、それを保持し、解明可能な暫定的なものとして維持するのが賢明だと考えられるのです。この態度の背景には、懐疑主義も独断主義も感覚知覚について整合性や予測可能性を超える「認識と実在との直接的対応」に真理基準を置く点で共に誤ったという診断があります（Cassirer 1998, S. 184; Leibniz 1965, Bd. 4, S. 356）。

モナドの自然な関係性――表象の世界表現性と欲求の傾向的決定――を強調しましたが、その存在論的独立性が自由論の重要な遺産であることも間違いありません。とはいえ、他者の身になることを求める規範の道徳的窓は体系上の不正則事例ではないのです（Chazaud 1997, p. 77, n. 44）。同じ問題はフッサールの「根源我」を考察するさいにも浮上しますが、モナドロジーでは微小表象が περιχώρησις の認識的対応物と見なされ、欲求の傾向性と一組になって行為者が方向づけられることが語られます。微小表象は、「なにもそれを妨げなければ、なにかがそこから帰結する状態」（Leibniz 1948, p. 526）として「内在力」（Leibniz 1965, Bd. 4, S. 469）の観点から規定されるかぎりは、自然主義的に理解可能です。物語る力もそこに基礎をもつのです。

## 4　世界の唯一性の存在論

最後は世界の唯一性の問題です。まずライプニッツの論証から可能世界と現実世界の差異に迫ります。また現象学的直観を見知りとして捉え[10]、フッサールの可能性概念を分析して、命題の無矛盾性から可能性を捉えるライプニッツと対比し、唯一性の検討の準備とします。次に生活世界の唯一性に関する考察を取り上げます。『ヨーロッパ諸学の危機と超越論的現象学』（一九三六年）の「根源我」の機能と存在、それに相関する地平と基盤の世界概念に即して、世界の唯一性の根拠を解明します。そのさい語り手の自己言及を含む物語の現実性の構造的条件を間主観性の現象学が示す相互関係と自己関係の動的緊張から確認します。

さらにライプニッツによる現実世界の唯一性の自然神学的論証に注目し、その論証が可能世界の選択に関連して唯一無二の価値判断を含むものであるのを見ると同時に、その判断が見知りの様態を伴いうることを示す『弁神論』のセクストスの挿話を解釈します。以上から世界の唯一性と物語られる世界の複数性の連関を独我論や観念論、科学主義や客観主義でない仕方で理解し、現実をモナドロジーと現象学の交錯地帯で捉える道を示します。それがよく生きるという哲学の目標に導かれる現実世界の存在論です。そして締めくくりに、「世界は存在しない」と主張して議論を呼んだ、マルクス・ガブリエルの「無世界論」と「意味場」の存在論的多元論を二つの唯一性論証に突き合わせます。三者には多くの共通点と親和性がありますが、モナドと根源我の世界帰属、特に身体と因果関係による自然的世界への帰属の観点からガブリエルをライプニッツとフッサールから差異化してみましょう。

## ライプニッツの可能世界とフッサールの可能性概念

Ⓐ対応者と間世界的同一性——ライプニッツ

様相論理学の意味論の発展でライプニッツの可能世界論が必然真理と偶然真理の区別の基準の手がかりとなり、間世界的同一性の問題の祖型になったことが知られています。また、個体概念や複数の可能世界の類似する個体の同一性の解釈からライプニッツとデイヴィッド・ルイスの可能世界および個体の間世界的同一性の関連を示すことができる一方、ルイスの「対応者」からライプニッツの間世界的同一性の問題も解釈できます。ここから可能世界の存在論の考察を始めましょう（松田 二〇一二)。

可能世界意味論のモデル論的解釈は、必然真理と偶然真理の区別に関して、前者をあらゆる可能世界で真、後者を少なくとも一つの可能世界で真として展開しました——ライプニッツがそう述べる場面もあります（Leibniz 1966, p. 18)。そこでは「真である」は命題（関数）がそれを充当するモデルをもつことです。夢論証の箇所で触れたように、可能性や必然性に記法を与え、現実世界からの到達可能性を基準に複数の公理系が構成されます。神が創造に先立ってすべての可能世界を通覧するという主張から、最も強い体系がライプニッツの様相論理に対応する、という解釈もあります。人間は通覧できませんが、セクストスのヴィジョンはそのイメージとなります。また、可能性や必然性に言及する命題に言及して、可能的個体や本質的属性、事態や自然法則の論理様相に関する思索の扉も開かれました。石黒ひでの『ライプニッツの哲学』（一九八四年）やベンソン・メイツ（一九一九—二〇〇九年）の同名の著作（一九八六年）がそこから生まれ、逆にその地平からライプニッツ形而上学の再解釈も試みられたのです。

真理様相の区別は、内属原理——「述語概念は主語概念に内属する」（Leibniz 1965, Bd. 2, S. 58. 松田 二〇〇三、七五頁参照）——の概念分析的真理論から展開されますが、概念の可能性は、「円い四角」や「最大数」の例からもうかがえるように、主語概念に内属する部分概念としての述語の諸概念の最大無矛盾として解明されます。或る可能世界は、そのような個体の最大無矛盾の集合と言われます。分析が複数の主語に跨がる場合は、分析を繰り返し、主語の部分概念の共可能性の解明のかたちを取りますが、可能性が帰謬法的に証明される場合や偶然真理の概念分析的還元に無限進行が生じることがありえます。とはいえ、部分概念間の矛盾ないし両立不可能性が判明すれば、概念の不可能性が証明されます。個人に関する完全な概念の荒唐無稽な構想にもこれが当てはまる点は後述しましょう。

可能世界論で問題となるのが可能世界と個体の間世界的同一性です。異なる可能世界の類似する「アダム」の同一性を語るさい、アダムに関する様々な言表をどう解釈するか、ということです。これを論じるには、不可識別者同一の原理の妥当する範囲――具体的・現実的存在の領域と抽象的・可能的存在領域の区別――を考慮すると同時に、固有名の指示を適切に位置づけることが要求されます。メイツはライプニッツの可能世界論をソール・クリプキの「固定指示子」――あらゆる可能世界を貫く同一個体を指示する名辞（クリプキ 一九八五、四頁）――ではなく、デイヴィッド・ルイスの対応者から解釈しました（Mates 1986, p. 137; ルイス 二〇〇七、六五頁）。ライプニッツの場合、厳密には間世界的同一性を語るのは困難であり、その解釈に固定指示子の概念を無条件に適用できないことを指摘したのです。個体の確定記述（完全な概念）と固定指示子（「固有名」）の区別があり、後者は現実世界でしか妥当しないと言うのです（Mates 1986, p. 151）。

クリプキは、確定記述の理論には名前が固定的であるという我々の直接の直観と相いれない点があるので、あらゆる可能世界で同じ対象を指示する固定指示子の概念を導入し、それが記述句に置換できない点から固有名を位置づけます（クリプキ 一九八五、六〇頁）。それは、個体が記述句の特徴づける性質の束に還元できないことを意味します。記述句「一九七〇年のアメリカ大統領」は、ニクソンを固定的に指示せず、対立候補のハンフリーだったということも別の可能世界では矛盾なしにありえますが、それでもその男ニクソンがニクソンでなかったということはありえません。反事実的に仮想された状況でもニクソンはニクソンでなくてはならないのです。ニクソンは一九七〇年のアメリカ大統領でなかったとしてもニクソンですから、彼が「一九七〇年のアメリカ大統領である」は、この現実世界以外のあらゆる可能世界をその命題の真理値を付値する個体領域として選べば、偶然的になるのです。

他方、ライプニッツとルイスの可能世界論の重要な共通点は、可能世界が因果的に相互に独立であることです。ライプニッツの場合、神が無数の可能世界から最善として選択したものが唯一現実の世界です。一方、ルイスは可能世界が現に存在すると主張する現実主義者ですが、どんなに遠く離れた銀河間にも因果関係が認められうるのと違って、たとえば知恵の実を食べたアダムの世界と（旧約聖書と異なり）知恵の実を食べなかっただけの双子アダムの世界のあいだには類似性が認められても、一方の世界と他方の世界のあいだに因果関係はありません。二つの可能世界は別々に存在します。この相互独立は、創造以前の神の知性における無数の可能世界の相互比較と計算の根拠であり、複合概念を論じるために原始概念を要請する結合法と同じ思想があるのです。

その点で、この現実世界（であり、一つの可能世界でもあった世界）のアダムと別の可能世界の双子アダムが似ている（けれどやはり違う）と言うのを許すのが、対応者の説です。両者の属する可能世界は異なりますが、ほとんどすべての共通の属性をもち、対応します。ルイスは、この着想を反事実条件法を用いた因果関係や自然法則の論理的特徴づけと解明に活かそうとしましたが、ライプニッツの場合も、それは様々な可能世界、正確に言えば、それらを構成する無数の可能な個体概念、したがってその諸部分概念の組み合わせの比較と神による計算の前提となる概念装置として働いています。したがって、異なる可能世界の対応する二人のアダムのあいだには、類似性はあっても厳密な間世界的同一性は成立しません。また『創世記』のアダムの（生涯の出来事、イブとのあいだに生まれた子孫、その後の人類のような他者との関係も含む）属性は、すべてそうではない可能世界を考えうる以上、絶対的な必然ではありませんが、それを否定すれば、そのアダムはその自己同一性を失う本質必然的なものである、という帰結が導かれうるのです（Leibniz 1948, p. 358; Mates 1986, p. 140）。聖書のアダムにとって知恵の実を食べることは個体的だが本質的な属性になります。セクストスは、人生の最後に自分の生を回顧し、すべてを避けがたいものとして肯定しました（ibid., p. 143）。

メイツは『人間知性新論』第二巻第二七章の双子地球の思考実験にも言及しています。二つの個体が現象的には識別困難である点を認めたうえで、それでもその二つが個体である以上は存在者として質的に異なる、という主張です。不可識別者同一の原理の真意は、人間に知覚できない場合も、「同一でないものは互いに識別できる」ということでした。原理に従って、そう考えるべきだし、そう考えることで自然物には互いに識別可能な質的差異が必ず有ると言うのです。これは可能世界と現実世界の存在論上の差異の決定にも妥当します。

ところで現実世界が唯一でなくてはならないことは、可能世界が因果的に相互独立であり、たかだか論理的な対応関係しか持たないことの裏返しである、と言えるでしょう。定義上、因果関係をもつものとは、可能的なものではなく、同一の現実世界に属する現実的なものでなくてはならないからです。キリスト教の原罪観から見たアダムとその後の人類の因果連関を論理的ないし想像的に自由に切り離し、知恵の実を食べない双子アダムについて語って、反事実的な言表様相での推論も行うことはできます。それは現実世界と異なる可能世界を想像してしまう人間の性とも言えるでしょう。もちろん、この独立性の意味で、唯一の現実世界が存在しなくてはならないと考えられる一方、それが具体的にどう有るかを言うことは容易ではありません。また、ライプニッツの世界の唯一性論証が『エチカ』第一部定理八の神の唯一性証明と比較可能であることを注記しておきましょう。後者では神の唯一性（神は無いのではなく、また複数でもないことの論証）から世界の唯一性も論証できますが、前者の場合、神と世界は別の存在者なので、神の唯一性は世界の唯一性を必然的には導きません。これも可能性と現実性の区別に関わる興味深い主題です。

Ⓑ見知りあるいは直観と記述の対象としての可能性――フッサール

フッサールも現実世界を想像的に可能態に変更する操作で可能世界を構想し、現実世界にその表象に対応する対象が存在しなくても可能的に有るものを、それ自体として与えられる「固有の超越者」(Husserl 1974, S. 194)――命題の量や質、含意や同値などの形式的範疇、構文論的対象性である事態や集合も入ります――と呼びます。それらの与えられ方からその存在可能性を判定するのですが、様相述語論理のモデル論では名辞の対象指示の認識は問題になりません。クリプキは指示が言語共同体の約定によって決定され、その語の使用の途切れない連鎖――意味を媒介せず直接に名前と指示されるものを結び付けて対象指示を行う指示の因果――によって事実的に決定されるとしますが、フッサールは語や文の意味を対象性と見なして、普遍者や「リンゴが赤いこと」のような構文的対象性も、基底づけられた直観――「見知り」――に与えられると考えます。固有名をモデルにして、名辞や文の意味も指示も対象的に確定し、直観できると考えるのです。「事態は判断において〈根源的に〉意識的になり、一つの光線でそれに向けられた〔意識の〕志向は、多くの光線のものを前提にし、その固有の意味でそれを遡って示す」(Husserl 1913-21, Bd. 2-1, S. 473.〔　〕は松田）と言うのですが、この多くの光線の記述が現象学的還元の課題とも言えます。『イデーンⅠ』（一九一三年）の第一一九節も「対象一般」の理念がそれによって生じる「多定立的作用の単定立的作用への転変」を語っていますが、直観の対象は事態に拡張されるのです。

しかし、ヤーッコ・ヒンティッカ（一九二九―二〇一五年）は、「志向性と内包性」で志向性を内包性から解釈し、意味を物象化しない道を模索します。彼は指示決定の「認知」の論理構造を解明しようとして可能世界を跨ぐ指示の同一性を論じますが、現象学の構成論は世界の存在論的構造に関わらないとして存在論と区別します。フッサールの構成論は、異なる感覚内容相互間の個体的同一性しか論じておらず、所与の多様性が個体に区分される点までは論じていないと批評しています（Hintikka 1975, p. 214）。ここでヒンティッカが志向性を概念性ないし内包性として特徴づけるのは、志向性を対象的なものへの方向性として把握するだけでは分析として不十分だと考えるからですが、彼は、概念が志向的であるのは、それが「複数の可能な事態や事の成り行きの同時的考察を含むときであり、かつそのときに限る」と定義し、そこに志向性と可能世界意味論の接点を認めるのです。デイヴィッド・ウッドラフ・スミスの形式存在論的範疇としての志向性把握も「通して」の契機を強調しましたが、ヒンティッカの構図はフッサールが妥当性の様態変化としたものに対応します。そこに可能な事態や経過の比較の観点が含まれている点に注目したいと思います。

知覚の場合、概念の志向性は事態の両立可能性と同義であり、それをフッサールの用語で表現すると、知覚的に与えられるもののノエマ的意味が対象指示を決定することになるのです。想像であれ、知覚であれ、表象されるバラの花の深紅は、関心に応じて、椿でなくバラを、白色でなく赤色を指示します。ヒンティッカは、この対象指示の関係を、例が指示を補完する関数関係、可能世界から指示への関係に置き換えます。それが志向的なのは、定義のように複数の可能世界の比較を含むと見なせるからです。したがって、指示される対象の個体としての同一性も複数の可能世界の比較から構成されるのです。このような同一の指示対象の個体的構成には直接的見知りと命題的記述の二方法があり、前者が存在様相、後者が言表様相に当たります。フッサールの語る事態への志向性は言表様相に関わりますが、事実ないし事態の存在論的位置づけが不明確な憾《うら》みがあります。事態を存在として認めるのか、認めるなら、それは抽象的存在か、個体と同じく根源的所与なのか、といった争点があるのです。ライプニッツであれば、言表を用いる可能的個体ないし個体概念の最大無矛盾の集合が実質的に可能世界を構成しますが、ヒンティッカの言うように、フッサールの構成論が知覚の場面に限定されるとすれば、その考察範囲は狭いと言わざるをえません。

想像の現象学では名辞の対象指示は唯一の現実世界でしか確定しないと考えられ（Husserl 1954a, S. 202; 1980, S. 550）、時間・空間的な位置規定を欠く可能世界では見知りがないだけでなく、一貫した記述もできない以上、個体の同一性も本来の意味では成立しないので、せいぜい疑似個体性があるだけでした。個体指示に関する見知りを基盤にした解釈枠組みからすれば、知覚や想像を通して表象的に与えられる意味が対象指示を決定するのであり、対象の間世界的同定は問題になりません。このようにフッサールの可能世界論は特徴づけられます。

ジテンドラ・モハンティは、表象される想像的な疑似個体の所与性は（命題は真か偽のいずれかの値を必ずとるとする）排中律の妥当しない未決定性をもつことを指摘しましたが（Mohanty 1985, p. 243）、ヒンティッカは、命題的記述による複数の可能世界の意味論を個体の同一性構成の様相論から問題にするので、フッサールが見知りによる構成だけを問題にしたとすれば、その分析は経験主義的と捉えられるかもしれません。しかし、モハンティも述べるように、意味志向が充実されない表象の例から意味の考察を始めたフッサールには、言表様相こそ懸案だったという面もあるのです。

しかしながらフッサールは可能世界に触れましたが、様相論理を展開していません。ノエマ的意味と知覚を切り離さず、内包的意味が外延的指示を決定する判断決定の構造から「……としての……」という統覚の意味付与機能を強調し、構成主義的認識論を構築したのに対して、ヒンティッカは心理主義と内包的意味の実体化を避け、志向性を概念の機能として可能世界意味論の枠組みと整合的な指示への関数に読み替える道を選びます。これは、命題関数の理論からすれば当然なのですが、命題関数の理論への翻訳が現実の指示決定過程と同じである保証はありません。ヒンティッカはキュビズムにノエマ的意味を描き出す独特の手法を見ており、そのつもりはないかもしれませんが、知覚の現象学を消去するリスクもあります。フッサールは、無矛盾性としての可能性を構文論の水準とし、現象学的構成論の前に置いて可能世界を位置づけましたが、指示の決定は、志向に対応する対象性の直観的充実、対象から言えば、志向される対象が自己を与える認識を待って初めて成立する、という立場を取ったのです。[12]

## 根源我と世界の唯一性――フッサール

現実の存在論のピースとして、間主観性の問題系が相互関係を自己関係に帰趨させるかたちで展開された点を踏まえ、『ヨーロッパ諸学の危機と超越論的現象学』が「根源我（Ur-Ich）」と呼ぶ現象学する私の唯一性から生活世界としての世界の唯一性問題を考えましょう（松田 一九九八、二〇一三、二〇一四a）。フッサールは、カントに対しては主観の個体性――身体性や生活世界への帰属――を強調し、デカルトに対しては科学の自然神学的根拠づけと自我の自然化を批判しました。フッサール現象学の歩みは、出発点であった純粋意識に独我論の嫌疑が生じた結果、同時に共存して同一世界を構成し、同一の客観的真理を見知る他我を加えることを余儀なくされ、現象学する私の存在地平に潜む不透明な事実性が超越論現象学の解体を誘発する筋道として描くことができます。

しかし、モデルが『イデーンⅡ』の自然の領域のように、数学的自然法則を求め、観察・実験・観測し、結果を報告して検証・反証しあう理想化された科学者の共同性にあるとすれば、現象学的還元が取り出す私の事実性だけに注目するのは一面的です。同じことは他者論への批判にも言えます。確かに、フッサールが他者を私の内在の影にした、また他者理解の動機が希薄である、という批判には首肯できる面がありますし、社会的現実を超越論的主観の構成体として解釈し、主観の相互関係を取り逃がしたという非難にも真実味がありますが、それは間主観性の現象学の目標と射程からすれば、不可避ですらありました。

超越論的主観性であれ人格であれ、他我が対象として構成されるという印象を退けるための手がかりになったのが我有りの地平の解明です。私の存在は、アルキメデスの点の意味で論理的に必然的であっても、その所与性は十全ではなく（Husserl 1950a, S. 62）、その潜在的地平に我々の共同現在が含蓄されていることを主題化し、他者が一から構成されるという印象を打ち消すのです。相互関係と自己関係の存在論の位相がここにあります。それは他者の体験を見知る現象学的操作が基底づけられている点を浮き彫りにしますが、その他我は構成する主観ではなく意味のままだという批判が残ります。しかし、超越論的主観性を担い手の遂行作用と見る限り、他我の他者性が意味の背後に隠れてしまうのはやむをえない事態なのです。

この戦略の帰結が、日常経験から見れば奇妙であっても、他者知覚の妥当性の根拠として、自我が他我を意味として含蓄する点に光を当てる一方、現象学する私が自己を複数化し、他我として構成する方策も超越論哲学を捨てない限り維持せざるをえません。そのためにフッサールは二つの観点のあいだを揺れ動き、現象学する私の生活世界の帰属の様を叙述する『ヨーロッパ諸学の危機と超越論的現象学』第五四節(b)——私が構成する者であり、かつ構成されるものでもある逆説を論じる箇所——でも純粋意識をデカルト的実体として把握した『イデーンI』を回顧しています。そうして「超越論的間主観性へと一足飛びに入り込み、根源我を抜かしたのは、倒錯したことだった。エポケーするこの私の自我は、その唯一性と人称としての格の不変化性とを失うことはできない」(Husserl 1954b, S. 188)と述べ、現象学する私の譲り渡し難い地位を強調したのです。現象学し主語として語る根源我は、語られるもの、目的格になることはなく、一人称単数として我々に解消できません。この前提のもとで現象学の第三の契機としてモナドロジーが展開されることを重視し、そこに相互関係と自己関係の問題系を着地させる道を進みたいと思います(この道は見知る操作としての感情移入を基盤にした他我構成と我有りの地平性解釈を収斂させ、現象学的モナドロジーを正当に位置づけて、間主観性を絶対精神と見なすドイツ観念論的解釈から距離を取ります(松田 一九九八))。

ホーフマンスタールへの共鳴が示していたように、現象学的還元の根底には言語一般への不信があります。それは、私が言語共同体に生きながらも言語理解を修正しつつ、世界を我が目で見つめ直すように促され続ける限り、言語への懐疑を捨てないことを意味します。現象学的判断中止が他者の恩恵を捨てて「哲学的ロビンソン・クルーソー」として振る舞うことを促すのは、この不信なのです(Husserl 1973, S. 535)。現象学者が世界の地盤から離れることを再三要求することも、言語的に理解された世界の偶然性を開示し、世界が「不動ではない」(Ebd., S. 213)と教える苦痛を伴う経験——

ハサンの錯乱や被災もその例です——の裏づけと方法的判断中止との対応を示しています。その状況で私は、放置しておけば異他的なものにより否応なく脱中心化される自己を自分に与えられる明証的なものだけを頼りに絶えず統合し直すしかないところまで追い込まれうるのです。

　この窮地で自我の自己自身との共同関係が問題になります（Ebd., S. 450）。フッサールは、それを意識の Reflexivität と呼び、予期や再想起に刻印された体験相互の縦——意識の対象への方向は横です——の結合、つまり再帰的自己関係として捉えて（Ebd., S. 543）、コギトをそこに組み込んで再記述します。いわば「経験を経験する」私は、私が私に体験として与えられること、つまり、考える作用が体験流に含まれることからコギトの真理を確証します。そこには見知りがあります。そしてフッサールに従えば、いまこの我有りの潜在的地平が自己構成と対象構成の地盤となります。その構造はどのようなものでしょうか。見通せる過去と予見される将来が覚醒した意識として「流れる現在という噴水のまわりに媒介されている」（Ebd., S. 397）中心性、「いまと過去の自我としての私の自我極にはどんな深淵もなく」（Ebd., S. 577）、複数の実在するもののあいだのような時間的隔たりはない連続性、そして中心性と連続性に支えられながら私が対象に差し向けられる志向性、しかし、私は「変遷し持続するなか、時間的出来事のように変化したり、しなかったりする時間的なものではない」（Ebd., S. 426）非時間性です。この私が立ち止まりつつ流れるいま、つねに有るいまとして全時間に関係して居合わせる構造が、現象学する私の唯一性と個体性、そしてそれを基盤にした世界の唯一性に対応することは後述します。

　現象学的還元は自己対話による自己批判となります。その目的が私の存在の根拠づけという人間理性の本質にあるとすれば、対話は、無時間的私——それを身体から独立とする点にフッサールの超越論哲学の超越性を認めることができます（Zahavi 1996, S. 93; Husserl 1973, S. 609）――が世界に有り、人格的歴史を背負う時間的私と自覚的に関係することとして捉えられるでしょう。現象学する私は、人格的歴史を担う身体を有し、多層の地平として記述される存在ですが、その描像は、無時間的な私と特定の習性＝属性を担う人格としての私が同時共存しつつ継起するというものです。こうして私は、様々な属性を担う人格としての私に向きあうのです。

ここから三つの契機を取り出すことができます。中心極としての私と特定の質としての私の同一化の同時性、同一化の過程内での変遷として或る私が異質の私に変化する継起性、そして対象性への私の志向的超出です。三契機は、この現在が自己意識でありつつ、対象志向の性格も手放さないことを意味します。「（中心極として）私はいま、（志向的）対象$X_1$、$X_2$……$X_n$を（特定の質である）私$_1$、私$_2$……私$_n$が（継起的に）意識していることを（同時に）意識している」のです。この定式は自己への志向を見知りによる事物様相で把握する構造を抽象的に表現していますが、そこには言表様相で対応者として異なる可能世界に跨がる私の属する複数の可能世界を比較する契機はありません。これが、フッサールとライプニッツの相互関係と自己関係の存在論の差異になるでしょう。

現象学的還元は「私が私と交流する操作」（Ebd., S. 416）なのです。この操作によって無時間的私と歴史を背負う時間的私――属性としての人格――が分裂し、関係するのです。現象学の根底に責任が置かれるのも、これと無縁ではありません。還元の動機も良心と自由です（松田 一九八六、一九二頁）。方法が引き起こす自我分裂と自己内対話は最終的にいまここに向かうからです。流れつつ、つねにある現在が他者構成と自己構成の現場であることからも、現象学的還元が開示する私は、存在論的語り口を用いれば、確かに「或る多義的なもの、絶対に必然的な多義性を有する原初」（Husserl

1973, S. 586) であることが裏付けられます。私は根本的に多義的存在なのです。表現は難しいですが、日記や自伝、物語としての歴史には、このような構造があります。自伝はディルタイの解釈学のモデルでした。この多義性は世界にも妥当するでしょう。

自己内対話による自己批判は、私が文化、経済、政治など、生活世界に帰属しながらも、そこから距離を取り、意味の生成とその構造を把握するよう促します。私の帰属する地平の歴史と構造、そしてその意味を開示するように動機づけるのです。歴史や構造、意味も固定的に措定するべきではなく、記号や言語などの媒体に支えられ、絶えず変様して再生産されることを押さえておく必要がありますが、自己の帰属する歴史と現在は相互に照射しあい、自己内対話による自己批判が私の多義性を解釈します。現象学する私は、歴史的間主観性の相互関係の諸地平に帰属しながらも、そこから距離を取ること――疎隔 (Gadamer 1975, S. 364; Husserl 1954b, S. 371) ――ができ、意味の生成過程と構造を把握するよう、地平に関わり、意味地平を解釈する可能性の根拠なのです。

こうして根源我が「執政官 (ἄρχων)」と呼ばれることから、現象学する私の存在根拠も示すことができます。『イデーンI』は純粋意識の構造として、想像や記憶、感情や意志など、あらゆる志向的作用に対する意識の措定性 (Positionalität) を「アルコン的」と呼びました (Husserl 1950b, S. 288)。措定性が他のすべての作用を統一する――あらゆる志向的体験の基底に客観化作用がある――という着眼を発展させ、体験がすべて意識の対象になりうることを含意して、現象学的記述の可能性を確保する重要な主張でした。また『ヨーロッパ諸学の危機と超越論的現象学』は学問と人間性に対する超越論哲学の「アルコン的役割」(Husserl 1954b, S. 336. デリダ 一九八〇、二四二頁参照) を認めます。それは共和国の政治に最終責任をもつ正義の執行者であり、万物の創造者や君臨する王ではありません。哲学には合議の指導者の役割があてがわれるのです。

このように私をアルコンとし（Husserl 1973, S. 670）、その存在と機能によって私が自然、社会と文化、歴史、そして政治を意味地平として反映するのを通じて、モナド全体を鏡映する事態がある限り、力の限界に由来する表象の判明さの程度はあるにせよ、根源我は哲学の最終責任者を意味します。私には神の力も王の特権もありませんし、アルコンの登場は自然史も含むモナドの生成史のかなり後でしかありません。しかし、遅れて登場することですべてを考察する使命がアルコンには課せられるのです。その限りで根源我は「全一性」を担います。これは重責です。しかし、アルコンは複数います。他我も地平に解消できない唯一性をもつことを強調しておきましょう。無数のアルコンの存在は「責任」（Husserl 1954b, S. 272, 430）の規範的価値なしには語りえないでしょうが、現実をよく生きるために、アルコンたちが相互関係と自己関係を交差させることが求められるのです。その交差地帯にエネルゲイアとしての物語る力があり、そこに唯一の世界を存在論的に位置づけることが、本書の最終目標です。

考える私が、世界も含めて、考えられるものに対して必然的に存在しなくてはならないと主張する超越論的論証の帰結として、志向性の機能中心であるというような理論的役割だけでなく、アルコンの規範的意味も含む、私の唯一性から世界の唯一性の意味の解明に移りましょう。『ヨーロッパ諸学の危機と超越論的現象学』は、生活世界の形相的存在論を展開し、様々な世界現象を貫く不変項としてその構造を取り出しますが、フッサールは、実践的状況、環境などの仕方で与えられる相関的現象——それは物語る力と劇場並列型モデルに容易に対応させることができます——を記述したうえで「世界は、一個の存在者、一個の対象のように存在するのではなく、唯一性において、すなわち、それに対しては複数が無意味であるような唯一性において存在する。あらゆる複数とそこから取り出される単数は、世界地平を前提にしている」（Ebd., S. 146）と述べます。

確かに、世界は存在するものの総和だけでなく、すべての実践の基盤の意味ももちます。フッサールは、ハイデガーの『存在と時間』の道具存在とその意味連関と事物存在を軸にした世界内存在の分析を意識して、世界が現実ないし可能な実践の普遍的領野、つまり地平としていつもすでに与えられている点を確認します。そして目覚めて生きる者が、世界が存在するという確信をもつことは、世界を自覚していることである、と付け加えています。生活世界の文脈では夢論証は無意味だと考えるのです。

さらに、物への志向性と世界への志向性の区別にも言及しています。私の身体も含めて、物は世界地平内の対象あるいは世界に属するものとして与えられますが、世界地平も対象なしにはないと言うのです。世界地平が地平として現象するなら、それはかなり特異な状況ですが、それがどのようなものかは現実の陰陽二形式の現象に関する記述を思い出してください。フッサールが強調するのは見知りとして与えられる物の様態変化です。夢や虹にも様態変化がありますが、ついさきほどまで見ていたコーヒーカップが無くなり、それを思い出したり、想像したり、いつのまにか忘れたりすることがあるように、物の現象とそれに相関する意識は絶えず変様し、それに呼応して可能性、現実性、必然性だけでなく、想像的、知覚的、命題的などの様相も与えられるのです。

しかし、地平現象だけからでは、世界がそれに対しては複数が無意味である唯一性として存在する、という主張は根拠づけることができません。なぜ世界は無いのではなく有り、なぜ複数ではなく唯一なのかは論証できないのです。事物の総和や地平の地平としての世界が本当は存在しなくても、自我の相関項として世界現象を位置づければ十分ではないでしょうか。あるいは根源我が複数有るのなら、相関項としての世界も複数有ってよいのではないでしょうか。これらの問いに答えるには現象学的な相関記述では足りません。事実、フッサール自身が、世界と自我の問題については形而上学的考察を積極的に行っています。それは『第一哲学』（一九二三―二四年）では世界が存在しない論理的可能性に関わり、最晩年の遺稿にはそれを見直して反転させる考察があります。

『第一哲学』は、超越論哲学の関心を主題化し、自然的態度が含む、世界は有るという信念を疑問視して、絶対知を発見するために偶然的知識を排除していく試みです。その過程で、世界の存在は二重の意味で偶然的と見なされます。世界の存在が、認識論的に見れば、全体としては与えられない不十全性をもつ理念にとどまる（Husserl 1956, S. 44）ことに加え、論理的に世界がない可能性は排除できない（Ebd., S. 50）以上、世界の存在は必然的ではないからです。もちろん、世界が存在しない可能性は、現象的証拠が与えられる見知りの対象ではなく、「四角は円い」のような矛盾命題でもありません。その限りで世界は可能な仮定として「超越論的仮象」（Ebd., S. 55）となり、この想定が世界に関する素朴な信憑を括弧に入れることを許します。ライプニッツもこの可能性を認めるでしょう。「なぜなにも無いのではなく、或るものが有るのか」という問いは、世界が存在しない可能性を前提とするからです。

一九三七年五月の遺稿（Husserl 2008, S. 251-258）では、この見方が覆《くつがえ》され、世界の必然的存在が自我の存在に先立つことが語られています。そこではデカルト的な道が疑問に付されます。フッサールは、デカルトは懐疑によって世界が存在しない可能性を示すことができると信じたが、「世界が存在しないとすれば、私も存在しないだろう」（Ebd., S. 254）と言います。世界が存在しない可能性も自然的態度が含む世界の存在を前提とするからです。根源我も世界に必然的に帰属する、がここでの立場です。そのうえで私は世界や私の存在を反省できます。これは出発点に戻るだけのようにも見えますが、『第一哲学』では世界の存在が論理的偶然だったので、小さくない転換です。可能世界と現実世界の関係にも同じ転換が考えられるでしょう。

遺稿では定冠詞付きの世界の唯一性が問題になります。問題は個々の事物に関する懐疑と世界全体に関する懐疑の違いですが、彼が主張したいのは、世界認識の内容には、修正が必要な不完全性や相対性があるが、唯一の世界が有ることの存在妥当は変わらず維持されるということです。世界を意識する私には、表象の次元で世界を存在しないものとして表象することは端的に不可能なので、そう想定してみることができるだけなのです。「必当然的（apodiktisch）なのは、認識者が不完全な単なる個々別々の確実性しかもたない、世界としての世界の確実性である」（Ebd., S. 256）と言うのですが、「必当然性」は伝統的な論証の必然性概念です。それはデカルトの「コギトからの我有り」の導出の必然性にも見られますが、世界こそ必当然的だと言い切るのです（以下では必然を様相論理の意味ではなく、必当然の意味で用いる箇所があります）。確かに、存在者の有無の知覚や判断の妥当性は認識者の存在や能力に左右されますが、ごくふつうの問いもすべて唯一性の意味での世界の存在を前提としています。どんでん返しだと言わざるをえません。

だからこそフッサールは、世界定立の括弧入れの意味と個々の判断中止の違いにこだわり、現象学の創始者として、あたかも「白鳥の歌」を歌うかのように自問するのです。現象学にとって本質的なのは、懐疑主義に陥り、総和としての世界を疑うことではなく、永遠真理としての算術や論理の真理、たとえば2＋1＝1＋2を否定することでもない。世界が存在しない可能性を洞察することは個別の命題やその総和の妥当性を疑うこととは決定的に違うと言うのです。前者は、アプリオリな可能性の問題であり必然性の問いです。それが定冠詞付きの唯一の世界の存在に関する問いです。世界の存在の必然性という意味での確実性を、私たちは意志の力で変えることはできません。意志的に行える普遍的判断中止は、確かに現実生活の場面で未規定の地平に現れて、転変する世界とそこに有るものの存在妥当に関わり、私が世界で生きている安定した地盤を私から奪うとしても、この事態は変わらないのです。

この箇所は注意深い読みを必要としますが、フッサールが世界に関する現象学的判断中止を土壇場になって再び肯定したと解釈すべきではないでしょう。筆者の解釈は、判断中止を私の生きる世界の地盤を意志的に奪う方法として特徴づけることは、言語や日常世界の自然な自明性の喪失に対応しており、唯一の必然的世界の存在否定を意味しない、というものです。ただし、自然科学に相関する客観的世界の構成論では、複数の根源我の相互関係と自己関係を可能にするものとして、唯一の世界の必然性を論証する必要があります。これまでは世界が無いのではないことが超越論的に論じられましたが、複数でないことは示されていません——自然科学的世界像の相関者としてだけ唯一の世界を描けるのかも検討が必要ですが、これはガブリエルの多元論的存在論に関する考察で主題となります。

世界が複数でないことの必然性論証は『デカルト的省察』(一九五〇年)の第六〇節にあります(Husserl 1950a, S. 166)。他者構成論から形而上学的帰結に進む箇所です。切り離された複数のモナド一つ一つが固有の世界を構成しながら、互いに共同化されない多数のモナドが共存すること、したがって、無限に切り離された二つの世界、二つの無限空間や時空が共存すると考えるのは不合理である、というのがその結論です。モナド共同体を考える限り、相関する世界は唯一でなくてはならないと言うのです。

フッサールの世界の唯一性論証の出発点は唯一必然的に有る私です――ライプニッツの場合は根拠律です。根源我は同じ権利で存在し、相互に関係しあい、他の根源我を含む、世界を経験する共同体の一員です。間主観的世界の構成は他のモナドが存在することを要件としますが、逆に言えば、モナドが複数有ることは、陰に陽にそれらがいつもすでに共同化された仕方でしか存在しないことを意味します。モナドがばらばらで相互干渉しない、独立した状況は考えられません。ライプニッツのモナドも περιχώρησις が語るように連鎖します。共同化されずに分離したモナドの共同体が存在すると考えることは不合理なのです。譬えを繰り返せば、私とエイリアンはこれまで遭遇しないですんでいたとしても、エイリアンが存在する限りは、二つのモナドとして同一世界を構成します。住む世界の異なる二世界があるように見えても、それらは唯一の世界の位相に過ぎません。異なる主観は唯一の世界を構成するものとして必然的に共同存在しなくてはならないからです。これがガブリエルの指摘する無限進行に陥らないかどうかは後で検討します。

フッサールは、本質直観によって、自我を想像的に変様することで得られる根源的モナドを持ち出し、様々な間主観性が全ての主観と存在者を包括する唯一共同体に属すると述べます。モナド全体の共同体と唯一の世界、時空、自然の相関を語るのです。論証はライプニッツの議論と対比されてもいます。無数に可能なモナドと世界創造に関わる可能世界の共可能性の問題を私の自由変更の可能性として論じることは、自己の複数化・他者化とも、他者の自己化とも形容できます。私と本質が同じものとそれに相関する世界を見知ることでアプリオリに共可能的でないものが示され、その結果、共可能的なものの世界ないしは完結したモナドの世界のアプリオリな可能性が示されるとフッサールは考えます。

フッサールの「モナド」の含蓄を重視すれば、共可能的なもののアプリオリな可能性を示すことは生活世界のアプリオリな存在論になります。その意味でフッサールの唯一の世界も自然科学的世界像の相関者ではありません。モナド共同体から出発する限り、相関する世界が唯一でなくてはならないという論法は、生活世界に生き、考え、真理を得ようとする者の共同体の条件制約として世界を見知ることとして把握されるのです。

### 現実世界の唯一性——ライプニッツのヴィジョン

フッサールによる世界の唯一性の主張とライプニッツによる現実世界の唯一性の存在論を比較し、現実の様相論を深掘りしましょう。まず両者の対照を見ます。ライプニッツの場合、複数の可能世界は因果的に相互独立であり、各々の世界の可能性の量ないし善さの比較計算を有意味にするため、異なる世界の対応者を含む文の真理も独立でなくてはなりませんでした。他方、世界を構成する個体群は連鎖をなし、外部はなく、現実世界に関する文の真理条件も全体論的です。そして、科学の形而上学的基礎づけのため、神の誠実に訴えるのを止めたフッサールとは異なり、世界の唯一性——無いのではなく有り、複数ではなく唯一である——の論証に関して、ライプニッツは『二四命題』のように世界創造する神と世界から始めます（Leibniz 1965, Bd. 7, S. 289）。

形而上学の極みとも評されるテクストの命題一は「なぜなにも無いのではなく、むしろ或るものが有るのか、の根拠は自然のうちにある。それは、大原理、根拠なしにはなにも生じない、の帰結である。同様に、なぜ他のようにではなく、このようであるか、にも根拠がなくてはならない」から始まります。根拠律が世界の存在とその有り様に関する問いに答えると宣言するのです。しかし、考えることすべてが根拠律を前提にするのは超合理主義的教条ではありません。根拠律の否定にも根拠がなくてはならないからです――根拠づけに関して古代懐疑派は自己論駁的です（松田 二〇〇三、二五〇頁）。続いて命題二は、自然のうちにある根拠が実在的なものとして原因のうちになくてはならない、としています。その理由は、原因は実在的根拠であり、可能なものと必然なものに関する真理も、可能性が現実に有るものに基礎をもたなければ生じえないからです。原因は現実存在だけでなく、可能な存在の原因であり、論理や数学も包摂し、可能世界の原因でもあるのです。

そのような存在者は神以外に考えられない以上、論証は神の存在証明ともなります。命題三はこの現実存在が必然的に存在しなくてはならないと主張します。その根拠は、そうでなければ、なぜそれが無いのではなく有るのかの原因をさらに問わなくてはならないが、それは仮定に反するから、というものです。仮定とは命題一のことです。根拠がなくてはならないというだけでは、独断ないし論点先取と思われるかもしれませんが、根拠がなくてはならないという主張は自己言及しても矛盾は生じません（Leibniz 1965, Bd. 7, S. 260）。原因の系列全体に関する無限遡行を避けて、一切の原因である現実存在が必然的に存在しなくてはならない、と結論するのです。それが事物の究極の根拠としての神です。

以上が第一段階ですが、これだけでは、世界が無いのではなく有ることの十分な根拠は与えられないでしょう。「世界が無い」という主張にも矛盾はないからです。命題四は第二段階として「なぜ現実存在が非現実存在よりも価値があるのかには原因がある。すなわち、必然的に有るものは現実存在させるものなのである」と言ってこれに答えようとしています。世界は無いより有るほうが価値があると考え、原因を神の自然に求めるのです。弁神論の始まりです。こうも言い換えられます。私の世界ないし人生は無いこともできたが、有るほうが価値がある、と。ショーペンハウアーだけでなく、仏教徒にも、生まれないほうが、世界は無いほうがよいと言う者もいますから、諸手を挙げて賛成するのは難しいかもしれませんが、ライプニッツの神は、創造しないこともできたが、創造することを本性上善いとする神です。これが、世界が無いのではなく有るの根拠です。創るほうが創らないよりも、被造物である私たちにとってではなく神にとって善いのです。ここに「オプティミズム」の根源があります。この論証の解釈学的性格には後で触れますが、存在が価値的選択を含むことが認められています。無いよりも有るを選び、有るとすれば、或る特定の有り方を選ぶ選択基準に論述は向かっていきます。

思弁的表現ですが、現実存在しようとするコナトゥスをもつ無数の可能的存在者から共可能的なものが選択される過程が描かれます。基準は、神の知性のうちでは無数の可能なもの相互の競合から、あらゆる可能な系列のうち最大の系列が存在するものが選ばれる、というものです。例も挙げられます。液体が自然に球状に凝集するのは、物質が最も効率的に最大容量をもちうる円や球の形状に対応するという自然的基準を満たそうとするからだと解釈されます。例が物理学の最小作用の原理や最適解を発見する最大最小法から着想されたのは間違いありません——経済的意味もあります（松田 二〇一八b）。最適は唯一性を含意しますが、最適解が二つ以上あることが排除されるとまでは言えないでしょう。現実世界をよく生きるために必要な物語る力の最適は動的かつ多様に捉えられるべきだと述べましたが、最適が一つに決まることを恣意的でない仕方で論証するには、不可識別者同一の原理を可能世界でも個体一つ一つが質と価値に関して異なることを示す議論が必要です。それは可能世界が（疑似的な）時間空間的位置に関して個体化されることを前提しますが、系列概念は現実化に先立つ事象の順序として歴史をシナリオのように内包するのです。

量的最大は最適の一つに過ぎません。基準は本質的に質的だからです。命題一二が述べる質的多様性の最大化の観点も含まれます。それは不可識別者同一の原理の真の意味として、世界の多様性を可能にする質的形相の存在を指示します。形相が個体に差異を与えるのです——それは生物の種的多様性に関わります（Matsuda 2016）。命題一七は、その世界を質的にも最大多様なコスモスと呼びます。コスモスは、バロック装飾のように、細部まで満ち溢れんばかりの差異をもつ、美、完全性、秩序ある世界です。人間には、残念ながら、その美、完全性、秩序を神が見知るほど判明には表象できないという限界と悩みがありますが、『二四命題』の最後の箴言のように、人間精神は現に存在する悪に苦痛を感じても、より大きな善によって喜びを得られるよう考え続けることが促されます。認識する力の限界を自覚しつつ、それでも肯定を目指す傾向をひとはもつと示唆されるのです。これがセクストスのヴィジョンに込められた意味を明らかにします。

以上が最善＝現実世界の唯一性の根拠です。では不完全な人間知性にも神と同じことが妥当するでしょうか。出発点は悪の生じる現実世界ですが、ライプニッツの観点でも、神の見た世界と個人の見る現実世界のあいだには溝があります。これを埋めるのが神の反省的認識です。それは人間の反省的認識でもあります。その論証の構造から現実世界の唯一性論証の根源に迫ることができます。それは、この世界が唯一の世界であり、かつそれが無数の可能世界のなかの最善として選択されたことに十分な根拠があると知性的に理解し、肯定できなくてはならないことを意味します。この点で「神の大義（Causa Dei）」（Leibniz 1965, Bd. 6, S. 439）の論理構成、つまり、結果から原因への論証と仮定された原因から結果を演繹する仮説演繹法の組み合わせを、解釈学的営為として特徴づけることができます（松田 二〇〇三、第一二節）。

「神の大義」は、「神」の定義から演繹を行うと同時に悪の事実を所与として認め、そのあいだで現実世界を様相的に把握し直して、悪の補償を目指します（Leibniz 1965, Bd. 6, S. 447）。演繹は信仰内容である偉大（全知と全能）と善性（正義と聖性）から帰結を導きます。重要なのは、神の意志を限定する根拠を普遍的正義の拘束性に従って導出することです。人間は、神の知識、意志決定の細部には接近できませんが（Ebd., S. 204）、自然法的道徳は普遍性をもつとし（Ebd., S. 456）、神の行為もそれを基準にすると主張します。神の正義に関して言えば、世界には悪が存在するが、少なくとも神はあらゆる魂の救済を望みます。人間の自由意志は与えられた条件下で自発的に選択することにあり、罪＝道徳的悪を犯すことも可能になるが、この自由意志が悪の原因であり、神はそれを前提にして結果的にはより大きな善にもたらすことを意志すると解釈するのです（Ebd., S. 47）。そして悪の充足根拠を適合性の観点から論じます（松田 二〇〇三、二二〇頁）。

反省的認識は現実世界とその事実を様相化します。そのために意志に加えて、神の知性の構造も想定します。神の単純知性は可能性を基盤にし、必然と偶然の序列は様相四辺形Ⅰに対応します。（本書一五一頁の）図をもう一度ご覧ください。この場合、可能でなければ不可能、不可能でなければ可能であり、それが必然と偶然のあいだにも成立します。また、必然と不可能は共に真ではありえないが、共に偽ではありうるので、必然でも不可能でもない可能の様相が認められます。可能と偶然は、共に偽ではありえないが、共に真でありうる両立可能になります。可能かつ偶然な様相を認めるのです。可能世界を神の選択を際立たせる偶然的可能者として導入し、現実世界は一つだと論じて、それがあらゆる可能世界のなかで最善であると説明します。
また現実に関する直観的知識――見知り――と神の世界創造の決定を導く反省的認識も位置づけています。反省的認識は将来の展開を視野に入れた予知の性格を持ちます。さらに偶然性に関する神の中間的知識の概念も導入されますが、それは神の単純知性に基づく知識と、現実に関する直観的知識のあいだに位置する将来の可能的事物や偶然的可能者に関する知識です。スピノザでは、そのような知識はありません。ここで必然主義回避の装置として中間的知識が位置づけられます。反省的認識は最大最小法が神の知性に埋め込まれている事態を様相化します。無数の可能者の系列の通覧が中間的知識を特徴づけ、神は帰結すべき系列を予知するのです。創造の前にイエスを裏切らない場合も含むユダの様々な物語を構想してみるのです。

こうして神の有する知識も様相化されます。単純知性の知識は可能的かつ必然的な真理に、現実に関する直観的知識は偶然的かつ現実的な真理に、そして中間的知識は可能的かつ偶然的な真理に関わります。中間的知識は他の二つの知識を媒介します。この操作がスピノザ的必然主義とエピクロス的偶然主義の中道を可能にします。単純知性は可能性を想像的誤謬として棄却するなら偶然性を知らず、現実に関する直観的知識は様相的観点を欠くなら必然性も知らないからです。ところが自由は可能と偶然に根をもつというのがライプニッツの思想です。そこで初めて選択の余地が認められます(Leibniz 1965, Bd. 6, S. 441)。ただし、その選択は「それ自体として見た対象の卓越性は必ずしも選択の根拠を形成するものではなく、むしろしばしば、一定の仮定のもとでの一定の目的に対する対象の適合性が考慮される」(Ebd., S. 459) 全体論的なものです。

選択が規範や価値に関わることは明らかですが、神の選択も、ユダやイエスの物語を含む救済史観のもとでは、一定の仮定のもとで一定の目的に適合するはずです。ここにデカルトの水腫病に関する目的論的考察を入れてもよいでしょう。ライプニッツは、道徳的の反対を不適合とし、神の意志の対象はあらゆる可能世界のなかで最大適合的だと主張しました。最善は、無条件に考えうる最善ではなく、一定の仮定と目的に制約された最大適合なのです。こうして世界創造が、自然的意味での形相の最大多様性を実現するだけでなく、道徳的に最適でなくてはならないことが帰結します。神は自由ですが、自然法のもとでは最善選択が義務であり、あえて言えば、義務に自発的に従うのです。最善世界としての現実世界の唯一性は、神の義務の観点からも根拠づけられるのです。

現実世界の悪は深刻な問題です。なぜ唯一最善の世界に悪が有るのか、なぜこう有るのかに応答するのは簡単ではありません。ライプニッツは、世界の出来事の様相を、決定論的必然とも無差別の偶然とも区別し、仮定的必然として規定すると同時に、それを神の義務から道徳的必然として規定しました（Ebd., S. 131）。世界の出来事は、無条件・無差別に生起しないし、その条件と傾向には或る価値への方向づけがある。したがって、罪＝道徳的悪も絶対的必然ではなく、或る条件のもとで生起すると考えるのです。「悪の基底は人間の不完全性によって必然的だが、しかしその生起はおおいに偶然的である。つまり悪が可能であることは必然的だが、悪が現実的であることは偶然的である。とはいえ、悪が事物の調和に従い、可能性から現実性へと移行することは偶然的ではない。なぜなら、悪はそれがその部分をなす事物の最善の系列に適合しているからである」（Ebd., S. 449）と言うように、悪の生起の様相も複雑です。様相は二重になっています。

悪が現にあることは、必然ではなく、論理的に偶然であり、生起したなら、十分な根拠をもつ仮定的・道徳的必然として説明できる。悪の基底、罪の原因としての人間の不完全性は、最善考察の制約である。罪なき世界、無制約に考えた可能世界はキリスト教の世界ではない——このように言うのです。その意味で反省的認識を現実世界と神概念のあいだで解釈学的均衡を図るものとして位置づけるのがよいでしょう。現実世界と無数の可能世界の溝を埋める根拠が、神の選択の充足根拠である限りでの適合性、つまり最善なのです。

以上の思弁的考察にも物語る力との接点があります。人間の不完全性を認識様相で説明する点です。「神の大義」は形相に悪の起源を求めますが、悪が生じるのは、知性に足りない点があるために、意志が実在性の乏しい単なる可能性によって誤導される場合であるとして「悪はむしろ形相自身に由来するが、しかしそれは抽象的形相、つまり神がその意志の作用によって創造したのではない観念によるのであり〔…〕可能性にしか過ぎない限りのものについては、神はその創造者ではない」(Ebd., S. 313. 強調は松田) とライプニッツは述べます。神が選択しなかった抽象的形相がどのようなものかは、その観念の実在性の意味から浮き彫りになります。形相が本来エンテレケイアを意味すべきだとすれば、悪の原因となる抽象的形相とは、具体性と力、実在性を欠くものなのです。

世界の構成原理は最小の原理から形相全体を自然的にも道徳的にも最大多様にするのですが、そうである以上、この原理は共可能性を前提とし (Ebd., S. 303)、神の知性内で存在しようとする可能者全体の結合を制限する根拠になるので、可能者とその系列内で両立しない要素を含むような単なる可能性を除外します。ライプニッツの自然法は公共の正義より私的利害を優先する行為は欠陥と見なしますが (Leibniz 1948, p. 699)、ユダの裏切りを含む救済の物語では、最善は、知性や意志の欠如による罪から回心し、神に心を向き変える可能性を人間に与えることも内包します (Leibniz 1965, Bd. 6, S. 452)。悪はより大いなる善の必要条件である (Ebd., S. 47)、「善が生じるようにするためにでなければ、悪はなされえない」(Ebd., S. 442)という主張が、現実の悪に苦しむ人間から顰蹙を買っても、苦は知性によって補償される、少なくとも和らげられると考えるのです。ラーシュの嘘を子どもが大人に成長する過程で生じる必要悪と見る着想とも言えます。

最後に可能世界と人間の現実世界の認識論上の関連を述べます。『弁神論』の末尾は対話形式で最善説を物語にして締めくくられます。アテネの神殿を舞台にして、大罪を犯し、辛酸をなめる運命にあったセクストスが、ジュピターの娘の導きによって、それでもやはりこの世界と自己の人生を最善のものとして肯定する寓話です。同時に、セクストスが夢で舞台演劇を観るように、自分自身の対応者に関する無数の可能世界のピラミッドを通覧し、この世界をその先端の最善世界として、ヴィジョンのように直観する様を示唆しています。この挿話は見知りと記述の両面をもちます。人間は、神のようにあらゆる可能世界を直観し、現実世界を最善と見ることはできませんが、夢のなかではあたかも見知った状態になるとするのです。

こうして最善を確信するのです。悪を事実として受け入れ、その存在理由の反省的認識を物語的ヴィジョンとして深めることで、世界と自己の直観的肯定が生じると言えます。ここにライプニッツ風に理解可能な物語る力の例――見知りと記述、様相の対立を相補性に変換する力が発揮されます――あるいは自分を可能世界で自由に変更し、その本質を直観して価値的にも唯一無二として現実世界に埋め込み直すことを通して、自己関係と相互関係を結ぶ力の発揮を見ることもできます。この結合を生む力をライプニッツが自己関係としての反省、根拠律、それらを動かす相互関係としての調和の形而上学として素描した点に触れさせてください。『コナトゥス、運動、感覚、思考について』(Leibniz 1926-, Reihe 6, Bd. 2, S. 280. 松田 二〇〇三、二七頁参照)は「精神の内ではあらゆるコナトゥスが持続している。そこではなにものも付加や削除によって締め出されることはなく、精神とは最も調和的なものである」(Leibniz 1926-, Reihe 6, Bd. 2, S. 282) と述べ、対立するコナトゥスを保持する精神の力を語っています。精神がコナトゥス全体に統一根拠を与える力です。それが神の知性の考察に及ぶのは課題の大きさのせいです。

精神のこの働きこそ反省的です。多様な感覚に関係する思考が感覚を含む多様な表象の根拠づけを行うからです。感覚も自発的力の行使として物体の力に対応するとされ、多様な感覚によって存在するものが思考される点が語られます。それは微小表象も含みます。「思考(cogito)」と「感覚(sentio)」の関係を時制から把握しています。私は、自分がなにかを過去に感覚したし、現在、感覚し、未来に感覚するだろう、といま考える。私は、自分がなにかを過去に考えたし、現在、考えていることを、いま感覚する。私は、自分がなにかを過去に感覚したことをいま感覚する。私の思考は私の存在の全時制に及び、私の感覚に与えられるものを包括するが、私の感覚は私の未来の思考を感覚できないし、私の感覚は私の過去の感覚しか持たない。記憶は感覚できるが、現在は感覚から逃れる。ライプニッツはそう述べて、感覚活動——見知り——の限界を指摘し、感覚とその対象に関係するコギトに期待して、それをスピノザの自己原因を思わせる表現で「自己根拠」と呼びます(Leibniz 1965, Bd. 6, S. 612. 松田 二〇〇三、一二三頁参照)。

ライプニッツは、思考と感覚のこの関係を、一人称の私、二人称の汝、三人称の第三者に広げます。そして、目的格にならない私——根源我です!——、感覚される汝、思考される第三者を位置づけたうえで、フッサールを思わせる仕方で汝と他者の認識可能性を素描しています。私が自分を汝の立場に立たせ、感覚するよう思考を駆り立てて、汝の行動や思考に根拠を与えるのです(Leibniz

1926-, Reihe 6, Bd. 3, S. 903. 松田 二〇一八b参照)。ここでも相互関係と自己関係が関わっています。

本章の問いは、様々な物語が葛藤しながらも同時に存在し、それぞれの可能世界を認めるとしても、やはり唯一の世界の存在が要求されるのではないか、というものでした。コスモスとしての世界の価値的な唯一無二性とアルコンの共同体に相関する唯一の世界の存在を確認して最後の項に進みましょう。

**ガブリエルの無世界論を反駁する**

「世界は存在しない」と主張する論証(ガブリエル 二〇一八)と、これまでの解釈を突き合わせてみましょう。ガブリエルの立場は形而上学が指示する対象は存在しないとする無世界論ですから、本書と相容れないように見えますが、必ずしもそうではありません。彼は論証の過程で形而上学が指示する対象領域と世界概念の類型を取り上げ、難点を指摘するので、それが世界の唯一性の主張や論証とどう関わるか留意します。ガブリエルは、伝統形而上学は現象と実在を分け、実在を現象と対立させるが、存在論は存在の意味の探究であって形而上学と同義ではないとし、存在論はいまも意義があると考えます。ここでは詳細な議論がある『意味と存在』(Gabriel 2016)に依拠します。重要なのは、彼の否定的存在論の要点としてその存在否定が論証される世界概念の内実を明確にしておくことです。

『意味と存在』の最大の標的は論理学・集合論と科学主義の結合による「普遍量化によって無制約的かつ整合的に扱える統一領域としての世界」の概念です。『意味と存在』は、そのような世界は現象しないので存在しないと論じます。まず確認できるのは、その標的はコスモスとも生活世界とも同一視できないということです。その「世界」はハイデガーが「世界総和」と呼ぶもの、つまり対象性のすべてを二一世紀の現状に合わせて鋳直したものと見なせます。同書の「肯定的存在論」に視野を広げても、彼が個体変項xの領域と知覚的ないしは記述のもとで命題的に現象する意味場を区別したうえで、意味場は物語や芸術、神話や宗教として現象し、フラットではないにせよ、無際限に多数であるのを認めることが分かります。これは現実の劇場並列型モデルに対応するでしょう。

「新しい実在論」は、素朴実在論――人間の意識や思考から独立の実在の存在と認識可能性の主張――と反実在論――素朴実在論を否定して存在者は認識を制約する言語・心理・生物的特性を介した個体化によって「創られる」と述べる構築主義――のあいだに立つものです。それは、認識者のパースペクティヴが構成的に働くとする一方、認識者から独立の存在も認め、モナドロジーの実在論的側面とも相性がよい立場です。その限りでカンタン・メイヤスーの『有限性の後で――偶然性の必然性についての試論』（メイヤスー 二〇一六）の「相関主義」および思弁的実在論と差異化されますが（西垣 二〇一八）、現象の彼岸に「認識できないが思惟可能な物自体」を認めるわけではありません（Gabriel 2016, S. 104, 466）。ちなみに相関主義の典型は、認識対象を直観の形式としての時間と空間の領域に限り、それに純粋悟性概念を適用する、経験判断の対象に制限するカントやノエシス・ノエマの相関を記述するフッサールです。

新しい実在論が、科学も宗教も文学も同じ権利を主張できる多元論的存在論と多元論的認識論であることは、それが統一領域だけでなく、統一された知識も存在しないと考えることと表裏一体ですが、それでも二つの多元論は懐疑論や不可知論に陥らないと考えられています。しかし、それが価値や倫理、政治の多元論の問題を惹起することは確かです。ガブリエルもその点を意識してかハーバーマスの『真理と正当化』の世界概念（Habermas 1999, S. 24）に言及し、「無世界論は多くの直接的帰結をもつ。そのなかには、我々が諸々の世界観と縁を切るべきであるというものもある。世界観は致命的帰結を伴いうる幻想なのである。このことは、宗教や科学（そして美学）の世界観にも妥当する。〔…〕世界をコミュニケーションが有効に機能するように働く統制的理念に降格させることによって、それを救出したいとも望むべきではない。なぜなら世界はありえないし、討議の前提としても存在できないからである。我々は世界を包括的だがアクセスできないか通覧できない領域として要請することはできない。そこには見る、感じる、考えうるものはなにもない。それは現に存在しない」(Gabriel 2016, S. 269) と述べます。

そう考えると、合意を目指す討議は、最終的になにを拠り所とするのか不明になるのではないか、という危惧が生じるでしょう。もちろん統制的理念の意味での世界を持ち出さなくとも、合意を目指した討議は可能ですし、討議で統制的理念が機能する保証もありませんが、物語る力と現実の存在論の課題から考えるとき、複数の物語や説明が競合して両立しない場合、そこに共通の基盤がないなら、討議する意思さえ生じなくなるのではないか、という懸念が残ります。シャンタル・ムフなら、合意志向が議会制民主主義の閉塞を招いた、という認識からスピノザの能動感情論も足場にして感情に訴え、差異を際立たせる「闘技民主主義」を唱えますが（ムフ 二〇〇八）、ガブリエルは、カール・シュミット（一八八八―一九八五年）の『政治的神学』（一九二二年）を指示し、合意の基盤となる仮定としての「世界」の議論の不整合性の指摘が要点であると述べるにとどまります (Ebd., S. 240)。

とはいえ気候危機のような人類全体に関わる不確実性を内包する問題も同様に考えることができる

でしょうか。普遍量化によって無制約的かつ整合的に扱える統一領域のようなものでなくても、私たちの物語とその世界を最終的に帰属させる唯一の世界が想定されるのではないでしょうか。コスモスや生活世界は、その候補でした。カリフの夢で相克を解消したのは、夢と現実を分ける相互関係と自己関係の接点に位置する身体と因果の自然でした。おかげでハサンは自分が夢を見ていたのではなく、本当のカリフたちに欺かれていたこと、自分が一貫して現実世界に繋ぎ止められていたことを知ります。その主観的であると同時に間主観的な物語は、自然の制約を受け入れることで、欺かれたハサンの信念「自分はカリフである」を真から偽に変動させ、整合性と意味論的妥当性を確保できたのです。ガブリエルもそれを意味場の現象として承認するでしょうが、世界の包括性と記述性は否認します。ライプニッツもフッサールも二条件を満たす「唯一の世界が有る」と主張するでしょうが、ガブリエルはそれを退けるのです。

この対立を念頭にガブリエルがフレーゲとカントの存在論上の長短を述べるところから、その無世界論証を素描し、彼の世界概念の問題点を指摘しましょう。「存在（existence）が固有属性でない」点の確認から始めます。固有属性は、たとえば果物の領域のリンゴとみかんを区別する属性です。「果肉が白い」、「果肉が袋状」などで区別できますが、「存在する」と言うだけでは区別できません。数的属性にも似た特徴がありますが、存在は固有属性ではない（Ebd., S. 138）のです。では存在はどのような属性でしょうか。ガブリエルによれば、カントは存在を場の属性として把握し、或る記述のもとで「可能的経験」の場に現象するのを承認しました。多元論の枠組みではカントが標榜した機械論的自然科学だけでなく、道徳、美、生物的自然の対象も存在します。フレーゲも存在を固有属性ではなく、論理的属性としたとされます――これは存在を述語と見なす神の存在証明からも理解できます。存在を概念の属性とし、概念を個体化する意味が有れば、その意味領域に含まれるものが有るとしたので、多数の意味場が存在するのを容認する多元論であると解釈するのです。ここから、知覚の意味場と言語の意味場――見知りと記述――の多元論を主張していることが分かります。

カントには存在を世界の形而上学的属性とし、アプリオリな普遍性と必然性を備えた学知は唯一の領域を対象とする一元論を採用する短所があるとされます。可能的経験の場が物自体のような経験不可能なものを含まないとすると、誰も経験できないものはそもそも存在しない恐れがありますが、それは人間経験の埒外にある個体、事実、出来事が存在しないと断定することです。ガブリエルはそう考えませんが、自然主義的一元論を退ければ、残るのは実在論と意味場の多元論の組み合わせです。

ガブリエルから見たフレーゲの問題点は、属性としての存在と存在量化子の同一視です。それが自然主義的一元論の表現を可能にするからです。固有属性の記述なしに、存在は裸の個体や質点、時空点のように、変項xに付置される量化記号（∃）によって、統一領域のいつかどこかに場所づけられる対象になるのです。論理記法を用いた形而上学の存在の用法とガブリエルの存在概念も両立しません。後者は或る記述を与えられるものが意味場に現象することだけを条件としており、対象が統一領域に場所づけられ、物化されることを要求しません。ハサンの語る悪魔やロザムンデの見たイエスも――ライプニッツは存在には程度があると応じ、フッサールは想像的対象は疑似個体でしかないと返すでしょうが――同じ権利で存在することになります。存在を知覚と言語の意味場の現象とし、機械論的自然科学と論理主義的数学双方の一元論を遠ざけるのです。

存在概念と普遍量化によって無制約かつ整合的に扱える、統一領域としての世界から見た無世界論の論証の問題に移ります（Ebd., S. 224）。

(1)存在とは或る意味場に現象することである。
(2)世界が存在するなら、世界は或る意味場に現象する。
(3)複数の意味場が存在する。
(4)世界の外部には対象は存在しない。
(5)或る意味場に現象するものは一つの対象である。
(6)諸対象はつねにこれこれである。
(7)対象一般は或る限定された記述のもとにない仕方で現象する諸対象である。
(8)そのような対象一般は存在しない。対象はただ意味場のうちにだけ存在する。
(9)世界が対象一般の意味場でありえないのは、（その場合）対象一般が、その定義に反して、関連する世界意味場を個体化する記述のもとに存在することになるからである。
(10)したがって、世界は諸々の意味場の意味場でしかありえないだろう。世界は、(4)より、すべてを包括するものでなくてはならないので、世界はあらゆる意味場の意味場でなくてはならない。
(11)世界が存在するなら、世界がそのうちに現象する一つの意味場が存在するだろう。だとすれば、しかしそのもとに、世界それ自体も含めて存在するものすべてが存在する一つの記述が存在するだろう。
(12)そのような記述は存在しない。ゆえに世界は存在しない。

物語の多元性を認めつつ世界の唯一性が擁護可能かを検討してきましたが、ガブリエルの意味場の多元論と現象する意味の記述主義を基礎にする世界概念は、ライプニッツとフッサールに共通するモナド論的パースペクティヴィズムと相性が悪くありません。ガブリエルは、(4)に加えて、集合論的存在論の限界を指摘していますが、ライプニッツもフッサールも論理学と数学を独自の学科と位置づけても、それらを無条件に普遍的存在論に仕立てず、抽象者の問題として論じたことは指摘しておかなくてはなりません（松田 二〇〇五b、二〇一四a）。

ガブリエルは外延主義的メレオロジーや関係主義的ネットワーク論も含め、現代の存在論も概観しながら、全体としての世界概念に反対するメタ形而上学的ニヒリズムの正しさを論証すると同時に反論も想定して答えます（Gabriel 2016, S. 226）。世界と存在の概念史も助けとしています。存在概念については意味概念が含む多様性、多義性を説得的にするために、存在は多義的に語られるとするアリストテレス主義に触れ、多元的記述主義と折り合いの悪いプラトニズムや、対象を数学的形式的に扱う普遍主義的存在論を退けます。代わって存在に関する反アプリオリズムと存在の類比を許す文脈主義を唱えるのです（Ebd., S. 243-252）。文脈が存在と意味の多様性を両立可能にするという立場です（Gabriel 2014; 松田 二〇〇四）。

メイヤスーの相関主義――弱い意味の認識論的相関主義と強い意味の存在論的相関主義の二つがあり、特に後者――の限界に関連する「祖先以前性」（メイヤスー 二〇一六、九頁）の問題との関連では「ツォリコーン・ゼミナール」に言及し、ハイデガーが人間抜きにも存在する実在、存在者の総和としての世界と先行理解の解釈学的循環に関連する世界のあいだ、実在論と反実在論のあいだを揺れ動いていたともガブリエルは指摘していますが（Gabriel 2016, S. 252-257）、すでに示唆したように、彼は強い相関主義者ではありません。意味場に現象するものが存在するもののすべてであり、それ以外はなにも無いとは考えないのです。

矛盾許容論理を念頭において、世界を主語にする命題の意味論的考察も行っています。(7)に関連する、固有名「世界」を統一領域としての世界やあらゆる意味場の意味場に書き換えた確定記述には指示項がない――見知りがない――ので、無意味だと論じています。矛盾を含む「円い四角」を主語概念とする「円い四角は円い四角である」と同じタイプに見える「世界は世界である」の真理条件の違いも指摘し、「世界」は対象のない音に過ぎないと結論します（Ebd., S. 260-266）。論理的固有名は指示対象の唯一性を含意する以上、唯一の世界も無意味となります。この結論はライプニッツとフッサールの立場と相容れませんが、「地平」も含め、統制的理念ないし学知の規範としての世界概念は幻想に過ぎないと断定されるのです。他の対象から区別される世界の独自の文脈も論じ、存在と存在者を分ける存在論的差異の着想に通じるものとして、対象と区別される意味場の概念を導入する理由も述べられますが、以上の筋道に浮かぶ疑問は最後に述べることにして、もう一度、無世界論証に戻りましょう。

(7)「限定された記述のもとにない仕方で現象する諸対象」の問題です。フッサールは、普遍数学を対象一般の存在論と結びつけたので「対象はただ意味場のうちにだけ存在」し、時間空間的位置や数量的関係をもつだけで、質的記述の伴わない対象一般は存在しないという主張に合わせて、「対象としての対象の存在論」も記述主義に押し込めることはできます。しかし、固有属性の議論を踏まえれば、「対象として」が記述と呼べるかどうかは疑問です。したがって、残る解釈問題は、(4)「外部のない包括性」がコスモスや生活世界に妥当するかです。ガブリエルも足し算的全体と記述的全体を区別し、それを『テアイテトス』の総和と総体の区別と見なして、後者を「コスモス」と呼びます

(Ebd., S. 231)。

コスモスとしての現実世界以外に想定される可能世界は命題が記述しますが、それらのすべてを包括する統一領域は存在せず、ライプニッツはそれを対象一般とは考えていません。可能世界は、矛盾を内包しないものとして、それらを考え、通覧する神の知性と、通覧できないが、命題として言表できる限りで、真理と規範的価値の原理から帰結を導き、それらをおおよそ理解できる人間の知性に存在するとしか言えません。意味場に現象する存在の観点から可能世界意味論とその様相概念は形而上学的だとガブリエルは批判しますが、彼の立場でも可能世界は自然神学の意味場と見なせるように思われます。

フッサールも存在者の総和と地平を区別し、生活世界も世界地平ないし地平の地平として位置づけ、そこに根源我が帰属すると考えます。しかし、ガブリエルの解釈 (Ebd., S. 268) とは異なり、フッサールの世界を統制的理念に帰着させることはできません。それは『コペルニクス説の再転回』(Husserl 1968, S. 307) などで生活世界の考察が深まり、意味基底としての大地ないし「箱船(Arche)」モデルを語って、その唯一性の意味に迫るからです。大地はあらゆる人にとって同じ大地であり、複数性がなく (Ebd., S. 315)、その意味での地球が「飛行する箱船」(Ebd., S. 319) として物理学だけでなく、すべての科学による宇宙の説明の基盤であるとされます。大地は超越論哲学的基盤ですが、その唯一性は根源我の身体の中心性と不可分です (Ebd., S. 317)。この意味での世界は、歴史的であるだけでなく、人類がそこに生い育ち、自己保存し、文明を築いてきた、自然的世界の性格を失うことはありません。

このことは、ガブリエルが科学主義を退け、存在論的多元論を主張することに賛同できるとしても、すべての意味場が独立かつ同等でないなら、自然科学の存在論、特に唯物論的自然主義を限界づけるだけでなく、同時に存在論的多元論に対して自然的世界と人間が自然的存在であることをどう位置づけるか、という問題を提起します。本書は、エネルゲイアとしての物語る力を、相互関係と自己関係からだけではなく、身体と因果という自然的制約から位置づけましたが、ガブリエルはこの種の自然を基盤とするアプローチを、進化論的生物学主義ないし動物存在論として拒否します。

無世界論に戻りましょう。否定的存在論は、全体しか存在しないと主張するメレオロジー的ニヒリズム（Gabriel 2016, S. 236; 松田 二〇一四d）やネットワーク存在論も退け、集合論的・数学的存在論を多元論と記述主義によって退けることに紙幅を割きます。その存在論は、存在者を対象一般xに縮減し、統一領域に時間空間的場所の規定を伴うかたちで量化します。それは基本的に物理的対象であり、指示項を有するものとして解釈されるでしょう。このような領域としての世界に関して、記述の自己言及と包括の無限進行が問題になります。

⑽は世界を「あらゆる意味場の意味場」とし、⑴に従って、定義によって世界が存在するなら、世界がそのうちに現象する包括的な唯一の意味場が存在するだろうが、その場合は、世界それ自体も含めて存在するものすべてがそのもとに存在する一つの記述が存在する。ところがそのような記述は存在しないので、世界は存在しないと結論しました。あらゆる意味場の意味場も含め、意味である現象一切を包摂する記述がないことが決定的論拠です。それがどのようなものかを語るのは困難ですが、あらゆる意味場の意味場に関する記述は、唯一の記述と読めるでしょう。そう読めるなら、そのような唯一の記述が指示する、あらゆる意味場の意味場が唯一の世界であると考えることができますが、そのような記述はないのでした。

ガブリエルは、ヘーゲルの『大論理学』の絶対的理念に言及し、世界全体について考えると同時に、当の思考それ自身について考える超思考を持ち出して、この超思考が自己言及と全体性の双方を充足する可能性にも触れています。しかしすぐに絶対的観念論は間違いだと判定します。その理由は、絶対的観念論は意味場に現象しないということです。絶対的観念論がそれ自身のなかに現象するとすれば、絶対的観念論にも無限進行が生じると指摘しています。「もし超思考がそれ自身のうちに現象するとすれば、世界がそれ自身のなかに——しかも当の世界と並んで——現象する」(ガブリエル 二〇一八、一一八頁)ことになって悪無限に陥る以上、すべてを包摂するもの——思考の思考——を捉えることはできないし、そのようなものは現象、つまり存在しない、と言うのです。

超思考に関する叙述もあらゆる意味場の意味場に関する記述を唯一の——多元論との対比で言えば、一義的で正しい——記述として読むように促しますが、論理、宇宙、歴史を、存在、本質、理念の観点を辿って、概念の他ではありえない自己展開として説明するヘーゲルにガブリエルが言及しているのは示唆的です。筆者の疑問は、ヘーゲルの「概念」は確かに現象するが、現象から独立の身分を持たないかどうか検討の余地があるのではないか、というものです。ライプニッツの神学も誰もが受け入れ可能とは期待できませんが、知覚的に現象しない可能世界とその記述および記述の概念群を現象から独立の身分を持つものと考えることは不可能ではないからです。

ガブリエルは可能世界も言語的意味場に過ぎないと切り返すでしょうが、見知りと言表は具体的経験では不可分だとしても、分けて論じられますし、そこに認識論上の意義もあるのではないでしょうか。この点はフッサールの場合に顕著で、知覚と言語の認識論が問題になりますが、第Ⅲ章で見たように、行為の基盤であり対象でもある自然とそれを記述説明する言語、言語を貫通し制御する論理構造や機能に及ぶ問題がそこにあります。他方、物語の現実性と物語る力の構造機能を論じる現実の存在論にとっては、語り手が、語りを通して間主観的に他者との相互関係を、また自己自身との関係をもつだけでなく、その両者との関係に尽きない、広く深い意味の自然的制約を受ける点が重要です。ガブリエルは世界と宇宙を同一視する議論も退けますが（Gabriel 2016, S. 232）、この制約は夢や幻と覚醒や知覚を区別するための、知覚による言表の意味論的指示項の担保や整合性に限定されるものではありません。葛藤する物語や競合する理論のあいだでも、なにが正しいか、真かを決定することが求められる場合、自然、その意味で「与えられているもの」の審級——事実の有無——を抜きにすることはできない状況があります。

『意味と存在』は、科学主義を明確に退けますが、自然の存在論的考察をしていません。しかし、集合論的に把握される統一領域としての世界であれ、自己言及と全体性の条件を満たす超思考に現象する世界であれ、難点を形式的に批判するだけで、コスモスと呼ぶか生活世界と呼ぶかは別としても、所与性としての自然に訴えないなら、悪循環に陥らずに無数の意味場が独立分散するメタ形而上学的ニヒリズムに居直り続けることはできなくなるのではないでしょうか。ガブリエルも事実を絶対的なものとして位置づけますが、それが無世界論と唯一の世界に関して生じる悪無限の回避とどう関わるかは明らかでありません。無数の意味場の上位概念について口を濁す存在論的多元論の立場は、衝突し合う価値、物語、人々の感情や身体の意味場の交錯とその迫真性、つまり現実から多少とも遠い印象を与えることは否めません。そのままでは葛藤や闘技を生きながら、どのようにすれば現実的な現実を人々が物語ることができるか、その見通しは与えられないように感じます。しかし、それこそが葛藤する物語群によって引き裂かれかねない状況に置かれた私たちの運命——存在問題にとって喫緊の課題なのです。

まとめましょう。ガブリエルの論証が全体論的一元論に反対する否定存在論的論証において精彩を放っていることは、事の性質上、自然ですが、他方で多元論ないし新しい実在論に関する論証は構築主義や素朴実在論に対する否定的論証に終始しており、多元論そのものの限界確定は、フラットではないと言うにとどまり、不十分と思われます。世界を統一領域ないしあらゆる意味場の意味場に置換したうえで生じる無限進行を指摘し、世界が存在しない、世界概念が無意味であるとする論証は決定的ではないと思われます。[13]『意味と存在』は、指示項の欠如という意味論的形而上学批判も含みますが、「世界」をフッサールの語る私の存在と同様、根源的に多義的なものと考える余地もあるでしょう。「この世界は美しい」と嘆息するのであれ、「こんな世界無くなってしまえばいい！」と絶叫するのであれ、これらの発話の意味はガブリエルの書き換えでは汲み取れません。[14]彼には悪いのですが、書き換えによる論証は「世界の消去主義」に見えてしまいます。セクストスの世界ヴィジョンは、茫漠としていますが、人生と世界に関する共感や反発を喚起しうるでしょう。そこから世界の有意味性と唯一性を擁護する余地があります。

モナドロジーの世界論と物語る力の存在論から見ると、世界は、ガブリエルの用語法での多様な意味場の相剋の場の一つとして描かれると同時に、悪無限を断つ、自然を見いだす糸口でなくてはなりません。この意味での自然的世界も意味場の側面をもちますが、それは物語を生み出すと同時にその記述は開かれ、相互関係と自己関係を介して物語を変容させ、書き換えることを許すものです。そのような世界が有るとすれば、その世界に関して、私たちがどのようにして引き裂かれない物語を語るかが、よく生きていくためには必要なのです。

**課題10**　ライプニッツとフッサール以外の哲学者の世界概念を論じてみましょう。

**課題11**　物語る力について自分の物語を例にして論じてみましょう。

# 注

## [第Ⅰ章]

1 二つが両立可能な点を懐疑主義者も認めます。ヒュームも日常生活で懐疑は消えてしまうのを認めました（ノージック 一九九七、(上)三二四頁、ヒューム 一九九五、三〇四頁）。デカルトも同様でしょう。

2 夢の現象学では、渡辺 二〇一六が記述するように、現実に体験する夢が、命題的でない図像や映画的表象あるいは身体感覚である点も考察する必要があります。

3 この女性のエピソードは、河合隼雄の研究で一般にも著名になった、華厳宗の僧侶で夢の記録を残した明恵と比較可能かもしれません（河合 一九九五）。

## [第Ⅱ章]

1 西條 一九九九は科学的説明と多くの文化史的事例を取り上げています。

2 これは衝突係数と散乱光の概念で説明されます。デカルトは光の粒子の運動量の大きさの違いで色の違いを説明しましたが、ニュートン以降は光の波長の長さと屈折率で説明されます。

3 後期ウィトゲンシュタインの形而上学批判に似ているという指摘もあります。バークリの論証をカント的物自体の批判と見なすのも突飛ではありません（山本道雄 二〇一〇、一七四頁）。

4 色のない延長の想像不可能性は『視覚新論』（一七〇九年）第一二二節以下で論じられています。先天盲の開眼手術後の視覚能力をめぐる「モリヌクス問題」も登場します。

5 ライプニッツによる『人知原理論』欄外の削除記号と縦線から、彼が「事物の究極原因」としての目的原因に関する見解の類似とバークリのニュートン批判に共感したことが分かります。

6 カントも多様な感覚的所与と自発的に適用される範疇、類似に従う構想力を介して「私は考える」という統覚による統一を一と多として捉えましたが、微小表象は統覚を必要条件としません。

7 物体的実体とは、活力保存則（ほぼエネルギー保存則）が表現するような力であるとだけしておきましょう（松田 二〇〇三、一八一頁以下）。

8 心の哲学の付随性理論は心身二元論を否定し、心的性質が脳の物的性質に付随する依存関係を主張する立場として展開されます。

9 ピーター・ヴァン・インワーゲン（一九四二年生）の「生命」からの無制限合成制限論については、松田 二〇一四bを参照してください。

10 集合論では有限の長さの区間内にある実無限の点集合の存在に矛盾がない点が証明されます。無限の数学、論理学、哲学については、ムーア 二〇一二から概略を知ることができます。

11 事物様相と対比されるのが「言表様相」です。これらは様相論理学の操作子の束縛範囲の違いで示されます。前者$\exists x \Diamond Ax$と後者$\Diamond \exists x Ax$の違いです。$\Diamond \exists x(Ax \& \neg Ax)$は矛盾ですが、$\exists x \Diamond Ax \& \exists x \Diamond \neg Ax$は連言の二つの文の事象生起の時点が異なることを許し、両立可能です。

【第Ⅲ章】

1 ラマチャンドラン＋ブレイクスリー 二〇一一、サックス 一九九二とデカルトの身体と情念の誤謬の説明を比較できます。神経科学が実験的に出現させる身体表象やバーチャル・リアリティも挙げることができるでしょう。

2 対応と類似の「構造的類比」によるライプニッツ的変換については、松田 二〇〇三を参照してください。

3 寄せ集めとしての物体と生きた身体の区別が「テセウスの船」のパズルに関連して論じられ、その解決のために実体形相が復権される点は、松田 二〇一四eを参照してください。

4 ライプニッツは、直接と間接の必然性を自己原因が直接部分を決定するパルメニデス的契機と粒子論のアナクサゴラス的契機に対応させます（松田 二〇〇九）。

5 この主題はフッサール現象学やデリダの「差延」にまで波及することになります。

6 身体の観念テーゼにはソマティック・マーカー仮説のダマシオの解釈があります。彼は観念を身体マップ（ダマシオ 二〇〇五、一五〇頁）と関連づけます。ライプニッツの表現概念にも妥当しますが、観念が意識表象に限られない点に注意してください。

7 怒りはセネカ以来、倫理学の重要な主題であり、感情統御はデカルトのストア的見解にも見られる課題です。デカルトの『情念論』は高邁を重視しました。

8 ダマシオはひどい鬱を例にして、否定的情動が生物機能を逸脱させる傾向をもつことを説明しています。喜びのマップは最適の生理学的平衡状態、幸福な生存に通じて活動力と自由が増加している状態を意味し、悲しみのマップは機能的不均衡と結びつき、力が減少し、苦しみ、病気、生理学的不調和の兆候を示すと述べます。これは第Ⅴ章の「現実感の病理」と関連しています。

9 情緒や感情は、皮膚で包まれ、他の物体から区別される私の身体内の無意識の化学生理学的活動のマップの多重の表現的構造状態を意味する、というのがダマシオの解釈です。

10 ソシヌス派が三位一体を否定することは致命的誤謬として批判されました（Leibniz 1965, Bd. 6, S. 63ff.）。

11 アナクサゴラスの περιχώρησις は殉教者である聖マクシモス（五八〇頃―六六二年）に影響しました（Thunberg 1995, p. 24; 谷 二〇〇九、二七四頁）。

12 アナクサゴラスの断片に関しては、以下、邦訳は『ソクラテス以前哲学者断片集』第Ⅲ分冊を指示しますが、断片番号は Kirk, Raven, and Schofield 1983（『ソクラテス以前の哲学者たち』）のものです。後者でギリシア語の原文を見ることができます。

13 カドワースも『パイドン』に触れ、ヌースが世界の統治者として動植物を含むすべてを限定するとし、それは最初に物質に押し当てられた運動量や活動を通して渦動するとしています（Cudworth 1964, p. 383）。

14 ライプニッツは「物質の一部分を理解することができる者は、同じ περιχώρησις によって世界全体を理解するだろう」(Leibniz 1965, Bd. 2, S. 412) と書き、爪の断片に種ライオンを帰属させるさいにも περιχώρησις に言及しています (Leibniz 1989, Vol. 2-2, pp. 154ff.)。

15 生物現象の自然的原因として解剖学や化学的諸機能も認めました (Leibniz 1989, Vol. 2-2, pp. 139, 148-149)。

16 ライプニッツはヒュームと同じ意味で必然的な論理的結合 (connexio) と風と雨のように論理的な必然性を伴わない連接 (conjunctio) とを区別しています (Leibniz 1966, p. 471)。

17 非存在としての不作為を原因とするのは存在論的に強すぎる、という批判があります。病気や事故の未然防止は或る因果連鎖を先回りして阻止することですが、その場合、現実には生起しなかった病気や事故の因果連鎖の同定問題も存在します (Matsuda 2021)。

18 過剰決定は、たとえば、或る人の心臓を二つの弾丸が同時に貫通した場合、それぞれの弾丸が死の十分条件の本質的部分だと想定できるが、二つの弾丸が死の原因だとすれば、個々の弾丸は死の原因ではなくなってしまう、という問題です。

19 関連する概念分析があります。可能な場合にも妨害しない許容は不作為や見落とし、無知に通じます。我々の働きなしに我々の活動に役立つ事物の状態が与えられるのが機会です。価値は報奨に値する活動、非価値は罰に値するもの、運は我々の分別に依存しない事物の状態です。可変的で偶有的な述語の総和が状態です。これらはすべて結果として捉えられる、現実の行為を共同して条件づける要件なのです。

20 ライプニッツは、充足根拠を「適合性 (convenientia)」と総称しました (Leibniz 1965, Bd. 6, S. 614. 松田 二〇〇三、八六頁以下参照)。この問題の典型は『弁神論』ですが、多様な幅があります。

21 自然法則の間世界的偶然性も自然神学的意味の選択問題であり、様相命題論理で言えば、□(p∪q) から p∪□q が帰結しない点に関わります (Okruhlik 1985, p. 199)。

22 アリストテレスが『分析論前書』で扱いました (四九a一一)。同音反復のような言語現象ですが、ライプニッツの関係命題の還元でのその役割については、松田 二〇〇三、一一一頁以下を参照してください。

[第Ⅳ章]

1 ホラーティウス『詩論』の原文は、Citharoedus ridetur, chorda qui semper oberrat eadem（ホラーティウス 一九九七、二五〇頁、Leibniz 1965, Bd. 6, S. 244).

2 これらの想定の詳細、論証と帰結の詳細については、松田 二〇二〇aを参照してください。

3 「種」のこの概念は近代生物学の意味と完全に同義とは言えないようです（Mayr 1988, pp. 335ff.）。

4 吉村 二〇〇四、四一、四三、四九頁が紹介した『風俗画報 大海嘯被害録』は強い印象を与えます。ギリシャ語「満たす（πληρόω）」と現実的時間の「満たす（remplir）」は同系統の動詞です。

5 事象を「意味づける」と「価値づける」のアプローチとして、イルガング 二〇一四が挙げられます。記憶と忘却の文学技法に関するヴァインリヒ 一九九九の考察も有益です。

[第Ⅴ章]

1 本節は松田 一九九七に基づきますが、例と問題は古くなっていないと考えます。

2 古典的記述として木村敏『分裂病の現象学』を挙げることができますが（木村 一九七五）、木村の症例は、後述の有馬の場合と同様、現状では必ずしも一般的ではないようです。「統合失調症」の呼び名に関しても意見がありす（村井 二〇一九、三〇頁）。

3 有馬 一九八六を手引きにしていますが、題はそのままにしています。

4 それは必ずしも私秘的な意味で主観的なのではありません。ハイデガーの「現（Da）」、フッサールの「機能中心」としての「絶対的ここ」の考察を受け継ぐベルンハルト・ヴァルデンフェルスの身体と結び付く〈ここ〉の「溶解」と「平板化」にも同じ問題意識が見られます（Waldenfels 1998, S. 232）。

5　オットー・ペゲラーは「現実性の側面をもつ能力」としてのデュナミスの現前にハイデガーの「現実の現実性」の把握の核があるとまとめています（Pöggeler 1983, S. 176, Anm. 10）。

6　キネーシスとの対比については、藤澤 二〇〇〇、二七三、三四九頁を参照してください。

7　この著作には本書と多くの接点があります。「物語に巻き込まれる」（Ricœur 1990, p. 130）という視点、「筋立て」と人格の動的同一性との関連への注目（ibid., p. 168）などです。

8　藤澤はこれを「テンス・テスト」として分析しました（藤澤 二〇〇〇、二六八頁）。藤澤の解釈は同書、三四七頁に最も特徴的に現れていますが、筆者は、物語る力が、その所産以上に、生きるためにそれ自体として重要である点にエネルゲイア概念との符合があると考えます。

9　微小表象論は不可識別者同一の原理や充足根拠律と関連する体系的意義を持ち、身体に基礎をもつ人格の同一性と無差別の自由を退ける傾向的決定論を支えます（Leibniz 1926-, Reihe 6, Bd. 6, S. 52ff.）。

10　「対象と直接関係する見知り」と「記述による間接的知識」が対比されます（Russell 1912, p. 25）。

11　フレーゲの意味論における Sinn と Bedeutung の和訳は「意義」と「意味」ですが、フッサールやガブリエルの言葉使いとの混乱を避けるため、本書では「意味」と「指示」で統一します。

12　それは規則に従う操作やゲームの遂行のなかに意味があるとして、それ以外の意味を派生的ないし物象化されたものと見なす立場と対立します（Husserl 1913-21, Bd. 2-1, S. 69; 1974, S. 90ff.）。

13　高階の概念や対象を考えることは、人間に固有の反省能力を発揮することであり、思考と言語ないし記号能力の優れた特徴です。集合論、階型理論、二重拘束論もそれを物語っています。それは誤謬を生み出すだけでなく、創造的発見的にも機能します（松田 二〇〇三、一一四頁以下）。

14　「この」の指標詞的性格はルイスの現実性理解（八木沢 二〇一四、九九頁以下）とも接点をもち、シュミッツの現実性の現象学とも重なります。

# 文献一覧

## 外国語文献（参考のため邦訳を併記しました）


Antognazza, Maria Rosa 1999, "Immeatio and Perichoresis: The Theological Roots of Harmony in Bisterfeld and Leibniz", in *The Young Leibniz and His Philosophy (1646-76)*, edited by Stuart Brown, Dordrecht: Kluwer Academic, pp. 41-64.

Arthur, Richard T. W. 1985, "Leibniz's Theory of Time", in *The Natural Philosophy of Leibniz*, edited by Kathleen Okruhlik and James Robert Brown, Dordrecht: D. Reidel, pp. 263-313.

—— 1994, "Space and Relativity in Newton and Leibniz", *The British Journal for the Philosophy of Science*, 45(1): 219-240.

Beeley, P. 1990, „Leibniz und die vorsokratische Tradition: zur Bedeutung der Materietheorie von Anaxagoras für die Philosophie des jungen Leibniz", *Studia Leibnitiana Supplementa*, 27: 30-41.

Benhabib, Seyla 1992, *Situating the Self: Gender, Community and Postmodernism in Contemporary Ethics*, Cambridge: Polity Press.

Breger, Herbert 1987, „Der Begriff der Zeit bei Newton und Leibniz", in *Kasseler Philosophische Schriften*, Bd. 17: *Nebenwege der Naturphilosophie und Wissenschaftsgeschichte*, herausgegeben von Gottfried Heinemann, Kassel: Gesamthochschule Kassel, S. 37-53.

Cassirer, Ernst 1998, *Leibniz' System in seinen wissenschaftlichen Grundlagen*, Text und Anmerkungen bearbeitet von Marcel Simon, Hamburg: F. Meiner.

Chazaud, Jacques 1997, *Leibniz pour les psy*, Le Plessis-Robinson: Institut Synthélabo.

Cudworth, Ralph 1964, *The True Intellectual System of the Universe*, Stuttgart: Frommann.

Dascal, Marcelo 2000, "Leibniz and Epistemological Diversity", in *Unitá e molteplicità nel pensiero filosofico e scientifico di Leibniz*, a cura di Antonio Lamarra e Roberto Palaia, Firenze: Leo S. Olschki, pp. 15-37.

Dretske, Fred I. 1970, "Epistemic Operators", *The Journal of Philosophy*, 67(24): 1007-1023.

—— 1981, "The Pragmatic Dimension of Knowledge", *Philosophical Studies*, 40(3): 363-378.

Earman, John 1989, *World Enough and Space-Time: Absolute versus Relational Theories of Space and Time*, Cambridge, Mass.: MIT Press.

Elster, Jon 1975, *Leibniz et la Formation de l'esprit capitaliste*, Paris: Aubier Montaigne.

Fichant, Michel 1998, *Science et métaphysique dans Descartes et Leibniz*, Paris: Presses universitaires de France.

Fink, Eugen 1966, *Studien zur Phänomenologie, 1930-1939*, Den Haag: M. Nijhoff.

Fogelin, Robert J. 2001, *Berkeley and the Principles of Human Knowledge*, London: Routledge.

Gabriel, Markus 2014, *An den Grenzen der Erkenntnistheorie: die notwendige Endlichkeit des objektiven Wissens als Lektion des Skeptizismus*, 2. Aufl., Freiburg: Karl Alber.

—— 2015, *Fields of Sense: A New Realist Ontology*, Edinburgh: Edinburgh University Press.

—— 2016, *Sinn und Existenz: eine realistische Ontologie*, Berlin: Suhrkamp.

Gadamer, Hans-Georg 1975, *Wahrheit und Methode: Grundzüge einer philosophischen Hermeneutik*, 4. Aufl., Tübingen: J. C. B. Mohr.（ハンス＝ゲオルク・ガダマー『真理と方法——哲学的解釈学の要綱』（全三巻）、轡田

収・麻生建・三島憲一・北川東子・我田広之・大石紀一郎・巻田悦郎・三浦國泰訳、法政大学出版局（叢書・ウニベルシタス）、一九八六—二〇一二年）
Glover, Jonathan 1988, *I: The Philosophy and Psychology of Personal Identity*, New York: Viking Penguin.
Habermas, Jürgen 1999, *Wahrheit und Rechtfertigung: philosophische Aufsätze*, Frankfurt am Main: Suhrkamp.（ユルゲン・ハーバーマス『真理と正当化——哲学論文集』三島憲一・大竹弘二・木前利秋・鈴木直訳、法政大学出版局（叢書・ウニベルシタス）、二〇一六年）
Hacking, Ian 1995, *Rewriting the Soul: Multiple Personality and the Sciences of Memory*, Princeton, N. J.: Princeton University Press.（イアン・ハッキング『記憶を書きかえる——多重人格と心のメカニズム』北沢格訳、早川書房、一九九八年）
Harte, Verity 2002, *Plato on Parts and Wholes: The Metaphysics of Structure*, Oxford: Clarendon Press.
Heidegger, Martin 1976, *Sein und Zeit*, 13. Aufl., Tübingen: Max Niemeyer.（マルティン・ハイデガー『存在と時間』高田珠樹訳、作品社、二〇一三年）
—— 1981, *Aristoteles, Metaphysik Θ1-3: von Wesen und Wirklichkeit der Kraft*, in *Gesamtausgabe*, Abt. 2, Bd. 33, Frankfurt am Main: V. Klostermann.（『アリストテレス、『形而上学』第9巻1—3——力の本質と現実性について』岩田靖夫＋天野正幸＋篠沢和久＋コンラート・バルドリアン訳、『ハイデッガー全集』第二部門、第三三巻、創文社、一九九四年）
Hintikka, Jaakko 1975, *The Intentions of Intentionality and Other New Models for Modalities*, Dordrecht: D. Reidel.（ヤッコ・ヒンティッカ「志向性と内包性——現象学と可能世界意味論」村田純一訳、新田義弘・村田純一編『現象学の展望』国文社（アウロラ叢書）、一九八六年、二五六—三〇七頁）
Holenstein, Elmar 1975, *Roman Jakobsons phänomenologischer Strukturalismus*, Frankfurt am Main:

Suhrkamp.（エルマー・ホーレンシュタイン『ヤーコブソン——現象学的構造主義』川本茂雄・千葉文夫訳、白水社、一九八三年）

Humboldt, Wilhelm von 1994a, „Über die Verwandtschaften der Ortsadverbien mit dem Pronomen in einigen Sprachen“ (1829), in *Über die Sprache: Reden vor der Akademie*, herausgegeben, kommentiert und mit einem Nachwort versehen von Jürgen Trabant, Tübingen: Francke, S. 132-140.

—— 1994b, „Über die Verschiedenheiten des menschlichen Sprachbaues“, in *Werke in fünf Bänden*, herausgegeben von Andreas Flitner und Klaus Giel, 7. Aufl., Bd. 3, Stuttgart: J. G. Cotta, S. 368-756.

Hume, David 1999, *An Enquiry Concerning Human Understanding* (1748), edited by Tom L. Beauchamp, Oxford: Oxford University Press.（デイヴィッド・ヒューム『人間知性研究』斎藤繁雄・一ノ瀬正樹訳、法政大学出版局、二〇〇四年）

Husserl, Edmund 1913-21, *Logische Untersuchungen*, 2. Aufl., 2 Bde., Halle: Max Niemeyer.（E・フッサール『論理学研究』（全四巻）、立松弘孝・松井良和・赤松宏訳、みすず書房、一九六八—七六年）

—— 1950a, *Husserliana*, Bd. 1: *Cartesianische Meditationen und Pariser Vorträge*, herausgegeben und eingeleitet von Stephan Strasser, The Hague: M. Nijhoff.（フッサール『デカルト的省察』浜渦辰二訳、岩波書店（岩波文庫）、二〇〇一年）

—— 1950b, *Husserliana*, Bd. 3: *Ideen zu einer reinen Phänomenologie und phänomenologischen Philosophie*, Buch 1: *Allgemeine Einführung in die reine Phänomenologie*, The Hague: M. Nijhoff.（エトムント・フッサール『イデーン——純粋現象学と現象学的哲学のための諸構想《イデーン》』（全五巻）、渡辺二郎訳、みすず書房、一九七九—二〇一〇年）

—— 1954a, *Erfahrung und Urteil: Untersuchungen zur Genealogie der Logik*, 2. Aufl., Redigiert und herausgegeben von Ludwig Landgrebe, Hamburg: Claassen.（エドムンド・フッサール『経験と判断』ルードヴィヒ・ランドグレーベ編、長谷川宏訳、河出書房新社、一九七五年）

—— 1954b, *Husserliana*, Bd. 6: *Die Krisis der europäischen Wissenschaften und die transzendentale Phänomenologie: Eine Einleitung in die phänomenologische Philosophie*, herausgegeben von Walter Biemel, The Hague: M. Nijhoff.（エドムント・フッサール『ヨーロッパ諸学の危機と超越論的現象学』細谷恒夫・木田元訳、中央公論社（中公文庫）、一九九五年）

—— 1956, *Husserliana*, Bd. 7: *Erste Philosophie (1923/24)*, 1 Teil: *Kritische Ideengeschichte*, herausgegeben von Rudolf Boehm, The Hague: M. Nijhoff.

—— 1968, „Grundlegende Untersuchungen zum phänomenologischen Ursprung der Räumlichkeit der Natur“, in *Philosophical Essays in Memory of Edmund Husserl*, edited by Marvin Farber, New York: Greenwood Press, S. 307-325.

—— 1973, *Husserliana*, Bd. 15: *Zur Phänomenologie der Intersubjektivität: Texte aus dem Nachlass*, 3 Teil: *1929-1935*, herausgegeben von Iso Kern, The Hague: M. Nijhoff.（エトムント・フッサール『間主観性の現象学』（全三冊）、浜渦辰二・山口一郎監訳、筑摩書房（ちくま学芸文庫）、二〇一二―一五年）

—— 1974, *Husserliana*, Bd. 17: *Formale und transzendentale Logik: Versuch einer Kritik der logischen Vernunft*, mit ergänzenden Texten herausgegeben von Paul Janssen, The Hague: M. Nijhoff.（エトムント・フッサール『形式論理学と超越論的論理学』立松弘孝訳、みすず書房、二〇一五年）

—— 1980, *Husserliana*, Bd. 23: *Phantasie, Bildbewusstsein, Erinnerung: Zur Phänomenologie der anschaulichen Vergegenwärtigungen, Texte aus dem Nachlass (1898-1925)*, herausgegeben von Eduard Marbach, The Hague: M. Nijhoff.

—— 2008, *Husserliana*, Bd. 39: *Die Lebenswelt: Auslegungen der vorgegebenen Welt und ihrer Konstitution. Texte aus dem Nachlass (1916–1937)*, herausgegeben von Rochus Sowa, Dordrecht: Springer.

Iida, Takashi 2013, "Towards an Ontology of the Rainbow", *Politics and Society (Central China Normal University)*, 1(1): 59-84.

Ishiguro, Hide 1986, "Pre-Established Harmony versus Constant Conjunction", in *Rationalism, Empiricism, and Idealism: British Academy Lectures on the History of Philosophy*, selected and introduced by Anthony Kenny, Oxford: Clarendon Press, pp. 61-85.

Kirk, G. S., J. E. Raven, and M. Schofield 1983, *The Presocratic Philosophers: A Critical History with a Selection of Texts*, 2nd ed., Cambridge: Cambridge University Press.（G・S・カーク＋J・E・レイヴン＋M・スコフィールド『ソクラテス以前の哲学者たち』内山勝利・木原志乃・國方栄二・三浦要・丸橋裕訳、京都大学学術出版会、二〇〇六年）

Laymon, Ronald 1978, "Newton's Bucket Experiment", *Journal of the History of Philosophy*, 16(4): 399-413.

Leibniz, Gottfried Wilhelm 1926-, *Sämtliche Schriften und Briefe*, herausgegeben von der Deutschen Akademie der Wissenschaften zu Berlin, Berlin: Akademie-Verlag.

—— 1948, *Textes inèdits: d'après les manuscrits de la Bibliothèque provinciale de Hanovre*, 2 vol., publiés et annotés par Gaston Grua, Paris: Presses universitaires de France.

—— 1965, *Die philosophischen Schriften*, 7 Bde., herausgegeben von C. I. Gerhardt, Hildesheim: Georg Olms.

—— 1966, *Opuscules et fragments inédits de Leibniz: extraits des manuscrits de la bibliothèque royale de Hanovre*, édités par Louis Couturat, Hildesheim: Georg Olms.

—— 1971, *Mathematische Schriften*, 7 Bde., herausgegeben von C. I. Gerhardt, Hildesheim: Georg Olms.

—— 1989, *Opera Omnia* (1768), 6 vols., nunc primum collecta, in classes distributa, praefationibus et indicibus exornata, studio Ludovici Dutens, Hildesheim: Georg Olms.

—— 1991, *De l'horizon de la doctrine humaine (1693); Apocatastase pantōn (La Restitution universelle) (1715)*, textes inédits, traduits et annotés par Michel Fichant, Paris: J. Vrin.

—— 2004, *Discours de métaphysique, suivi de Monadologie et autres textes*, édition établie, présentée et annotée par Michel Fichant, Paris: Gallimard.

Leibniz, Gottfried Wilhelm und Kurfürstin Sophie von Hannover 2017, *Briefwechsel*, herausgegeben von Wenchao Li, Göttingen: Wallstein.

Lewis, David 1986a, "Causation" (1973), in *Philosophical Papers*, Vol. 2, New York: Oxford University Press, pp. 159-171.

—— 1986b, "Postscripts to 'Causation'", in *Philosophical Papers*, Vol. 2, New York: Oxford University Press, pp. 172-213.

—— 1991, *Parts of Classes*, Oxford: B. Blackwell.

—— 2004, "Causation as Influence", in *Causation and Counterfactuals*, edited by John Collins, Ned Hall, and L. A. Paul, Cambridge, Mass.: MIT Press, pp. 75-106.

Loemker, Leroy E. 1973, "Leibniz and the Herborn Encyclopedists", in *The Philosophy of Leibniz and the Modern World*, edited by Ivor Leclerc, Nashville: Vanderbilt University Press.

Lovejoy, Arthur O. 1936, *The Great Chain of Being: A Study of the History of an Idea*, Cambridge, Mass.: Harvard University Press.（アーサー・O・ラヴジョイ『存在の大いなる連鎖』内藤健二訳、筑摩書房（ちくま学

芸文庫)、二〇一三年)

Mackie, J. L. 1993, "Causes and Conditions", in *Causation*, edited by Ernest Sosa and Michael Tooley, Oxford: Oxford University Press, pp. 33-55.

Mates, Benson 1986, *The Philosophy of Leibniz: Metaphysics and Language*, New York: Oxford University Press.

Matsuda, Tsuyoshi 2010, "Leibniz on Causation: From His Definition of Cause as '*coinferens*'", *Studia Leibnitiana Sonderheft*, 37: 101-110.

—— 2016, "Leibniz and 'Biology': A Historical and Philosophical Consideration", *Contemporary and Applied Philosophy*, 8(2): 101-117.

—— 2017, "Leibnizian Naturalism Seen from His Reception of Anaxagoras's 'Perichôresis'", *The Journal of Philosophical Ideas*, Special Issue: 395-419.

—— 2021, "Gradation of Causation and Responsibility, Focusing on 'Omission'", in *Risks and Regulation of New Technologies*, edited by Tsuyoshi Matsuda, Jonathan Wolff, and Takashi Yanagawa, Singapore: Springer.

Mayr, Ernst 1988, *Toward a New Philosophy of Biology: Observations of an Evolutionist*, Cambridge, Mass.: Belknap Press of Harvard University Press.(エルンスト・マイア『進化論と生物哲学——一進化学者の思索』八杉貞雄・新妻昭夫訳、東京化学同人、一九九四年)

McCracken, C. J. and I. C. Tipton (eds.) 2000, *Berkeley's Principles and Dialogues: Background Source Materials*, Cambridge: Cambridge University Press.

Mohanty, Jitendra Nath 1985, *The Possibility of Transcendental Philosophy*, Dordrecht: M. Nijhoff.

Mugnai, Massimo 1973, „Der Begriff der Harmonie als metaphysische Grundlage der Logik und Kombinatorik bei Johann Heinrich Bisterfeld und Leibniz“, *Studia Leibnitiana*, 5(1): 43-73.

Mumford, Stephen and Rani Lill Anjum 2013, *Causation: A Very Short Introduction*, Oxford: Oxford University Press.（スティーヴン・マンフォード＋ラニ・リル・アンユム『因果性』塩野直之・谷川卓訳、岩波書店（哲学がわかる）、二〇一七年）

Nolan, Daniel 2005, *David Lewis*, Montreal: McGill-Queen's University Press.

Okruhlik, Kathleen 1985, “The Status of Scientific Laws in the Leibnizian System”, in *The Natural Philosophy of Leibniz*, edited by Kathleen Okruhlik and James Robert Brown, Dordrecht: D. Reidel, pp. 183-206.

Olaso, Ezequiel de 1980, « Praxis sans théorie?: La réfutation pragmatiste du pyrrhonisme selon un texte inédit de Leibniz », *Studia Leibnitiana Supplementa*, 19: 159-167.

Pöggeler, Otto 1983, „Zeit und Sein bei Heidegger“, *Phänomenologische Forschungen*, 14: 152-191.

Rescher, Nicholas 2006, “Leibniz on the World's Contingency”, in *Studies in Leibniz's Cosmology*, Heusenstamm: Ontos, pp. 27-48.

Ricœur, Paul 1990, *Soi-même comme un autre*, Paris: Seuil.（ポール・リクール『他者のような自己自身』久米博訳、法政大学出版局（叢書・ウニベルシタス）、一九九六年）

Robinet, André 1983, « Leibniz: lecture du *Treatise* de Berkeley », *Les Etudes philosophiques*, 2: 217-223.

Russell, Bertrand 1912, *The Problems of Philosophy*, London: Williams and Norgate.（バートランド・ラッセル『哲学入門』髙村夏輝訳、筑摩書房（ちくま学芸文庫）、二〇〇五年）

Rutherford, Donald 1995, *Leibniz and the Rational Order of Nature*, Cambridge: Cambridge University Press.

Schmitz, Hermann 1995, *Der unerschöpfliche Gegenstand*, 2. Aufl., Bonn: Bouvier.

Smith, David Woodruff 2004, *Mind World: Essays in Phenomenology and Ontology*, Cambridge: Cambridge University Press.

Steinbock, Anthony J. 1995, *Home and Beyond: Generative Phenomenology after Husserl*, Evanston: Northwestern University Press.

Stroud, Barry 1984, *The Significance of Philosophical Scepticism*, Oxford: Clarendon Press.（バリー・ストラウド『君はいま夢を見ていないとどうして言えるのか――哲学的懐疑論の意義』永井均監訳、岩沢宏和・壁谷彰慶・清水将吾・土屋陽介訳、春秋社（現代哲学への招待）、二〇〇六年）

Thunberg, Lars 1995, *Microcosm and Mediator: The Theological Anthropology of Maximus the Confessor*, 2nd ed., Chicago: Open Court.

Vailati, Ezio 1997, *Leibniz and Clarke: A Study of Their Correspondence*, Oxford: Oxford University Press.

Waldenfels, Bernhard 1998, *Grenzen der Normalisierung*, Frankfurt am Main: Suhrkamp.

Wolfson, Harry Austryn 1934 (1983), *The Philosophy of Spinoza: Unfolding the Latent Processes of His Reasoning* (1934), Cambridge, Mass.: Harvard University Press.

Zahavi, Dan 1996, *Husserl und die transzendentale Intersubjektivität: Eine Antwort auf die sprachpragmatische Kritik*, Dordrecht: Kluwer Academic.

## 邦訳文献

アリストテレス　一九五九―六一『形而上学』（全二巻）、出隆訳、岩波書店（岩波文庫）。

イルガング、ベルンハルト　二〇一四『解釈学的倫理学――科学技術社会を生きるために』松田毅監訳、昭和堂（原著二〇〇七年）。

ヴァインリヒ、ハラルト 一九九九『〈忘却〉の文学史——ひとは何を忘れ、何を記憶してきたか』中尾光延訳、白水社（原著一九九七年）。

ガブリエル、マルクス 二〇一八『なぜ世界は存在しないのか』清水一浩訳、講談社（講談社選書メチエ）（原著二〇一三年）。

カンギレム、ジョルジュ 一九八七『正常と病理』滝沢武久訳、法政大学出版局（叢書・ウニベルシタス）（原著一九六六年）。

クリプキ、ソール・A 一九八五『名指しと必然性——様相の形而上学と心身問題』八木沢敬・野家啓一訳、産業図書（原著一九八〇年）。

コイレ、アレクサンドル 一九七四『コスモスの崩壊——閉ざされた世界から無限の宇宙へ』野沢協訳、白水社（人間の科学叢書）（原著一九五七年）。

サックス、オリヴァー 一九九二『妻を帽子とまちがえた男』高見幸郎・金沢泰子訳、晶文社（サックス・コレクション）（原著一九八五年）。

スピノザ 一九五八『スピノザ往復書簡集』畠中尚志訳、岩波書店（岩波文庫）。

—— 一九六八『知性改善論』（改版）、畠中尚志訳、岩波書店（岩波文庫）。

—— 一九七五『エチカ』（改版）（全二冊）、畠中尚志訳、岩波書店（岩波文庫）。

『千一夜物語Ⅲ』佐藤正彰訳、『世界古典文学全集』第三三巻、筑摩書房、一九六六年。

『ソクラテス以前哲学者断片集』（全五巻＋別冊）、内山勝利編、岩波書店、一九九六—九八年。

ダマシオ、アントニオ・R 二〇〇五『感じる脳——情動と感情の脳科学 よみがえるスピノザ』田中三彦訳、ダイヤモンド社（原著二〇〇三年）。

デカルト 一九七八『デカルト』（「世界の名著」27）、野田又夫責任編集、中央公論社（中公バックス）。

―― 一九九三『デカルト著作集』(増補版)(全四巻)、白水社。

デリダ、ジャック 一九八〇「『幾何学の起源』序説」、エドムント・フッサール『幾何学の起源』田島節夫・矢島忠夫・鈴木修一訳、青土社(原著一九六二年)。

ニュートン 一九七九「自然哲学の数学的諸原理」河辺六男訳、河辺六男責任編集『ニュートン』(「世界の名著」31)、中央公論社(中公バックス)(原著一六八七年)。

ノージック、ロバート 一九九七『考えることを考える』(全二巻)、坂本百大・西脇与作・戸田山和久・横山輝雄・柴田正良・服部裕幸・森村進・永井均・若松良樹・高橋文彦・荻野弘之訳、青土社(原著一九八一年)。

バークリ、ジョージ 一九五八『人知原理論』大槻春彦訳、岩波書店(岩波文庫)(原著一七一〇年)。

パトリディーズ、C・A 一九八七「ヒエラルキーと秩序」、C・A・パトリディーズ+ジョージ・ボアズ+リア・フォルミガリ『存在の連鎖』村岡晋一・村上陽一郎・高山宏訳、平凡社(叢書・ヒストリー・オヴ・アイディアズ)(原著一九七三年)。

ヒューム、デイヴィッド 一九九五『人間本性論』第一巻、木曾好能訳、法政大学出版局(原著一七三九年)。

フェルマン、F 一九八四『現象学と表現主義』木田元訳、岩波書店(岩波現代選書)(原著一九八二年)。

プラトン 一九六六『テアイテトス』田中美知太郎訳、岩波書店(岩波文庫)。

プラマー、ケン 一九九八『セクシュアル・ストーリーの時代――語りのポリティクス』桜井厚・好井裕明・小林多寿子、新曜社(原著一九九五年)。

ベーム、ゴットフリート 二〇一七『図像の哲学――いかにイメージは意味をつくるか』塩川千夏・村井則夫訳、法政大学出版局(叢書・ウニベルシタス)(原著二〇〇七年)。

ボウラー、ピーター・J 一九八七『進化思想の歴史』(全二巻)、鈴木善次ほか訳、朝日新聞社(朝日選書)

（原著一九八四年）。

ホフマンスタール　一九九一「チャンドス卿の手紙」、『チャンドス卿の手紙 他十篇』檜山哲彦訳、岩波書店（岩波文庫）（原著一九〇二年）。

ホラーティウス　一九九七『詩論』岡道男訳、アリストテレース＋ホラーティウス『詩学　詩論』松本仁助・岡道男訳、岩波書店（岩波文庫）。

ホワイトヘッド　一九八一『科学と近代世界』上田泰治・村上至孝訳、『ホワイトヘッド著作集』第六巻、松籟社（原著一九二五年）。

ムーア、A・W　二〇一二『無限——その哲学と数学』石村多門訳、講談社（講談社学術文庫）（原著一九九〇年）。

ムフ、シャンタル　二〇〇八『政治的なものについて——闘技的民主主義と多元主義的グローバル秩序の構築』酒井隆史監訳、篠原雅武訳、明石書店（ラディカル・デモクラシー）（原著二〇〇五年）。

メイヤスー、カンタン　二〇一六『有限性の後で——偶然性の必然性についての試論』千葉雅也・大橋完太郎・星野太訳、人文書院（原著二〇〇六年）。

メルロ＝ポンティ、M　一九六四『行動の構造』滝浦静雄・木田元訳、みすず書房（原著一九四二年）。

——　一九六七『知覚の現象学1』竹内芳郎・小木貞孝訳、みすず書房（原著一九四五年）。

ライプニッツ　一九五〇『形而上学叙説』河野与一訳、岩波書店（岩波文庫）。

——　一九五一『単子論』河野与一訳、岩波書店（岩波文庫）。

——　一九八八—九九『ライプニッツ著作集』（第I期）（全一〇巻）、工作舎。

ラファエル、ビヴァリー　一九八九『災害の襲うとき——カタストロフィの精神医学』石丸正訳、みすず書房（原著一九八六年）。

ラマチャンドラン、V・S＋サンドラ・ブレイクスリー 二〇一一『脳のなかの幽霊』山下篤子訳、角川書店（角川文庫）（原著一九九八年）。

ルイス、デイヴィッド 二〇〇七『反事実的条件法』吉満昭宏訳、勁草書房（双書現代哲学）（原著一九七三年）。

ロック、ジョン 一九七二―七七『人間知性論』（全四冊）、大槻春彦訳、岩波書店（岩波文庫）（原著一六九〇年）。

## 日本語文献

有馬道子 一九八六『記号の呪縛――テクストの解釈と分裂病』勁草書房。
加地大介 二〇〇八『穴と境界――存在論的探究』春秋社（現代哲学への招待）。
加藤正文 二〇一四『死の棘・アスベスト――作家はなぜ死んだのか』中央公論新社。
河合隼雄 一九九三『物語と人間の科学――講演集』岩波書店。
―― 一九九五『明恵 夢を生きる』講談社（講談社＋α文庫）。
木村敏 一九七五『分裂病の現象学』弘文堂。
九鬼周造 二〇一二『偶然性の問題』岩波書店（岩波文庫）。
熊倉徹雄 一九八三『鏡の中の自己』海鳴社（Monad books）。
小林道夫 一九九五『デカルト哲学の体系――自然学・形而上学・道徳論』勁草書房。
西條敏美 一九九九『虹――その文化と科学』恒星社厚生閣。
塩崎賢明 二〇一四『復興〈災害〉――阪神・淡路大震災と東日本大震災』岩波書店（岩波新書）。
清水博 一九九九『生命と場所――創造する生命の原理』（新版）、NTT出版。

谷隆一郎 二〇〇九『人間と宇宙的神化――証聖者マクシモスにおける自然・本性のダイナミズムをめぐって』知泉書館。
冨永良喜 二〇一五「災害ストレスへのセルフケアとストレス障害への対応」、『21世紀倫理創成研究』第八号(二〇一五年三月)、神戸大学大学院人文学研究科倫理創成プロジェクト、一五―二九頁。
中井久夫 一九九八『最終講義――分裂病私見』みすず書房。
西尾哲夫 二〇〇七『アラビアンナイト――文明のはざまに生まれた物語』岩波書店(岩波新書)。
―― 二〇一一『世界史の中のアラビアンナイト』NHK出版(NHKブックス)。
西垣通 二〇一八『AI原論――神の支配と人間の自由』講談社(講談社選書メチエ)。
額田勲 二〇一三『孤独死――被災地で考える人間の復興』岩波書店(岩波現代文庫)。
野本和幸 一九八八『現代の論理的意味論――フレーゲからクリプキまで』岩波書店。
浜田寿美男 一九九八『私のなかの他者――私の成り立ちとウソ』金子書房(自己の探究)。
藤澤令夫 一九九八『プラトンの哲学』岩波書店(岩波新書)。
―― 二〇〇〇『イデアと世界――哲学の基本問題』、『藤澤令夫著作集』第二巻、岩波書店。
松田毅 一九八六「フッサールのファンタジー――現象学的還元の現象学の試み」、『哲学』第三六号(一九八六年五月)、日本哲学会、一八五―一九五頁。
―― 一九九七「現実の現実性――社会的現実を可能にするものとは何か(社会哲学的素描Ⅰ)」、『愛知』第一四号(一九九七年六月)、神戸大学哲学懇話会、一八―三四頁。
―― 一九九八「相互関係と自己関係――フッサール超越論的間主観性の現象学の帰結」、『神戸大学文学部紀要』第二五号(一九九八年三月)、一―五八頁。
―― 一九九九「現実の現実性(続)――社会的現実を可能にするものとは何か(社会哲学的素描Ⅱ)」、『愛知』

第一五号（一九九九年三月）、神戸大学哲学懇話会、二一―五二頁。

――二〇〇三『ライプニッツの認識論――懐疑主義との対決』創文社。

――二〇〇四「認識論的実在論――懐疑論と認識論の将来に関するウイリアムズの診断」、『哲学論叢』第三一号（二〇〇四年九月）、京都大学哲学論叢刊行会、一〇四―一一三頁。

――二〇〇五a「真理と根拠の多様性と統一性――「同一性」の論理と認識のトポス」、村上勝三編『真理の探究――17世紀合理主義の射程』知泉書館、一七九―二一二頁。

――二〇〇五b「なぜライプニッツは時間と空間を「観念的」と考えるのか――ライプニッツ‐クラーク書簡の認識論的考察」、『アルケー』第一三号（二〇〇五年六月）、関西哲学会、六二―七五頁。

――二〇〇五c「二つの迷宮とモナド――ライプニッツとフッサール、交差する二つのモナドロジー」、『現象学年報』第二一号（二〇〇五年一一月）、日本現象学会、四九―五九頁。

――二〇〇九「二つの個体概念――ライプニッツとスピノザ」、『神戸大学文学部紀要』第三六号（二〇〇九年三月）、一―二八頁。

――二〇一二「現代形而上学とライプニッツ」、酒井潔・佐々木能章・長綱啓典編『ライプニッツ読本』法政大学出版局、三二三―三三四頁。

――二〇一三「フッサールのメレオロジーに関する試論――相互外在と相互内在」、『神戸大学文学部紀要』第四〇号（二〇一三年三月）、一―三一頁。

――二〇一四a「フッサール現象学とメレオロジー」、松田毅編『部分と全体の哲学――歴史と現在』春秋社、九九―一三三頁。

――二〇一四b「ヴァン・インワーゲンの「生命」――ライプニッツとの対比から」、松田毅編『部分と全体の哲学――歴史と現在』春秋社、一六三―一九六頁。

―― 二〇一四c「ライプニッツの様相論――スピノザの「有限様態の必然性」に対して」、『哲学』第六五号（二〇一四年四月）、七三―八九頁。

―― 二〇一四d「ライプニッツのアンビバレンス――スピノザとの創造的葛藤」、『思想』第一〇八〇号（二〇一四年四月）、九五―一一四頁。

―― 二〇一四e「有機的物体のモデルとしての「テセウスの船」に関するライプニッツの解決」、『ライプニッツ研究』第三号（二〇一四年一一月）、一八三―二〇一頁。

―― 二〇一六「「被災の時間　復興の時間」――課題としての阪神・淡路大震災と東日本大震災」、『Contemporary and Applied Philosophy』第八号（二〇一六年一二月）、応用哲学会、一―一四頁。

―― 二〇一七「ライプニッツの生物哲学――「進化する自然機械」」、『神戸大学文学部紀要』第四四号（二〇一七年三月）、一―四八頁。

―― 二〇一八a「生命は実体か属性か――ライプニッツの生命論あるいは「水力・空気・火力の機械」としての生物」、『神戸大学文学部紀要』第四五号（二〇一八年三月）、九三―一三七頁。

―― 二〇一八b「ライプニッツの経済哲学試論――自然と規範」、『ライプニッツ研究』第五号（二〇一八年一一月）、一一九―一三三頁。

―― 二〇二〇a「ライプニッツの時間論――「現実的時間の関係主義」」、『神戸大学文学部紀要』第四七号（二〇二〇年三月）、一―四一頁。

―― 二〇二〇b「現実の現実性（承前・完結）――唯一の世界の存在論」、『愛知』第三一号（二〇二〇年九月）、神戸大学哲学懇話会、二一―七三頁。

村井俊哉 二〇一九『統合失調症』岩波書店（岩波新書）。

八木沢敬 二〇一四『神から可能世界へ――分析哲学入門・上級編』講談社（講談社選書メチエ）。

山田弘明 一九九四『デカルト『省察』の研究』創文社。
山本道雄 二〇一〇『カントとその時代――ドイツ啓蒙思想の一潮流』(改訂増補版)、晃洋書房。
山本義隆 一九九七『古典力学の形成――ニュートンからラグランジュへ』日本評論社。
吉村昭 二〇〇四『三陸海岸大津波』文藝春秋(文春文庫)。
渡辺恒夫 二〇一六『夢の現象学・入門』講談社(講談社選書メチエ)。

# あとがき

いつもなら賑やかな声が聞こえるキャンパスにほとんど誰も来ない。そんな冬から春が過ぎました。小さな四階建ての建物に囲まれ、海の見える中庭の桜の樹の下で酒を酌み交わすひとたちや、濃い紅色の五月や雨に濡れる紫陽花を背に記念写真を撮る家族も、今年は有りません。こんな時間が流れるなか原稿の修正をしました。

ネット経由の講義や演習では、パソコンを通して語りかけ、聞こえてくる声に耳をすましています。初めは、こちら側にいるひとにも、向こう側にいるひとにも、この出来事は少し新鮮だったようです。毎回の提出課題に対する答えの多くがこれまでとはどこか違っていましたし、説明も熱を帯びたものになりがちでした。それは、手の届くところにいないので、何か頼りなげな、しかし、それでもそこに居合わせ、時と場を共有する相手に声が確実に届くようにしなくては、と促されるからではないでしょうか。「私はいます。私は考えています！」と訴えるのです。ところが、正直なところ、この小さな熱気は、二ヵ月経つあいだに多少、冷めたようにも感じます。それもまた新しい現実の一面なのかもしれませんね。

本書を振り返っているいま、二〇二〇年七月末の筆者の現実の物語の一場面をこのように描くことができます。そしてこの物語も読者ひとりひとりの物語も『夢と虹の存在論』の主題として考えることができるように思います。私たちは、こうした苦境のなかでも、自分と他者、そして自然との複雑な関係のなかに自分を自分で位置づけ、物語を作り直しながら、捉えがたく見通しがたい現実となんとか折り合いをつけて生きざるをえません。抵抗や障害にもぶつかりますし、欺かれたり、幻滅させられたりすることもあるでしょう。逆に自分が障害物や裏切り者になることもあるかもしれません。しかし、いま、ここを共有する誰かが自分を見守ってくれていて、苦しいときに手を差し伸べてくれることもあるでしょう。反対に窮地にある他者の手助けを自分が求められる場面もあるに違いありません。それは、それぞれの物語で、主役と脇役が入れ替わり、演技して台詞を言い合うようなものかもしれません。あなたが主人公の物語では、舞台風景の一部としてしか登場しない遠い人の物語であなたは暗い観客席で観劇するだけで誰にも気づかれないこともあるでしょう。それでもハサンやラーシュのように、錯乱や嘘があったとしても、それらに引き裂かれることなく、誰かの力を借りても物語を縫い合わせることができればよいのです。またそれが必要なのです。

この本にはプラトンやアリストテレス、デカルトやスピノザ、ライプニッツやフッサールのような偉人、ノージックやガブリエルのような気鋭の学者が登場します。歴史的解説や専門的解釈が本書の第一の目標ではありませんが、もし幸いにも彼らへの関心や疑問が湧いた読者があれば、本書から飛び出して、その作品世界にまでどうぞぜひ足を伸ばしてみてください。哲学の豊かで深い多様な思索の物語に出会うことができます。

本のお話があったのはもう数年前だったでしょうか。互盛央さんによる或る企画があり、論文の執筆依頼と座談会が行われたのがきっかけでした。筆者も、文章がほとばしり出るように現れるのを期待していましたが、やむを得ない日々の仕事に埋もれて格闘するうちに、この日に至ってしまいました。しかし、悪いことばかりではありません。おかげで、当初は想定していなかった課題に取り組むことができたからです。ガブリエルが登場し、彼の提起する問題と自分が抱えていた問題の重なりに気づきました。それが世界の唯一性の存在論です。この二〇年来の宿題にあらためて取り組むことができたのは幸運でした。筆者の思い出に残るのは、『千一夜物語』の「カリフの夢」に関するライプニッツと自分の解釈を愉しく述べることができたことです。この話題は海外で二度ほどお話しする機会がありましたが、聞いて下さった方からの示唆を活かして「ヴィジョン」も論じることができました。この場を借りて感謝したいと思います。

既発表の論文を改稿し、幾つかの節を新規に書き下ろすことでこの本ができました。もとになったものは注で指示して文献一覧に記しています。日本学術振興会の科学研究費の恩恵を受けた成果もあります。あらためて謝意を表明します。

最後の最後になりますが、出版に至るまで大変お世話になりました講談社編集部の互さまに深くお礼申し上げます。

二〇二〇年　梅雨明けの六甲にて

松田　毅

松田　毅（まつだ・つよし）

一九五六年、岡山県生まれ。京都大学大学院文学研究科博士課程単位修得退学。哲学博士（ドイツ連邦共和国オスナアブリュック大学）。九州芸術工科大学助教授を経て、現在、神戸大学大学院教授。専門は、西洋近現代哲学・環境倫理学。

主な著書に、『ライプニッツの認識論』（創文社）、『哲学の歴史』第五巻（共著、中央公論新社）、『ライプニッツ読本』（共著、法政大学出版局）、『部分と全体の哲学』（編著、春秋社）、『世界哲学史６』（共著、ちくま新書）など。

主な編著に、『石の綿――終わらないアスベスト禍』（共同監修、神戸大学出版会）、*Risks and Regulation of New Technologies*（共編、Springer）。

主な訳書に、クリスティン・シュレーダー＝フレチェット『環境リスクと合理的意思決定』（監訳、昭和堂）、『ライプニッツ著作集』第Ⅱ期第三巻（共訳、工作舎）など。

# 夢《ゆめ》と虹《にじ》の存在論《そんざいろん》
## 身体《しんたい》・時間《じかん》・現実《げんじつ》を生《い》きる

二〇二一年　四月一三日　第一刷発行

著者　松田《まつだ》　毅《つよし》



発行者　鈴木章一
発行所　株式会社　講談社
東京都文京区音羽二丁目一二—二一　〒一一二—八〇〇一
電話（編集）〇三—三九四五—四九六三
（販売）〇三—五三九五—四四一五
（業務）〇三—五三九五—三六一五
装幀者　奥定泰之
本文印刷　株式会社　新藤慶昌堂
カバー・表紙印刷　半七写真印刷工業株式会社
製本所　大口製本印刷株式会社



ISBN978-4-06-522868-5　Printed in Japan
N.D.C.100　353p　19cm

# 講談社選書メチエの再出発に際して

講談社選書メチエの創刊は冷戦終結後まもない一九九四年のことである。長く続いた東西対立の終わりはついに世界に平和をもたらすかに思われたが、その期待はすぐに裏切られた。超大国による新たな戦争、吹き荒れる民族主義の嵐……世界は向かうべき道を見失った。そのような時代の中で、書物のもたらす知識が一人一人の指針となることを願って、本選書は刊行された。

それから二五年、世界はさらに大きく変わった。特に知識をめぐる環境は世界史的な変化をこうむったとすら言える。インターネットによる情報化革命は、知識の徹底的な民主化を推し進めた。誰もがどこでも自由に知識を入手でき、自由に知識を発信できる。それは、冷戦終結後に抱いた期待を裏切られた私たちのもとに差した一条の光明でもあった。

その光明は今も消え去ってはいない。しかし、私たちは同時に、知識の民主化が知識の失墜をも生み出すという逆説を生きている。堅く揺るぎない知識も消費されるだけの不確かな情報に埋もれることを余儀なくされ、不確かな情報が人々の憎悪をかき立てる時代が今、訪れている。

この不確かな時代、不確かさが憎悪を生み出す時代にあって必要なのは、一人一人が堅く揺るぎない知識を得、生きていくための道標を得ることである。

フランス語の「メチエ」という言葉は、人が生きていくために必要とする職、経験によって身につけられる技術を意味する。選書メチエは、読者が磨き上げられた経験のもとに紡ぎ出される思索に触れ、生きるための技術と知識を手に入れる機会を提供することを目指している。万人にそのような機会が提供されたとき初めて、知識は真に民主化され、憎悪を乗り越える平和への道が拓けると私たちは固く信ずる。

この宣言をもって、講談社選書メチエ再出発の辞とするものである。

二〇一九年二月　　野間省伸

講談社選書メチエ　世界史

MÉTIER

- 英国ユダヤ人　佐藤唯行
- オスマン vs. ヨーロッパ　新井政美
- ポル・ポト〈革命〉史　山田　寛
- 世界のなかの日清韓関係史　岡本隆司
- アーリア人　青木　健
- ハプスブルクとオスマン帝国　河野　淳
- 「三国志」の政治と思想　渡邉義浩
- 海洋帝国興隆史　玉木俊明
- 軍人皇帝のローマ　井上文則
- 世界史の図式　岩崎育夫
- ロシアあるいは対立の亡霊　乗松亨平
- 都市の起源　小泉龍人
- 英語の帝国　平田雅博
- 異端カタリ派の歴史　ミシェル・ロクベール　武藤剛史訳
- ジャズ・アンバサダーズ　齋藤嘉臣
- モンゴル帝国誕生　白石典之
- 〈海賊〉の大英帝国　薩摩真介
- フランス史　ギヨーム・ド・ベルティエ・ド・ソヴィニー　鹿島　茂監訳／楠瀬正浩訳
- 地中海の十字路＝シチリアの歴史　藤澤房俊
- 月下の犯罪　サーシャ・バッチャーニ　伊東信宏訳
- シルクロード世界史　森安孝夫
- 黄禍論　廣部　泉
- イスラエルの起源　鶴見太郎